源于中国的现代景观设计

体验设计
唤醒乡土中国

EVOKING RURAL CHINA
BY EXPERIENCE DESIGN

——莫干山乡村民宿实践范本

RESEARCH ON REPRESENTATIVE PROJECTS
OF MOGAN MOUNTAIN RETREATS

俞昌斌　编著

机械工业出版社
CHINA MACHINE PRESS

乡村与城市是互补关系，随着国家政策的不断放开和鼓励，其必然要有所发展和演变。当前，乡村民宿业蓬勃发展，能抓住机遇的人应该因时而上，迅速转型，这样既有可能赚到真金白银，又能展现情怀。本书就是要探索有志于开发乡村民宿事业的同仁如何借此机会破局和突围，在今后的十年掌握自己的命运。

乡村如何带我们回到梦中的桃花源？莫干山乡村民宿的实践范本说明莫干山的民宿不是简单的民宿，背后的故事是一条"互联网+"和万众创新相结合的线索。我相信未来五到十年，乡村民宿会成为投资者和参与者的桃花源。若要五年之后有所收获，那么现在就要开始去研究。

总之，乡村民宿一直在持续递进往上走，在最近几年呈现井喷式的发展。本书通过对莫干山地区的12家乡村民宿案例进行深入的调研和分析，从民宿火爆的原因、民宿的类型及体验设计等多个方面解剖民宿，旨在为民宿开发者和参与者提供思路。

图书在版编目（CIP）数据

体验设计唤醒乡土中国：莫干山乡村民宿实践范本/俞昌斌编著. —北京：机械工业出版社，2017.6（2022.1重印）

ISBN 978-7-111-56572-7

Ⅰ. ①体… Ⅱ. ①俞… Ⅲ. ①旅馆—经营管理—研究—德清县 Ⅳ. ①F719.2

中国版本图书馆CIP数据核字（2017）第075346号

机械工业出版社（北京市百万庄大街22号　邮政编码100037）
策划编辑：时　颂　责任编辑：时　颂　林　静
责任校对：郑　婕　封面设计：张　静
责任印制：常天培
北京华联印刷有限公司印刷
2022年1月第1版第5次印刷
148mm×210mm·12.125印张·344千字
标准书号：ISBN 978-7-111-56572-7
定价：75.00元

凡购本书，如有缺页、倒页、脱页，由本社发行部调换

电话服务　　　　　　　　　　　网络服务
服务咨询热线：（010）88361066　机 工 官 网：www.cmpbook.com
读者购书热线：（010）68326294　机 工 官 博：weibo.com/cmp1952
　　　　　　　（010）88379203　金　书　网：www.golden-book.com
封面无防伪标均为盗版　　　　　　教育服务网：www.cmpedu.com

乡村民宿就好像一台台嵌入中国乡村的计算机终端,只有通过它们才能让中国的乡村与城市真正地互联起来,才能给乡村带来真正的活力。

——俞昌斌

序

我认识俞昌斌是因为同行之间的交集,大家都在同一个行业领域,都了解彼此在做些什么。老俞是一个比较特殊的设计师,他的微博"俞眼看世界"可以说是景观设计界的第一大号了,他不断地在用他的视角来描述当时他对于整个景观设计界的思考。

其实我已经在设计圈消失很多年了,也许久不关注设计圈内正在发生的事情,而他一直在坚持出书,不断地叙述着整个行业发展与变迁的过程。

对他的再度关注是在2015年,当时大家都在谈论2015年是不是设计行业的转折点。而老俞的又一篇文章《迷惘的新一代——中国景观设计行业发展趋势预测》在微信里火了，他谈及了很多关于景观行业转型、发展与未来可能性的思考。

在我的认知里，他不是一个普通的景观设计师，他的公司也不是一个寻常的景观设计事务所。他一直以观察者的角度在记录行业内正在发生的转变。莫干山的兴起与设计师的二次上山下乡是密不可分的，我想着他一定不会坐视不理这一波热潮。果不其然，这本书的出现印证了我对他的了解。

我一再地被列为老俞的观察对象，这也很正常，因为在这个行业之中，我一直在尝试着变革、转型与突破，所以他当时写的那篇《景观行业的十大转型》里，我几乎占了从都市农业、立体绿化，到乡村建设等六大可能性版块。所以当他邀请我来为这本书作序的时候，我知道这本书里的内容肯定是我非常熟悉并正在实践着的。

作为一个设计师，我在对莫干山的总结与思考之中，时常觉得整个乡建的过程都紧密围绕着"反设计"。以我为例，由于在城市做了太多设计了，所以才选择回到乡间，做一些"反设计"。所谓的"反设计"不是无设计，而是因为在莫干山乃至之后一系列的乡村建设与开发都与之前在城市所做的传统建设与开发截然不同。

乡村是设计师的乐土，没有太多的约束与控制，很多设计师都向往着这份自由与随性，所以选择投奔乡村。一般人眼中的乡建都非常沉重，包含着中国知识分子与设计师对于乡村的反哺。但是，在我眼中，设计师回到乡村更多的是想"撒个野"。而当你真正进入乡村的时候，却仿佛打开了另一个世界的大门，我们的乡村存在着各种各样的问题，教育、医疗、土地制度……在城乡之间，有一条巨大的鸿沟，这时我们才发现，乡村并不是我们想象之中的单纯的乐土。

五年来，莫干山的各个民宿老板以及我们这些抱着情怀而来的乡建者一遍又一遍地洗刷了自己最初对于那份自由的向往。而当我从莫干山走出来，再走到现在"乡伴"的10多个村落，其实进山与出山是两种截然不同的感受。乡村没有我们想象之中那么美好，乡村的战场比城市要血腥得太多了。进山的时候，我们享受着这份没有拘束的自由，而出山的时候，我们身上却背负着更重的责任感与使命感。

在当前所做的这么多项目里，感受最深的是乡村建设的规则之匮乏，而我们正在摸索与重建着一套适用于乡村的规则体系。老俞在这本书以及他所提及的案例之中，花费了非常多的时间做了思考与总结评述。当很多人从单一的维度来看待乡村建设与莫干山的整体业态构成之时，老俞所做的就是从民宿老板、城乡关系、技术等多维度、多角度、全方位地诠释了乡村建设的过程。他是一个很冷静的旁观者与梳理者，第一个以这样丰满而专业的笔触记录着我们正在做的事情。相信这本书能够让大家站在一个更加立体的角度来看待乡村民宿与乡村建设。

朱胜萱
"乡伴东方"乡村文旅创始人
伴城伴乡·上海城乡互动发展促进中心发起人

自序

作为从小在城市里长大的孩子,我对乡村的感觉简直是糟透了。说起乡村,我就回忆起三十多年前老家乡村的景象。村里有一条泥泞的乡道,基本上无处落脚,遍地都是动物的粪便和一摊摊污水。还有就是城市小孩根本无法想象的乡村露天茅厕,四堵到处漏风的破墙,有的有屋顶,有的没有屋顶。人蹲在两块中间分开一个坑位的大石板之上,下面就是臭不可闻、叮满苍蝇的粪池。要小便的时候,男孩尚可随处找个树丛隐蔽处尿尿;城市里的女孩则颇为无奈,只有少喝些水,尽量憋住尿。而留给我印象最深的就是乡村无处不在的蚊子,那些大号的蚊子简直就是蚊子中的战斗机。我第一次住在乡村老家的时候,后背被叮满了包；第二次住在乡村老家，不仅被蚊子叮满了包，还被跳蚤咬了，高烧不退，只好连夜被父母送回城里，住进了医院。我相信，这样的乡村生活恐怕是无数城市人的梦魇，避之唯恐不及，更谈不上亲近乡村了。

所以，当现在研究乡村民宿这个方向的时候，我总是以一种充满恐惧和挑剔的游客的身份来审视每一个乡村民宿案例。首先，判断一个民宿案例好不好，先不提改变乡村这样的豪言壮语，就说住得舒适、干净、安全，这些要素肯定是摆在第一位的。城市里的人来乡村度假，绝不是来进行野外生存或者魔鬼训练的。住宿条件至少要达到三星级以上的水平，才能基本服务好城市里来的游客。然后，才是民宿主人的情怀、乡村建设、在地性、保护乡村等大的理想和口号。

由此，我也谈谈写作这本书的目的与愿景。当前乡村建设正是热点，国家大力号召全国人民建设美丽乡村，数不清的传媒、网站都在大力宣传各种各样的乡村民宿项目，因此我对这方面的内容就有了一些关注。在2013~2015年，我参与了浙江桐庐的乡村民宿建设，在这两年之间又走访了中国许多的乡村，看了各种各样的乡村建设项目，特别是莫干山地区，我多次来到此地走访与交流。每次都换着住不同的民宿进行体验，渐渐发现了乡村民宿有一些共性的东西值得去总结、研究及推广。例如，浙江的民宿不仅是在莫干山，还包括安吉、桐庐、松阳等，云南的民宿在大理、丽江、香格里拉等地。总之中国地域如此广阔，乡村如此众多，肯定有不同的做法和风格，需要有一整套设计规范、逻辑思路、原则与理念，当然也需要有一些独特的、与众不同的亮点，甚至爆点。因此，我不断在总结与交流研讨之中，归纳整理了本书的大部分内容。本书就是为了给大家提供一些参考、借鉴和学习的东西，让大家在参与乡建的时候不要犯前人已经犯过的错误，要做出自己的个性和特色。

下面简要阐述一下本书的逻辑结构和主要观点。

本书共有四章。第一章谈"乡土中国",介绍中国当前乡村究竟是怎样的,有哪些实际的问题。同时,也谈了谈西方成功的乡村经验,主要以英国的乡村为例来阐述。东西方乡村的对比主要聚焦在以下几个问题上:人口、土地、人的价值观演变、乡村生态环境、基础设施建设、乡村基层行政等,进而总结出乡村七个比较重要的观点:①城乡共生,相辅相成;②从"自上而下"到"自下而上";③粮食安全;④保护乡村的生态环境;⑤长远规划;⑥寻找乡贤;⑦要找到真正热爱乡村的外来投资者。

读者可以通过第一章对"乡土中国"有所了解,进而阅读本书的第二章"乡村民宿"。我认为"乡村复兴"与"乡村更新"在学术定义上略有区别,乡村更新在欧美经常与粗暴的行政、大规模的拆迁结合在一起,被视为负面名词。而乡村复兴则更加强调遵循可持续发展的原则,并提出一个地区的社会、经济与环境的整体改善规划。因此,我认为乡村复兴需要三步走:唤醒、重塑、复兴。乡村真正复兴的标准有以下六点:①人口是否大量回流,一个符合良性发展的乡村人口总数是非常重要的;②人口类型的分布比例是否合理,如可保持乡村未来活力的婴幼儿比例、可保持当前乡村积极进取的青年和中年人比例、可保持稳定发展的老年人比例等;③高素质人口(优秀人才)的比例,这是衡量该乡村可持续发展的核心竞争力;④乡村产业的合理性,高科技新技术的运用程度如何、主体产业是否为朝阳产业、是否与本乡村土地有着高度的关联性、是否具有不可替代性及高度的竞争力;⑤是否符合乡村安定安全、可持续发展的长期规划,保护好乡村的生态环境;⑥乡村居民是否安居乐业,精神状态平稳良好,心理正常,生活健康和谐。

当前,乡村复兴的第一步是唤醒乡村,吸引原住民回流和热爱乡村的外来者投资。这是当前乡村复兴最重要的工作,而乡村民宿就是一种吸引人流来到乡村的最快捷、最有效的方式。

由此，我们谈到本书的重点：乡村民宿。在这本书里，我用"乡村民宿"一词，主要原因有如下两点：①"民宿"当前是比较火的概念和名词，已被广大群众所接受和认可；②"民宿"是可以泛指乡村旅游居住的多种类型的，如莫干山裸心谷、法国山居这种大型的有近百间客房的乡村酒店，或由老民居改造而成的规模较小的乡村客栈，都可以叫"民宿"。总之，"乡村民宿"这个名词比较适合中国的乡村，涵盖的范围也比较广，可以把在乡村中各种类型的客栈、酒店、农家乐等都包含进来，体现出旅游、娱乐及居住相结合的功能。我认为，乡村民宿是唤醒乡村的重要方式之一。

乡村民宿讲究天时、地利、人和。天时是抓住好的机遇，地利是对每个乡村民宿项目进行慎重的选址。选择好的地段，就比较容易做出有影响力的项目。人和是选择合适的人才，如外来投资者和乡贤，一起建设好乡村民宿项目。本章以莫干山作为范本研究。为什么莫干山会成为中国乡村民宿的典范和样板？总结出以下七个要点：区位优势、政策支持、自然资源、人文历史、建筑遗存、宣传造势及契约精神。同时，用莫干山庚村1932中的三个小项目：发芽的茶室、亦素及萱草书屋来作为范本研究，探讨为什么城市的中产阶级愿意来到乡村创业发展，建设乡村，并创造他们的人生价值。同时，本章也探讨了乡村民宿开发经营所面临的机遇及陷阱。机遇有以下几点：市场需求、旅游资源、政策支持、业态互补、场景体验、差异创新、专业人才、土地升值。陷阱有以下几点：房屋产权、合作精神、邻里关系、基础设施、情怀的坑、设计建造、成本过高、资本陷阱、盲目跟风、不接地气、连锁扩张。本章的最后给出了乡村民宿的近100个盈利点。

乡村民宿是唤醒乡土中国的一个方法，那么乡村民宿该如何实现？第三章提出了"体验设计"的概念。体验经济是唤醒乡村很好的途径之一,它对乡村复兴的作用有以下几点:①唤醒乡村;②吸引旅游、投资的人流来到乡村;③提供工作机会和岗位给乡村;④衣食住行都在乡村,给乡村带来收入;⑤改善乡村环境质量,提升建筑品质,修复基础设施。本章以莫干山乡村民宿作为范本进行研究,提出"两种模式、三大类型"。两种模式分别为洋家乐大型度假酒店模式和本土民宿艺术居所模式,三大类型分别为规模巨大的山谷开发、乡村老房子改造开发及乡村老房子推倒重建开发。因此,我对本书的案例主人或投资者提出了五个相同的问题,包括做乡村民宿的目标与愿景、民宿项目的主题、如何推广民宿、如何盈利、经营民宿遇到哪些问题,得到不同的回答,并总结出相似的观点。

通过上述的研究可以得到一个结论:体验经济唤醒乡土中国。而体验经济需要通过体验设计来实现。这是一个创新的思维,有三大设计步骤:相地、造梦、布景。有五大设计要点:逻辑、语言、风格、手法、技术。体现在六大民宿功能分区上:①第一印象——入口区域及停车场;②整体感觉——大堂及主楼(主体建筑物);③格调品位——花园(前、后院);④舒适体验——客房感受;⑤便利性——餐饮活动区域;⑥旅游目的地——周边自然环境。并由此总结出乡村民宿关于体验设计的44个价值点。

最后第四章,将对莫干山乡村民宿实践范本共计12个案例一一进行详述与探讨研究。莫干山的乡村旅居实践范本研究,又可称为"最佳实践案例"(Best practice)分析。这是指在某一特定领域或专业内公认最成功的案例,这些案例经过整理之后成为该领域其他从业者的实践范本,在该专业领域内被传播、讨论、学习、借鉴。由此12个案例分析得出9种乡村旅居的关键理念,简称为9个DNA,分别如下:

DNA1:环保、可持续发展的乡村民宿典范——裸心谷;

DNA2:国际元素与乡土元素融合——翠域、法国山居;

DNA3：用乡建理想变革乡村（设计师民宿1）——大乐之野、原舍；

DNA4：用情怀联结自我与乡村（设计师民宿2）——遥远的山、云溪上；

DNA5：在地性，保护及延续传统乡村文化——西坡；

DNA6：融入自然＋借景山水——无界；

DNA7：舌尖上的乡村美食民宿——清研；

DNA8：文化的力量——莫干山居图；

DNA9：乡村文创集市——庚村1932。

那么，本书的阅读对象是谁？适合哪些人阅读呢？

1）全国各个乡村城镇的政府部门领导及行政管理人员，可通过本书来进行乡村规划、管理及建设工作，并真正能从专业角度落地实施，有效地监督、管理乡村民宿的经营者。

2）有志于开发民宿的投资人、创业者、开发公司及资本投入方，可通过本书了解民宿投资创业有哪些机遇和陷阱，该如何避免，如何做好专业设计工作，使投资得到应有的回报。

3）投身于乡村建设的建筑师、室内设计师、景观设计师等相关设计师群体，可参考本书的设计内容及本书关于民宿案例的投资、管理、经营等的相关内容。

4）高校的老师及学生，可通过本书来学习乡建的理念、思路、步骤及方法。了解体验经济、体验设计这些新的专业方向，以便将来更好地投入乡村建设的洪流之中。

5）爱好乡村、民宿、旅居生活的普通民众，可通过本书来了解中国的乡村发展以及民宿的不同之处，为挑选自己喜爱的乡村民宿增加相应的理论依据。

当然，关于我国乡村民宿的相关问题都可以在阅读完本书之后与我在互联网上交流。我非常愿意与每一个乡村民宿的爱好者、从业者共同持续探讨中国的乡村问题。

最后，要感谢那些为本书做出过巨大贡献的人。没有他们的支持，这本书也完不成。首先感谢福州新大陆房地产公司的方婷董事长及赖国宾总经理、严咏梅、陈序康、陈方、黄子健、陈凌祥等领导，他们与我一起去莫干山考察乡村民宿，对本书的框架形成有很大的帮助。其次要大力感谢莫干山大乐之野的两位老总吉晓祥和杨默涵，他俩是我同济大学城市规划系的校友，在莫干山民宿圈里有着极好的人脉资源和极大的号召力，帮助推荐了本书的许多民宿主人，在此深表感谢。还有原舍的朱胜萱先生，他作为景观设计圈的著名景观师和民宿圈的网红，为本书题写了精彩的序，并给予很大的帮助。还要感谢段晓谦、张芊、周磊等原舍团队的支持。另外，还要感谢裸心集团的朱燕、王沁、杨迎杰，翠域的贾晓凡、邓雁升，遥远的山的王喆仡、姜静波，云溪上的余味，西坡的钱继良、毛东，无界的张鹤凡、建筑师何曙明，清研的张沛、沈晓承，莫干山居图的朱锦东。这些民宿主人、投资者、建筑师及其团队，亲自投身乡村第一线工作。他们跑遍了莫干山的山山水水，也非常珍惜爱护莫干山的生态环境及经营环境，渴望把莫干山的乡村建设好，造福当地村民，实现他们的情怀和梦想，这是城市反哺乡村的实践范本。他们提供了大量珍贵的专业影像图片、相关图纸及文字说明，大大提高了我的工作效率，让本书把莫干山乡村民宿最美好、最真实的一面展现给读者。而且，他们大多数都毫无保留地谈到相关企业的经营数据、企业背景及战略发展模式、经营思路等，对读者有着极大的指导价值和借鉴意义。最后，还要感谢我的父亲俞其锐先生和母亲张秀华女士，他们在乡村长大，对乡村深有感情。他们提出了自己对乡村问题的理解，我父亲还亲自执笔帮我修改了第一章关于中国乡村的若干问题。除了我的父母，还要感谢我的夫人陈远女士，她着重写了后记《崇明乡聚建设村——莫干山模式的再实践与反思》，从我们在上海崇明的乡村实践来探讨莫干山模式如何运用于中国不同地域的乡村。关于崇明的乡聚建设村，我还要感谢建设村的刘书记等领导，房东宋汉忠、陈美娟夫妇，邻居顾施忠、吴爱华夫妇，以及倪俊、郁家俊、夏银圣、徐东良、韩旭、金笑辉等许多为我们提供帮助的人。

总之，本书的意义不在于介绍莫干山的12个案例，而在于通过这12个案例为中国的乡村发展寻找到9种乡村民宿的开发模式（9种DNA），来唤醒乡土中国，并通过"唤醒、重塑、复兴"三步走，最终使乡村复兴，这才是我写作本书真正的价值与意义。另外一个意义在于提出"体验设计（Experience Design）"这种新的设计方法，是在工业设计中的"设计思维（Design Thinking）"基础上演变而成的，是一种集成"建筑设计、室内设计、景观设计"的系统性设计思维方法。希望通过体验设计来营造乡村民宿为主体形式之一的体验经济，然后通过体验经济的蓬勃发展来唤醒、重塑乡村，最后使中国乡村完成伟大复兴的历史使命。

俞昌斌

上海易亚源境（YASDESIGN Design）创始人、首席景观师

美国景观师协会国际会员（No.776049）

乡聚公社（FARMING CLUB）联合创始人

目 录

序

自序

第一章 乡土中国 001
　第一节 当前中国乡村存在的若干问题 002
　第二节 西方成功的乡村经验 010
　总　结 017

第二章 乡村民宿 020
　第一节 乡村复兴的第一步——唤醒乡村 021
　第二节 乡村民宿的天时、地利和人和 025
　第三节 乡村民宿开发经营的机遇、陷阱及盈利点 041

第三章　体验设计　　　056

　第一节　体验经济　　　057

　第二节　一个创新思维　　　064

　第三节　三大设计步骤　　　070

　第四节　五大设计要点　　　076

　第五节　民宿的六大功能分区　　　081

第四章　莫干山之乡村民宿实践范本　　　086

　DNA1　环保、可持续发展的乡村民宿典范——裸心谷　　　090

　DNA2　国际元素与乡土元素融合——翠域、法国山居　　　120

　DNA3　用乡建理想变革乡村（设计师民宿1）

　　　　——大乐之野、原舍　　　164

　DNA4　用情怀联结自我与乡村（设计师民宿2）

　　　　——遥远的山、云溪上　　　220

　DNA5　在地性，保护及延续传统乡村文化——西坡　　　257

　DNA6　融入自然＋借景山水——无界　　　287

　DNA7　舌尖上的乡村美食民宿——清研　　　311

　DNA8　文化的力量——莫干山居图　　　331

　DNA9　乡村文创集市——庾村1932　　　343

后记　崇明乡聚建设村——莫干山模式的再实践与反思　　　354

第一章　乡土中国

第一节 当前中国乡村存在的若干问题

大约70年前,费孝通教授《乡土中国》一书中总结的种种乡村问题,现在已陆续显现,并在一部分乡村愈演愈烈,为此本章浅析当前乡村存在的若干问题。

一、人口构成

乡村为什么留不住人?乡村的人为什么都纷纷到城市去打工、生活?乡村的空心化,人口的大量流失,说明乡村的运行机制出现了问题。乡村的生活与生产模式都是围绕着农业生产进行的,在山区靠山吃山,在河边就以捕鱼为生。农民辛苦一年,靠天吃饭,不一定有稳定的收入,可能并没有外出到城市里打工赚回来的钱多。这样村里一旦有人出去打工赚回钱,其他人也就纷纷效仿,跟出去赚钱,渐渐地就把土地荒废了,把家里人都搬到城市之中,乡村只留下老人看家看田地,有的儿童也被留下由老人看护抚养。

总结上述情况出现的原因就是:乡村的农业生产所创造的收入太低,使乡村的劳动力流动到城市之中，当赚回更多的钱后，乡村更多的劳动力就会源源不断地流动到城市中去赚钱。由于城市对人口巨大的吸附效应，乡村越来越缺乏劳动力，收入更加下降，最后形成恶性循环，造成当前许多乡村的劳动力几乎全部流失了。一旦失去了大部分劳动力，乡村的生产就基本处于停滞状态，最终的恶果就是人口大量外流，乡村变成空心村，不可避免地衰败下去。所以，乡村想要复兴，最重要的一点是保持乡村常住人口的稳定，甚至增加。

当前中国乡村的人口组成按照年龄层次，大致分为以下四类：中年人、青年人、老年人及少年人。具体分析如下：

1）中年人：这一代人基本是乡村每个家庭的顶梁柱，他们肩负着养家糊口的使命，其中部分人年富力强，而且也有一定的领导力。他们会抓住一切可能的机会外出打工赚钱。所以，这些人大多离开了乡村到城市打工，他们把房子、父母和孩子留在乡村，老人照顾小孩，小孩一旦长大成人也离开乡村，到城市去发展。总之，他们的精力与聪明才智大多已经奉献给了城市，像甘蔗一样被城市咀嚼过一遍后，汁水留在了城市，剩下的最终难以在城市停留，大部分都还得回到生养他们的乡村土地上。乡村的田地虽不少，但对他们这一批人来说已经不具有多大的吸引力了，他们只把田地当作鸡肋。

2）青年人：这一代人并未经历他们父母辈的苦日子，他们阅历尚浅，也多未得到较好的教育，这些原因决定了他们并不能轻松赚钱，很难有所积累。但是，他们对乡村的生活不习惯，铁了心不再回到乡下种地，事实上也完全没有种地的经验。他们一心希望奔向城市，以为到了城市就可以发家致富。因为各种各样的原因，上述这些不愿意回归乡村的青年人，其中一部分也很难在城市立足。而留在乡村的一部分青年人，由于缺乏就业引导或相关技能培训，成为城市与乡村之间的不安定因素。总之，这一代人的主流还是徘徊于城乡之间，他们是一个不稳定的群体，他们的成长经历是需要乡村来承担后果的，所以亟待相关部门扶持与帮助。综上所述，乡村青年人的教育需要注意如下几点：第一，帮助他们确定人生目标，重建正确的价值观；第二，让青年人有事可干，掌握一定的技术与技能，可以做力所能及的工作来赚钱；第三，需要帮助他们在意志品质方面多多磨炼，并进行挫折教育。

3）老年人：这一代人是不舍得也不愿意离开乡村和土地的。20世纪80年代改革开放之后，他们是实行责任制初期的一代人，当时基本都是三四十岁，到21世纪初都已经是六七十岁以上的人了。这一代人早期经历了大集体时代，辛苦操劳，并无太多的收入。他们半饥半饱地过日子，子女众多，艰难度日。后期经历了改革与分田到户的责任制，感觉自己的劳动回报很直接，很有保障，就起早贪黑，为自己的富裕梦想而竭尽全力。所以，这一代人是乡村最辛苦、最勤劳的一代人。当前，乡村里的老年人接二连三地开始凋零，大多都是劳动到最后而撒手西去的。他们在乡村劳碌了一辈子，最终发现后继无人。自己辛勤开垦出来的田地，由于没有下一代接手（中年人大多去城市打工，青年人大多看不上种地），而正被杂草和野树慢慢地吞噬。他们心中的理想田园，不再是后辈们眷顾的处所。总结起来，老年人的问题有如下几点：第一，只能在自家房子附近的一亩三分地劳作，不可能大规模生产，生产效率较低。而且他们思想观念陈旧，眼界狭窄，基本上没有创新和开拓的能力。第二，他们普遍存在健康隐患，容易生病。如果离群寡居，很难及时得到救治。第三，他们隔代照顾孙辈子女，有代沟，而且大多不懂教育方法，只能解决孙辈基本的饮食起居，无法辅导他们的学业，解决他们的心理问题。

4）少年人：这一代人从小由老人照顾，但在六七岁或更大一些的时候由父母带到城市生活。在他们的少年时代，父母外出打工，老人照顾他们，溺爱纵容。这些少年人受到隔代的教育，虽然物质上得到了基本的保证，但学业大多有所荒废，在人生目标、价值观、思想品德及意志品质方面存在极大的欠缺，部分进入城市，也无法融入，甚至成为社会不稳定的因素。

通过对乡村人口组成的现状分析，得到如下结论：

1）年富力强的中年人是乡村的核心力量。只有他们回流乡村，才可以恢复乡村的活力，避免乡村的空心化。如果中年人在乡村能够有可以施展拳脚的方向，他们一定会回流乡村，毕竟是故土，人地熟悉而且有感情。乡村的行政部门可以给他们这批人创造机遇和可发展的项目，让他们自主承包，并给予优惠政策，留住他们才是当前乡村最重要的事，他们是乡村最核心的人群。

2）青少年的教育问题，在城市和乡村都是很重要的大问题。乡村青少年的教育关键在于他们的父母，也还是前文所述的那一代中年人。这一代中年人要意识到自己的孩子会出现的问题，如果不向好的方向引导，将成为乡村，甚至是城市的巨大隐患和不安定因素。因此，他们不仅要在城市里打工赚钱，更要在教育和培养自己的子女上花大力气。不仅是物质上的衣食住行，更重要的是思想、道德、品质等软实力方面的培养。

3）寻找乡贤：就是寻找乡村的带头人及团队。乡贤不一定仅指乡村的管理者，还可能是一些掌握农业、畜牧业等产业先进核心技术的人，或者是有一定的影响力和远见卓识，愿意为了乡村发展尽心尽力的人。

4）寻找外来投资者：是要寻找那些对乡村有感情，愿意到乡村来投资兴业的人，他们会带来新技术及新的思想理念，改变乡村的落后面貌。乡村要欢迎和接纳这些外来投资者。

二、乡村景观

乡村民众的审美观念和意识需要引导。我们今天的乡村卫生条件比从前改善了许多，马路也比从前平整了很多，楼房更是比从前多了很多，但"采菊东篱下，悠然见南山"的诗意美感却正在减少。被规划得整齐划一的宅基地上，如春笋般破土而出的是各种模仿欧陆风情的"小洋房"，铺着地砖的小院紧邻着水泥马路，分配到各家的田地却已超出了便于耕种的距离，院前屋后寥寥落落只有一些老年人，这就是中国当前乡村的典型现状。过去中国乡村千姿百态熙熙攘攘的古村落，而今正在加剧消亡。

总而言之，城市化进程和城乡二元割裂的格局对中国乡村的冲击，不仅导致乡村人口减少、劳动力流失、土地集中化却日渐凋敝，乡村失去原有的生机和活力；商品经济的价值导向，更给乡村带来人情的疏离、文化的淡漠，以及价值观的错位。上述各种问题，最终导致了乡村民众缺少对"美"的主动感知与介入，或因价值认同的错位导致审美上的错位。因此，在建设

"美丽乡村"的大背景下，要建设"有审美的乡村"，意味着更多地强调民众对审美的主动参与，以及建设者、设计者对审美趣味的良性引导。不论是在中国还是外国，乡村始终是人类的精神家园，李泽厚在《美的历程》一书中写道："美作为感性与理性、形式与内容、真与善的统一，与人性一样，是人类历史的伟大成果。"由此，建设"有审美的乡村"，强调关注人性，关注自下而上的参与，关注实际需求，关注文化传承，而非流于"美丽"的形式与口号。冯骥才先生说过，"最好的保护就是合理的利用"，对此他指出"一要发展生产，二要改善生活"。诗人席慕蓉说："生命的丰饶与深厚，其实是奠立在审美的基础之上。"提倡审美，引导审美，必将成为乡村建设美丽田园景观所努力的方向。中国的自然田园景观是非常优美的，乡村建设最需要做的是清理的工作：首先，分出建筑质量好、中、差三个等级，好的可以保留，不好或者坏的可以改建，差的拆掉重建；其次，清理杂乱的空间，拆掉违章搭建，梳理掉杂草和灌木，适当修剪乔木，并在房前屋后铺设一些草坪或地被植物，整体建筑景观的风格与效果保持干净、整洁、舒适。

另外，关于乡村新老住宅建筑的问题。乡村很多新建筑为20世纪80年代、90年代修建的，一般的造型为两层欧式小楼，贴瓷砖，做花瓶栏杆，既缺乏乡村风情，又不是纯正的欧式，不土不洋，不中不西，不伦不类。而且同一个乡村的建筑形式多数大同小异，应该是乡村的一些工匠师傅拿着几套相似的图纸修建而成。整体而言，乡村在建筑、景观方面缺乏审美而造成了当前的乡村给人的感觉比较杂乱。所以，针对这种现状，设计师需要做整理的工作，让乡村把美的一面展示出来，把乱的一面修改掉。农民自建房也需要有好的设计，不能再建造那种不美的欧式小洋楼了。对比那些乡村里的新建筑，乡村还有很多老建筑，它们年代越久远，反而越美越耐看。而且，乡村的老建筑中还隐藏着一些未被发现的历史保护建筑，如有些贫困的乡村有许多近百年的老宅或祠堂被荒废，杂草丛生，无人看管，建筑变成残垣断壁，十分可惜。如果乡村行政部门尽早进行发现、记录、保护与修缮工作，这些老房子都能重新焕发光彩，成为非常耀眼的新建筑。

三、生态环保

粮食生产、蔬菜家禽养殖等农业生产大量使用化肥，会导致土壤板结、贫瘠，对生态环境非常不利，而且这样生产出来的粮食作物对人体健康也有害。另外，乡村的生活垃圾不注意使用环保的方式来处理，如使用大量洗洁剂、洗衣粉等产生的污水都直接排入自然环境，各种农药瓶、酒瓶、饮料瓶，连同其他一些无法自然降解的东西都扔到自然环境中去。随着养殖业的扩大，规模化生产产出大量的动物排泄物，未经处理就直接排向自然河道，严重影响周边地区的水源安全。

然而，却有人认为破坏环境之类的事是小事，甚至有人说：先破坏几年，等我们大家都赚到钱，再治理回来。殊不知环境的破坏和污染可能需要几十年甚至上百年才能治理好的，像那些塑料袋等的白色污染埋入土壤之中几百上千年都很难彻底分解掉。而且，饮用水质被污染，农田也因大量施用化肥而被污染，空气也粉尘污染，子孙后代该如何健康地生活在中国的乡村与城市之中？所以，生态环保亟待乡村行政部门制定严格的规章制度，并且认真地执行下去。

四、基础设施

相对比较富裕的乡村修建了笔直的柏油马路，所以没有了乡村的特色，缺少了原有的自然乡土的味道。这类基础设施的建设很少考虑美感，大多数只是考虑功能。而比较穷的乡村，连普通的水泥道路都没有，还是走那些乡间小路，一到下雨天，十分泥泞，让人无处下脚，这种状况必须尽快改善。乡村的马路大多是村民自己设计、自己动手修建的简易马路，路面差，弯度急。加上在一些农村，跑的大多是三轮摩托车，车辆质量差，有些又经过随意的改装，也就开始既当货车，又当客车。由于驾驶者资格限定不严格，所以交通事故频发。

供水、供电和供暖，这些基础设施的建设，需要乡村行政部门统一规划和实施，这是保障乡村村民生活最重要的基础设施，是保障民生的一部分。

五、价值观念

在传统乡村社会，人口流动性小。虽然物质不够丰富，但社会有序。毕竟在一个熟人的社会里，坏人名声不佳，乡亲都处处提防，所以坏人也占不得多少便宜。在此平衡中，良风美俗成为一种重要的社会资源，使乡村的生活井然有序。但当前的一些乡村，正在发生了很大的变化。当前商业化渗透到乡村中，过去的良风美俗，若不是还有一些古朴的老年人支撑着，可能早已荡然无存了。过去的换工互助，现在成为直接支付工资的雇佣，按天收费，一点不含糊。过去走亲访友，带点礼品，或自己亲手所做，或到商店精心挑选，现在一律直接给钞票，并且已经成为人情的一种方式。当一切活动都货币化之后，许多乡村也就失去了往昔的人际关系和乡亲的邻里认同了。

六、基层行政

按照当前的行政体系，村民委员会是村民的自治组织，不算一级行政单位，但事实上又存在一个行政村的概念，往往几个自然村被合并到一个行政村里，有什么对上和对下的事务，还是以行政村为单位进行组织实施。当前，我们村庄到底有哪些自治？又有哪些自上而下的行政？两者如何衔接？国家的政策，最终如何落实到村民中去，乡村行政的管理是否畅通？

在当前中国乡村，解决村民的纠纷是乡村行政的一大任务。村委与不同村民之间的关系远近不一致，村委在裁决时，或多或少存在偏袒现象。即使公平裁决，当事各方往往也认为存在偏袒。对村委的信任，一般只存在于关系更近的一方，往往不大容易达成双方都认可的方案。所以事实上所起的调节作用还是有限，其结果也造成了村委一般不大情愿出面调解纠纷。而基层行政工作，多为低保名单的确定以及计生工作。而现在计生一孩放宽，乡村计生工作的矛盾有所减轻，村委对此项工作的压力也减少了许多。与多年前需要催缴农业税、上缴提留款的时候大不一样了。这样，从积极的意义上理解，村民是完全自由的，不受干涉；从消极的意义上讲，村民关于贫富、强弱、智愚、多寡等都全凭自觉，乡村行政部门并没有太多的帮助和支持。总之，乡村的行政部门要思考乡村的整体发展，这样才能形成合力，促进更好的发展。

第二节 西方成功的乡村经验

本节重点要讨论的是西方成功的乡村。彼得·梅尔笔下的普罗旺斯温暖而美丽，勤劳快乐的当地村民带领着游客品尝四季天然的食物，享受悠然自在的山居生活。浓郁的地域风情，趣意盎然的生活细节，处处体现出法国普通民众的审美趣味。类似还有玛琳娜·布雷西笔下的意大利托斯卡纳，艳丽而风情万种；詹姆斯·本特利描绘的英国乡村，更是被视作一个国度的灵魂。遍访这些田园圣地，带给我们无限的惊喜。因此，我们只有了解它们成功的内在原因，才能有所借鉴和参考，并用于我们的乡村建设。英国的乡村在世界颇负盛名，那么它美在哪里呢？中国乡村存在的那些问题它又是如何解决和克服的呢？下面就这些问题一一详述。

一、人口构成

在西方国家，城市与乡村的边界如何界定？离城市中心多远才算乡村？相对于中国城市密集的人口、乡村星散的人口而言，西方国家的人口布局是差异性很大的。首先，其城市核心区多数是以行政、办公、商业、会议为主要功能的，是政治、经济及文教的中心，居住者很少，居住类型多以公寓、酒店为主，适合短期旅居、出差的人士，并不适合长期定居的人居住使用。由于公共交通的便捷以及私家车的普及，大量的人口集中在城市核心区的周边，即城市的近郊或远郊，大约离城市核心区周边50~100公里的环状区域范围之内。这个区域自然条件好，环境优美，生活配套设施齐全，交通便利，适合工作和生活相互兼顾。而我们一般而言的乡村，应该是离开城市核心区100公里以上的区域，理论上来说应该是城市远郊与农田、牧场等相结合的区域。普通的乡村，居住者比较少，房子也比较少，但是会比较有历史感，大部分土地基本以农场或牧场为主。由于英国土地是私有制，土地和房屋共同属于个人的私有财产，而且代代相传，因此不会轻易搬迁、买卖。由于英国的乡村离城市的车行距离不远，出行交通完全不是大问题，因此许多中产阶级及上层人士居住在乡村、工作在城市。

由于英国在历史上就非常重视乡村建设和发展，因此乡村成了距离城市很近、环境优美、居住舒适的区域，也是在各种西方文学作品中大力推崇的最理想的生活居所。自古以来，英国最富有的阶层，如皇室贵族就占据了一些风景优美的乡村，建设古堡、庄园、农场、牧场、酒庄等，通过堆山挖河、建屋种树等手法来整治环境并修建英式自然风景园林，所以精英阶层及上流社会人士越来越往乡村汇聚。英国乡村的人口随着经济的稳定也越来越稳定，而且因为其大多数居住者是中产阶级以上的中高阶层人士，在政治、经济及教育层面上都有着巨大的影响力和控制力。

当然，生活在乡村的人也还有退休的老人或继承了乡村老房的人，他们热爱自己的家园，尽心尽力地装点打扮自己的乡村小屋，比如他们经常整理自己的花园、修剪植物、浇花种菜等，甚至粉刷老建筑的外墙及修补老建筑的防水等。总之，他们希望通过美化自己的乡村小屋来追求有品质的生活情调，这就是许多居住在乡村的人的心理。当然，如果这一家人已经无法维护自己的乡村房子，生活在经济拮据的状态之下，真的决定要离开乡村，他们会选择转手卖掉房子（包括他们购买的房子和土地），把这个房子卖给更喜欢这里的人。因为这些乡村房子年久失修，功能陈旧，要改造好内部环境，需要花费大量的室内外装修成本。所以，接盘者多是喜爱乡村和经济实力雄厚的买家，把这个土地和房屋维护好基本是没有问题的，甚至可能建设得更加美好。而且，政府为了保护乡村历史风貌，也已从政策上规定每年要向房屋的居住者征收一定金额的乡村建设维护费用，甚至一些历史保护建筑要征收非常昂贵的维护费用，以此来保证乡村建筑风貌的稳定。

二、乡村景观

林语堂先生曾说过："世界大同的理想生活就是住在英国的乡村。" 毫无疑问，英国乡村是全世界"最肥沃的田地、最美丽的园林"之一。

乡村与城市的不同主要在于劳动生产方式的差异及由此带来的不同的景观形态。英国的乡村景观形态是由连续的丘陵、林带、麦田等地理和自然元素形成统一的画面。在这统一的画面之中，尖顶的教堂、朴素的住房形成竖向上高低错落的天际线；田间砂石铺就的小路、整齐的麦垛与牧草堆，灌溉用的水渠与横架的石桥形成横向延展的平面空间场景；还有到处奔跑的羊群、牛群，甚至连路边现代化的割草机与灌溉架等形成了乡村这一大块画布上的一处处亮点。这些元素共同组成了乡村景观，这就是英国乡村所具有的自然风景园林的魅力。

由上述这些优美的乡村景观形态所产生出英国乡村景观的价值：乡村所独有的自然和历史带来文化方面的价值；由文化价值带来了社会身份的认同和社会价值；由社会价值带来了经济价值，如吸引商业和旅游业的发展；同时它不仅为了人类的生活，也为野生动植物及养殖的动植物提供栖息和生存的场所，这是它的环境价值。

为了保护乡村风貌，英国政府规定了许多法律条文。特别是1949年，英国政府颁布了《国家公园和享用乡村法》（*National Parks and Access to the Countryside Act*），把保护乡村历史和景观写入法律条文，并设立了国家公园委员会，其主要职能如下：指定国家公园；为国家公园的运营和维护提供设施保障；指定地方自然风景区；协助地方当局，为国家公园和自然风景区保护提供意见；保护乡村景观，维护国家公园和地方自然风景区的风貌和特色等。

三、生态环保

英国农业在可持续性和生态环保方面非常重视，例如他们严格控制使用农药及化肥的比例，保障食品安全。他们对乡村农田大多采用休养生息的方式，肥沃的农田空置一段时间，既不耕种也不用来放牛羊，而是施肥养地，在一段时间之后再进行种植。他们尊重动物，每个家禽家畜都有足够的生活空间，并保持清洁，能经常走动。一般规定的放养密度大约是一公顷约5~6只牛，一个30头牛的农场要配套10公顷的草场用来种草供给饲料，较少使用合成饲料。而在农业教育的层面上，农业学校会提供综合性很强的学习内容，如动物、植物、经济、政策、管理等各个方面都有涵盖。

英国乡村资源保护政策的演变，重点是从二战结束到20世纪70年代那段时期颁布了大量针对乡村自然和人文资源的保护政策，而从20世纪70年代至今是保护与利用相结合的阶段。政府一方面继续对资源开发采取严格的限制和审核制度，另一方面也着手适度开发如河流、历史建筑等优秀风景资源的娱乐和休闲的功能。

在乡村，水资源的保护和发展是英国政府关注的重点。如20世纪40年代政府颁布的《乡村供水和污水处理法》和《河流环境保护法》。1963年，政府正式设立了水资源管理局，并设立了供水和污水处理局，用以处理全国性的水资源供给和治理问题。当前，英国政府鼓励适度开发水资源中的娱乐和休闲功能，并大力维护公共场所的景观。

关于英国林业资源保护的政策发展如下：1919年，英国政府颁布森林法案，这是英国最早关于林业资源的政策。然后，政府提出要增加森林面积，增加了允许以私人土地为载体的林业开发项目。这一法案的出台对于森林采伐的私有化起到了极大的推动作用。当前，英国政府鼓励适度开发森林资源中的娱乐和休闲功能，促进林业资源收益的提升。

关于雾霾治理的问题，英国的经验也非常值得我们借鉴。在20世纪80年代，伦敦市在城市外围的乡村区域建设大型环形绿地，面积达4434平方公里。可以说，英国乡村就是城市保护环境和空气质量的天然屏障。

总之，英国人将乡村作为一种国家的形象典范代表，他们非常珍惜乡村的生态环境，大力保护乡村。对于乡村的环境保护，在英国乡村里居住的每一个人都有义务和责任处理这类问题。这种大家自发的公众监督意识，是西方国家文化教育水平提高之后不断提升的公民意识。对他们而言保护环境不受破坏，就是保护他们自己的家园，这是义务和责任。

四、基础设施

英国乡村的道路交通等基础设施在某些方面的等级超过了城市，很先进，很务实，也很超前，政府很早就开始了乡村基础设施的规划，并为此制定了严格的法律。由于很多英国的乡村是风景旅游区及民宿聚集地，所以对其交通设施、供水、供电、供暖等各方面的要求都比较高。还有乡村历史建筑的保护以及修缮等工作都需要政府部门来投入，这也是为什么对购买乡村历史保护建筑的居民要收取高额的维修费用的原因了。

下面以乡村道路为例来说明。英国乡村的道路很窄，大多数是双向各一条车道。但是，乡村车行道并没有一味地拓宽，他们保持狭窄的车行道宽度，有如下原因：第一是乡村车行道的周边土地大多已经成为私有土地，无法拓展车行道宽度；第二是保持乡村原有的尺度，小而紧凑，适宜人行，而不是那种很空旷的感觉；第三是来回各一条车道，而且乡村道路在拐弯时比较有危险性，通过缩小车道数量可以适当降低车速，不易产生严重的交通安全事故。同时，我们经常在英国乡村看到，车行道为主路，两侧草坪中开出一条步行小径，宽度一般为60~100厘米，仅供一人简易行走。应该说，中国富裕的乡村在基础设施的建设上可以很快地超越英国乡村，但是这个过程中应该学习的是英国乡村基础设施的文化性与历史性的延承以及对许多历史遗存的保留和精心维护。

英国乡村道路一般可以看到周边土地上的农场、牧场、庄园及酒庄等优美的风景，而道路周边的绿化配置也会忽隐忽现。植物时而舒展开，游人、车行者的视线可以穿透这些植物，看到远处的山坡、羊群、园林与牧场；时而封闭住，遮挡了游人的视野，而那封闭的树丛后面可能就是一个乡村的房子，住着一两户人家。乡村道路小，车辆比城市里的少，人行与车行分开，而且开车的人与步行的人都很遵守交通规则，比如说在十字交叉的小路上，开车的人看到行人要主动避让，地面写着"STOP"标志的时候拐弯的车一定要停下来让直行的车等。

五、价值观念

西方的家族组织比较简单，一般都是以夫妇为中心的核心家庭，子女婚后便离开父母另立家庭。另外，双方在财务方面也是各自独立的，父母去世后的财产根据遗嘱处理，可以传给子女，也可以赠予别人。因此，西方的家庭要比中国的家庭松散得多，个人本位的思想成为西方文化的首要原则。而在核心家庭中，他们认为一个家庭的婚姻幸福、儿童教育成功、身体健康、心情愉悦、和谐稳定是最重要的。而家庭稳定也成为整个社会稳定的基石。

那么，相比中国乡村打工者由于两地分居产生大量的家庭问题，英国乡村是否也存在着同样的问题呢？我认为，与中国乡村的家庭问题相同的是英国乡村的老龄化与空心化。但是与中国乡村的家庭问题不同的是英国乡村的核心人群"中年人"并没有离开，而是趋于稳定。英国年轻人向往城市生活，十八岁以后就独立了，他们需要城市提供的大量的工作机会和社交活动，因此沉闷、安静、缺乏变化的乡村生活难以留住大部分的年轻人，他们基本都离开乡村去往城市，这与中国乡村发展现状是一致的。但是，他们基本不需要两地分居，平时开车代步上班与回家，这样保证了夫妻和谐、家庭幸福。随着时间的推移，当乡村的一部分中年人老去或老年人死去，又会有新的中年人搬迁到乡村来开始生活，甚至是过去离开乡村的年轻人变成富有的中年人后又回归到乡村。在这样不断的变化之中，英国乡村的发展趋于稳定和平衡。

六、基层行政

英国的乡村集市是笔者作为一个旅居者真实所见的英国乡村基层行政的范例。基层行政既不可处处监管，市民处于高压控制之下；也不可什么都不管，任其自由发展。如何在两个极端之间寻找合理的平衡，这才是考验管理者素质的关键点。我从英国的乡村集市看到了英国乡村的活力，乡村居民的辛勤劳作，以及管理者的开合有度。

英国的乡村集市是非常吸引人的活动。在每周的几个固定时间，许多个体经营者经过基层行政部门的许可，快速搭建展示的构筑物，向乡村的居民、来此旅游的游客等销售当地的蔬菜、花卉、水果、美食、装饰品等各种有趣的土特产。每次乡村集市都规定好开始和结束的时间。在开始之前，就有许多集市的参与者（当地的村民）早早在周边停好车，搭建起展示间，精心摆放好商品。在结束前一两个小时内，经营者都会井井有条地开始收拾东西，整理卫生，带走几乎所有的垃圾，让整个区域像没有发生过什么一样的干净整洁。乡村集市经常变换不同的主题，如以美食为主题的集市，卖新鲜的蔬菜、水果、酒、面包、奶酪等特色食品。还有美食节目现场制作美食并录制成电视节目，甚至在现场展示鲜活的鸡、鸭、鹅、羊、猪、牛、马等家禽或家畜，小朋友特别喜欢喂小动物并和小动物拍照。还有一些以装饰品为主的集市，卖工艺品、银铜器物、特色的石头或石雕艺术品，甚至有多种现场彩绘活动等。而当重要的节假日来临的时候，乡村还会举办各种类型丰富的运动主题，如冬季溜冰及特色儿童活动器械，吸引儿童来玩，也会吸引大量的父母长辈陪伴参与，这样就形成了营销亮点以及口碑话题的传播。应该来说，英国的乡村集市布局统一整齐，井然有序，商品琳琅满目，很多是乡村原生态的食品、动植物产品及花卉，这在普通的城市超市及商场中是采购不到的。这也正是乡村集市的魅力所在，许多乡村居民或游客都非常喜欢到这样的环境中购物、交流，寻找独特的商品。

总结

前面两个小节，我们对比分析了当前中国的乡村和英国乡村的发展，笔者认为在如下问题上是有共同点的：

1）均面临着由以农业为主的经济向多样化的乡村经济的转型。
2）均需要在应对城市掠夺的同时，为急速发展的城市提供各种资源。
3）均试图控制人口外流，尤其是年轻而且具有一定技能的人口。
4）均需要适应新技术和扩张的市场。
5）均需要改善已经陈旧而且有限的基础设施。

早在70年前，费孝通先生就提出了中国乡土重建的问题。他认为在当时，乡土正被城市化的浪潮所冲刷，一切资源都被开矿似地挖起运走了，乡村衰败，不可持续。当下我们需要思考的是，我们的乡土是否还可以重建？该如何重建？从英国乡村的发展之中我们又能学习到什么？笔者总结的要点如下：

1）城乡共生，相辅相成——乡村与城市是利益攸关的两个方面。当前，大量人口从乡村流向城市，尤其是乡村优秀人才的外流对乡村发展的影响极大，导致乡村空心化，乡村的经济生活受到严重的影响。而物质财富也随着人口从乡村流入城市，导致乡村越来越萧条。而虽然说城市有所收益，如农民工增多，解决了某些服务业缺乏就业人员的问题。但是，城市的风险也在增大，因为要接纳这么多的人口，会给城市带来大量的问题，如住房、教育、产品供应不足、服务跟不上、群体事件频发等，所以乡村出现问题，城市肯定也跟着出现一系列大问题。总之，乡村和城市的问题绝不是相互割裂的，不能孤立地看乡村，还要从乡村与城市的角度统筹一起看。乡村是城市的发动机，动力之源。乡村是城市的后花园，许多城市人从城市到乡村去玩。乡村是城市的大后方，城市的粮食、蔬菜、禽肉蛋等都是乡村提供的。乡村还为城市提供了大量的人才，包括许许多多的农民工。因此，城市与乡村的政府部门应该携手一致根据宏观经济形势做出判断，并下达指标，通过投资和提供工作岗位来提高乡村的就业率和农民收入。政府部门应该自上而下鼓励城市的人口、资金等流向乡村。但具体措施是什么？如何从城市流入乡村？这是需要乡村的行政部门及政策制定者认真思考的问题。

2）从"自上而下"到"自下而上"——政府部门自上而下的工作方法最大的困难在于不了解不同区域的乡村有着哪些不同的问题和处理方式，一套"自上而下"的行政体系很难对每个不同的个体都对症下药，只会让工作流于表面形式，效率偏低。而"自下而上"是基于不同乡村内在的核心问题，由乡村农民自发地或依靠外部力量来发展乡村，振兴乡村经济，创造出新的符合该乡村的经济增长点。只有充分发挥本地的积极性，自下而上，才能真正走出衰败的困局。自上而下的关照，毕竟还是一种外来力量。而老百姓知道自己真正的需求，却不知道如何实现这些需求。当老百姓认识到是为自己而奋斗时，往往都是很积极的，凝聚力是很强的。因此，作为自上而下的行政力量，在于挖掘、配合这种自下而上的自发力量。

3）粮食安全——农业安全、粮食安全，这是国家政治、经济稳定的基石，所以这些都需要乡村的稳定来保证。

4）不能破坏乡村的生态环境——保护生态环境是最重要的工作。如果乡村连好的生态环境都没有了，资源也没有了，人也都走光了，乡村就真的没有希望复兴了。

5）长远规划——要注重乡村当地的经济长远发展，短期规划与长远发展要相互结合。

6）寻找乡贤——乡村要复兴，就要有乡村的有识之士来重建乡村。通过邻里互助和自愿参与的方式进行，在战略制定的过程中自始至终要有当地乡村居民的参与。这就要求乡村医生、教师乃至一切乡村人口，都有机会在本地获得一个受人尊重的、体面的生活。而机会来自制度的安排，一方面，要让人才愿意下基层；另一方面要有一种机制，让来自乡村在城市里工作的优秀人才，有机会为家乡做贡献。有些地方组织"乡贤委员会"，是值得借鉴的。只有人们在乡村可以找到安身立命之所，而不必一定到城市才能得到认可，这样人才的分布才会趋于相对均衡。当前在城市中的农民工扮演的是边缘的角色，既不能改变城市，又不能被城市所改变。应该鼓励外出打工者中的优秀者回乡创业，为自己寻找一条新的出路，也为乡村的复兴做出贡献。

7）要找到真正热爱乡村的外来投资者——乡村要对外开放，招商引资，要吸引外来的投资者，共同帮助、参与发展乡村。从城市里或者国际上吸引真正热爱中国乡村的投资者以及高素质的人才投资、落户乡村。这或许是最重要的一步，只有通过外部先进生产力的代表者来改革乡村，才能彻底地扭转乡村的面貌。而外来投资者必须和乡贤紧密地配合一致，共同复兴乡村。

第二章 乡村民宿

第一节 乡村复兴的第一步——唤醒乡村

一、当前中国乡村的核心问题

第一章提到了当前中国乡村的一系列问题,并与英国乡村进行了对比研究,得出如下七个比较重要的观点,本节不再一一赘述。

1)城乡共生,相辅相成。
2)从"自上而下"到"自下而上"。
3)粮食安全。
4)保护乡村的生态环境。
5)长远规划。
6)寻找乡贤。
7)要找到真正热爱乡村的外来投资者。

笔者认为,当前中国乡村最需要解决的核心问题是:乡村要对外开放,招商引资,要吸引热爱乡村的外来投资者,共同帮助、参与发展乡村。从城市里或者国际上吸引真正热爱中国乡村的投资者以及高素质的人才投资、落户乡村。只有这样，才能彻底地扭转乡村的面貌。而外来投资者必须和乡贤紧密地配合一致，共同复兴乡村。

二、乡村再生、乡村复兴与乡村更新在学术定义上的区别

在城乡规划的学术研究之中，乡村再生（Rural Regeneration）或乡村复兴（Rural Renaissance）这两个名词与乡村更新（Rural Renewal）在定义上有何区别呢？

笔者暂时没有查阅到关于这三者定义区别的文献资料，因此借用西方城市规划探讨"城市再生、城市复兴、城市更新"三者区别的文章来对比说明，大家可以通过城市联想到乡村。"城市更新"在语境上并非指城市的自然空间演变，而是多用来指政府部门对城市空间积极介入，用行政手段变革城市空间及建筑的更新，如某些区域使用强制拆迁、强制改变用地性质的法律手段。其形式缺乏空间及策略思考，多数为推进个案的速度与障碍的排除，弱势群体的权利可能受到一定的损失。因此，欧美国家对传统的城市更新做法趋于谨慎，该名词在欧美经常与粗暴的行政、大规模的拆迁结合在一起，被视为负面名词。而笔者认为，"乡村更新"的定义大致与之一致。

从20世纪90年代开始，在欧美的城市规划学术界，"城市再生"及"城市复兴"逐步取代了"城市更新"一词。城市再生更加强调遵循可持续发展的原则，提出一个地区的社会、经济与环境的整体改善规划。从那时到现在，欧美的城市再生的政策与实践更加多元。因此，从城市再生/复兴推演到乡村再生/复兴，从目标的设定、策略方案的实施、政府职能的调整，到财务的运用、法律与执行机制的弹性、高科技的运用、大众参与的方式等方面都有了较大的突破，积累和创造出许多新的方式方法。⊖

⊖ 刘致昕，骆亭伶，等. 都市再生的20个故事[M]. 台北：台北市都市更新处，2013.

三、乡村复兴的三步走：唤醒、重塑、复兴

乡村复兴，笔者认为需要三步走：唤醒、重塑、复兴。

（1）唤醒　乡村要活跃起来，乡村里的人要被唤醒，这就是一个非常重大的转变。只要乡村不变成空城，这个乡村就不会消亡，不会荒废，它可以自我再生，不断发展，良性循环，而不是慢慢地等待死亡。因此，第一步就是要唤醒沉睡的乡村，让乡村的村民看到希望，让城市里的人都知道乡村的美好，都愿意来到乡村。"唤醒"的方式就是乡村根据自身特点引入一个或多个产业，这些产业能吸引城市的投资者和游客到乡村来，把人带来就会把资金带来，这样乡村就可以慢慢发展起来了。

（2）重塑　乡村在被唤醒之后，外来的改革者和乡贤们一起分析本乡村的优劣势，看看下一步到底往哪里走才可以重新塑造这个乡村的活力，重新找到一条光明的发展道路，找准一条朝阳产业，坚定不移地走下去，经过5~10年的发展，一定能够重塑乡村的面貌。

（3）复兴　乡村的真正复兴可能需要20~30年的时间，其复兴的衡量标准大概有以下几点：

1）人口是否大量回流，一个符合良性发展的乡村人口总数是非常重要的。

2）人口类型的分布比例是否合理，如可保持乡村未来活力的婴幼儿比例、可保持当前乡村积极进取的青年和中年人比例、可保持稳定发展的老年人比例等。

3）高素质人口（优秀人才）的比例，这是衡量该乡村可持续发展的核心竞争力。

4）乡村产业的合理性，高科技新技术的运用，主体产业是否为朝阳产业，是否与本乡村土地有着高度的关联性，具有不可替代性及高度的竞争力。

5）符合乡村安定、安全、可持续发展的长期规划，保护好乡村的生态环境。

6）乡村居民安居乐业，精神状态平稳良好，心理正常，生活健康和谐。

四、如何迈出乡村复兴的第一步——唤醒乡村

乡村最大的问题就是人都被城市吸走了。乡村里原有的青年人到城市去打工,他们赚了钱就带着老婆、小孩,甚至亲朋好友一起出去继续打工,他们赚到更多的钱之后就把父母接走。这样的乡村由于缺乏发展的机遇等前述的一系列问题,所以不断地流失原住民。比如说,浙江某个自然村,20世纪80年代初原有2000多人,当前只剩下10~20个老人在坚守。这些老人是真正热爱这片土地的人,他们以此为家,一辈子种田种菜,不愿意改变这种生活,所以他们为了这片乡村留守了下来。所以乡村复兴的第一步措施就是要唤醒乡村,吸引原住民回流和热爱乡村的外来者投资。这是当前乡村复兴最重要的工作,而乡村民宿就是一种吸引人流来到乡村的最快捷、最有效的方式。

乡村民宿适合唤醒乡土中国

乡村民宿= 美丽乡村 + 现代创业 + 现代农业 + 旅游业 + 酒店业 + 设计业……

美丽乡村这个内容很大,包括各种各样的乡村产业类型。但是这些乡村产业到底如何落到实处呢?应该说,乡村民宿是启动性强、商业模式清晰、资金需求量小、投入小产出大而快、可以结合互联网+的形式。说白了,乡村民宿就是一个普通人(比如说白领、农民,甚至下岗工人)在当下就能够独立做起来的事,这也是真正可以大众创业、万众创新的事业。而且乡村民宿这件事特别适合设计师来做,包括建筑师、室内设计师、景观设计师都很合适。所以,当前的时代背景给大家创造了一个千载难逢的机遇去进行乡村民宿创业,为中国的美丽乡村贡献力量。

第二节 乡村民宿的天时、地利和人和

一、天　时

　　2006~2008年，投资者和地方政府推动着中国酒店行业迅速起飞。特别是中国精品酒店在北京奥运会前后出现了第一波的投资高潮。国际连锁度假酒店集团相继进入中国，并布局国内精品酒店市场，安缦度假酒店和悦榕庄便是其中典型代表。随后受到全球金融危机的影响，中国酒店业走入低迷期。在2011年中国经济形势转好后，大量外资高端酒店又纷纷进入中国二三线城市争抢市场。而2012年后，该行业的增速明显放缓。在这段时期内，伴随着中国人均收入的快速增长，兴起的中产阶级更加关注改善生活品质，对于多样化和分散化的度假消费体验呈现出不断扩大的需求。而酒店业态与度假旅游一起构成了一个新兴的高端度假酒店市场，恰好填补了传统酒店所无法提供的服务空缺。

　　从地理位置上讲，我国现有的度假酒店主要集中在自然人文资源丰富的江浙、海南、云南、广西一带。就市场竞争结构而言，外资品牌由于进入这片市场较早，发展规模较大，相对成熟，品牌知名度较高，引领和树立着行

业的标准。以在28个国家建有36家顶级豪华度假酒店的新加坡品牌悦榕庄为例，它先在中国的风景区开设度假酒店，快速获利并扩大影响力，再发展城市酒店。悦榕庄自2005年进入中国市场后在迪庆、丽江、香格里拉、海南、桂林、拉萨、杭州、阳朔、黄山等地已创建了十余家度假酒店，并在澳门、上海和天津等地区和城市开设了精品酒店，另外在阳朔、九寨沟等多地还有在建的度假酒店项目。悦榕庄在很长一段时期内都占据着全国精品酒店中品牌指数的桂冠，直到2015年被莫干山裸心谷所超过。虽然我国本土的精品度假酒店起步较晚，至今仅有少数几个品牌形成了规模效应，但是品牌发展迅速，未来还有很大的发展空间。比如2009年诞生于云南丽江的花间堂度假酒店，目前已拓展到丽江束河、香格里拉、周庄、苏州、杭州、阆中等地连锁经营。类似的知名本土品牌有2011年创立的隐居度假酒店，已在杭州、三亚、扬州、上海、大理等多地开启自营度假酒店项目。还有2015年在莫干山开业、即将扩展到广东、上海、浙江等地的安缇缦度假酒店等。

　　当前，乡村民宿正是瞄准乡村这一特殊的市场，抓住了中国度假酒店发展的最佳机遇。近年来，随着我国国民经济的转型和第三产业的崛起，各级政府日益重视旅游业的发展，出台了相应的政策性纲要和指导文件来推动旅游投资和消费，为酒店行业整体的发展提供了强有力的支持，尤其是休闲度假旅游这个产业得到高度重视。由国务院办公厅在2015年颁发的《关于进一步促进旅游投资和消费的若干意见》明确指出我国将大力实施乡村旅游提升计划、开拓旅游消费空间，并到2020年前全国要建成6000个以上乡村旅游模范村和300万家农家乐。⊖这对于国内度假精品酒店及乡村民宿产业是一个新的成长契机，这可谓是"天时"。

二、地利

　　为什么莫干山成了中国美丽乡村的样板？莫干山在中国的定位是什么？

　　⊖ 谭慧敏，胡益，等.品牌延伸与创新——"裸心"的传奇成长之路[Z].裸心集团.

为什么会是莫干山把乡村民宿发展起来了？为什么它成了中国长江中下游地区的民宿实践范本？中国有这么多好地方，为什么长江中下游地区（这么富庶之地）就只出了一个莫干山呢？别的好地方就没有形成这么大的名气呢？比如说，黄山也是非常好的选择。黄山比莫干山在旅游方面名气大得多，风景美得多，更具历史气息，也非常适合民宿聚集。虽然黄山也有乡村民宿，如碧山社区，但是为什么没有莫干山这么成功呢？所以，这就提到了"地利"的问题，就是"选址"这件事。

选择在什么样的地理位置，才能做出比较成功而出名的民宿？应该说，乡村民宿一定要找准地段。民宿选址，就跟很多城市里的人买房子一样，最重要就是地段！

笔者预测在当前5~10年之内中国真正能成功的民宿，其选址是在一线城市及重要旅游城市、风景区的周边车行3小时的范围之内，大致会出现在以下几个热点地区：

第一个是在北京周边会出现一两个热点区域，如北京、天津和雄安的三角形区域中心或周边3小时车程范围内有特色的乡村，又如北京西北角的张家口崇礼地区，以冬奥会为契机，以滑雪产业为主辐射北京周边的相关乡村，联动形成一个大型的乡村民宿片区。这里要补充的是东北吉林的长白山旅游区，实际上是万达主导的一个旅游目的地。可以说，在中国北方以滑雪运动为主的旅游度假目的地是很有前途的，但是这种类型需要定位高端而准确，也需要大量的资金投入。因此，该区域主要是高端精品酒店结合滑雪类主题运动的区域开发，乡村民宿将成为其有效的互补和配套设施，乡村可以从中受益和发展。

第二个是长江中下游地区的杭州德清莫干山区域，现在已经发展成为乡村民宿的实践范本，全国美丽乡村的学习楷模。还有就是江苏的环太湖地区，如苏州的东西山乡村、无锡的阳山乡村，南京周边的溧水无想山乡村、溧阳天目湖周边乡村等。另外，江浙一带的古镇也是乡村旅游的热点地区，如周庄、乌镇、同里、西塘等。安徽的黄山、西递、宏村等风景旅游区也是乡村民宿的热点地区，但该地区最大的问题是离上海的消费人群要5个小时左右的车程，不利于乡村民宿这样的短途旅游发展。这里需要特别提到的是另一个很有潜力但还未被开发的乡村热点区域——上海的崇明岛。在上海城市总体规划（2016~2040）草案中提出要建设四大生态区域，第一个就是建设崇明世界级生态岛。该总规提出，要锚固崇明的生态基底，积极保护东滩、北湖、西沙等长江口近海湿地以及各类生物栖息地，运用生态低碳技术，建设低碳宜居城镇，提升创新功能，建设中国的"国际生态示范岛"。当前崇明已经撤县为区，2020年左右将建成联通上海市区的地铁。崇明的发展长期受到交通的制约，而现在高速公路和越江桥隧建成之后崇明交通有了很大的改善。总之，崇明大面积区域是乡村，农田广袤，乡村民宿大有可为。

第三个是在广州、深圳及香港的城市交接部位将会出现一个乡村民宿的热点区域。这是因为广东省有着深厚的历史文脉，而且广深及港澳地区聚集了大量高知识、高财富的消费人群。这里也要提一下福建的厦门、福州周边地区的乡村民宿，配合着厦门、闽东及闽南地区的旅游高速发展应该会有可能涌现出某个乡村热点。但是当前该区域的经济发展不如长江中下游地区及广深港澳经济带，其乡村民宿的发展速度也比较缓慢。

第四个是中国海南的三亚及海口的城市连接区域。实际上，三亚已经超过了泰国普吉岛、印尼巴厘岛等国际高端海岛度假区，成为中国乃至世界非常重要的旅游目的地，已建成大量五星级、甚至六星级的高端酒店群。因此，该区域的乡村民宿将会成为高端度假人群对新奇的旅居体验的尝试之选，并成为高端酒店群的乡土特色配套设施，服务于不同需求的客户群体。

第五个是云南、广西及贵州几省的某个乡村区域。这些省份历来是中国的旅游大省，其著名的旅游城市有昆明、丽江、大理、桂林、南宁、玉林、贵阳等。我们早已看到云南省的丽江和大理已经成为很多民宿、客栈品牌成功的发源地。而当前需要关注的区域是广西的桂林及玉林地区，据说某著名的旅游开发集团已经在这两个区域投资近百亿开发乡村旅游民宿，相信在不久的将来广西的桂林或玉林地区会成为中国很有特色的乡村民宿的热点区域。

第六个是四川、陕西及重庆几省市的某个乡村区域。四川成都是非常美丽的城市，是一个来了就不想离开的城市，是每个人都懂得幸福的城市；而陕西西安是十三朝古都，历史悠久，而且是全国高校最多的城市之一；重庆是中国第四个直辖市，经济实力雄厚。所以，从全国到这几个城市旅游的游客以及从这几个城市辐射到周边的旅游人群必然会带动该乡村民宿区域的大发展。

其他的内陆地区及二三线城市周边的乡村也非常美，但是离乡村旅居的游客群体（当前的游客主要是一二线城市的中产阶级、追求小资情调的人群）的距离太远。而且，其发展要跟随着上述六个热点地区的发展而选择特色和亮点，切不可盲目复制照搬。

总之，在未来的5~10年之内，某个乡村地区因为民宿业发达而声名鹊起的情况一定会经常发生。通过民宿业的名气给这个乡村带来大量的人流和资金流，使该村的原村民回流，外村的村民过来就业及居住，城市的投资者和乡贤一起来建设乡村，这样才是真正开始唤醒这个乡村，最后通过重塑和复兴的举措真正使这个乡村复兴，并带动周边的乡村一起发展。所以，这种乡村的发展模式是一个良性的循环，只有这样才能使中国的美丽乡村完成伟大的复兴。

三、人 和

乡村民宿讲究"天时、地利、人和"。最后一个"人和"，其实是把人流（特别是指城市的投资者、优秀人才及乡贤）导入乡村。人流导入，自然资金流也跟着导入乡村，这样乡村就被唤醒了。而乡村民宿这一业态最适合被用于导入人流和资金流。这个导入人流的过程就是"人和"发挥作用的过程。

乡村导入人流和资金流的模式，大概有以下两种：

第一种模式是让本乡村的村民自己来导入，自发地发展。他们带动产业发展，如现代农业，保障粮食食品安全和水安全等，让农民挣到钱，得到经济实惠。但是，这个模式不是在所有乡村都适用。因为在一些乡村，生活在村中的农民，其实都是一些老人、小孩，那些年富力强的中年人以及身强力壮的年轻人早已经去城市打工赚钱了，也变成了城市里的人，或者住在城乡接合部的"边缘人"。那么这些留守乡村的村民，因为年纪、资金、守旧的观念，还有健康方面的问题，所以其实要想让他们自发地创造一些新的产业来发展经济，让他们把城市里的人流和资金流吸引过来，是非常困难的。

第二种模式是吸引热爱乡村的城市投资人到乡村来创业，建设乡村，改变乡村。这里面包括离开乡村的中年人和青年人（也就是我前面提到的"乡贤"），他们觉得乡村有机会，就回归到乡村来创业，这些人会为乡村带来新的发展思路。他们来做什么呢？比如说开发旅游业，开发新的现代农业、无污染产业等，吸引全世界有乡村情怀的人过来建立民宿，搞农业安全、食品安全、水安全等新兴发展的产业。

综上所述，只有第二种模式才是真正地把城市里的中产阶级（那些有乡村情怀的人，投资乡村民宿的人或来乡村民宿旅游的人）以及乡村原来的优秀人才（乡贤们）带到乡村的模式。同时他们也给乡村带来了资金，这样才真正让乡村"流动"起来（从人流和资金流这两个方面）。所以，第二种模式才是真正能让乡村复兴，让乡村有创造力和活力的模式。

城市里来到乡村的人才，这里还特别指一些设计师（具体指建筑师、景观师、规划师、产品设计师及广告策划师等）和旅游行业的从业者。他们大多在乡村建设之初就投入乡村的改造设计和旅游策划之中，走遍乡村的角角落落，对乡村充满感情，渴望通过自己的力量改变乡村落后的面貌。而且相对来说，设计师及旅游行业的从业者们非常适合作为民宿设计、建造及运营的人才。因为民宿对资金量要求比较小，它是轻资产的，偏重于管理和运营的。而且民宿主人一定是要有情怀或有设计能力的，所以设计师非常适合民宿业，用小的资金撬动大的产品，然后加上互联网+的营销模式带动客户，如使用微信平台进行营销等创新盈利模式。

而莫干山许多民宿都是千万级以上的投资，在普通的民宿建设之中已经属于非常巨大的投资了。相对而言，我国台湾地区或日本的民宿基本是民宿主的私人财产或家族资产一代代传承下来的，所以他们投入建设民宿的成本实际上不是一次性的大投入，而是不断追加投入的资金。莫干山可以看成是此类民宿的升级版，已经偏向于设计型精品酒店了。由于它们的客房价格甚至超过了中国许多五星级酒店的价格,所以它在建设初期一次性投入的资金量要求比较大,所以也比较具有示范效应。

【范本研究一】
莫干山为什么会成为中国乡村民宿的样板?

德清民宿的精髓在莫干山,莫干山民宿是一个统称,是指以104国道为界,以莫干山风景区为制高点,莫干山镇、筏头乡和武康镇的上柏、城西、对河口、三桥等区域,统称为德清的西部,是生态环境保护区,也被称作"环莫干山旅游休闲观光区"。就是在这里,汇集着大量名声在外的民宿。据相关媒体报道,2014年德清的民宿共接待游客23.4万人,实现直接营业收入2.36亿元,每张床铺的年产值达到1.5万元。

那么,莫干山为什么能成为中国乡村民宿的样板?大致有以下几个原因。

1. 区位优势

莫干山地处沪、宁、杭金三角的中心,莫干山脚下的德清筏头乡,距杭州、湖州55公里,离上海不过210公里,离南京也就250公里。09省道贯穿全境,104国道、宣杭铁路、杭宁高速公路傍侧而过。上海是现代化大都市,南京和杭州是历史文化名城,更是目前旅游的热门城市。长江中下游城市群是中国最富裕的地区之一,拥有大量有品位的高收入人群。如此优越的区位,为莫干山人气的汇集提供了无限可能。

2. 政策支持

不光是莫干山,整个浙江省的乡村旅游都走在全国前列。例如,荻浦村总共687户村民,七成以上经营农家乐;燎原村去年有270万人入住民宿;桐庐富春江畔的芦茨村,几乎整个村子开发成了乡村民宿。跟各地乡村旅游相比,浙江的"投入产出比"明显高出一等。而要形成这样的民宿运营氛围,无疑是和当地政府的大力支持有很大的关系。这种扶持不是口头和文件上的，而是各部门的有机联动，比如相关政策的适度宽松、相关配套设施的建设、相关执照的办理、民宿协会的成立、媒体的循环报道等。

早在2005年，浙江省德清县政府就制定了系列政策，明确环莫干山地区将朝着高端、精致、国际化的生态旅游经济的方向发展，并开始实施山区生态补偿机制，通过搬迁工业来整治环莫干山区域，把莫干山生态保护区从原来的3平方公里扩大到43平方公里。德清县政府甚至将环境保护指标列于干部考核标准内，诸如单位GDP耗水量、森林覆盖率等。经过德清政府长时间的治理，环莫干山地区被打造成了一个风景如画、环境优美的大景区，森林覆盖率达到90%以上，水质达到Ⅱ类水以上，德清县也成功创建为国家生态县。

3. 自然资源

《纽约时报》评选了全球最值得一去的45个地方，莫干山排名第18位。CNN将这里称为："除了长城之外，15个你必须要去的中国旅游目的地之一。"从外媒的这些报道，可以看出莫干山的国际影响力。而事实上，莫干山本身是国家AAAA级旅游景区、国家级风景名胜区、国家森林公园。莫干山山峦连绵起伏，风景秀丽多姿，景区面积达43平方公里，它虽不及泰岱之雄伟、华山之险峻，却以绿荫如海的修竹、清澈不竭的山泉、星罗棋布的别墅、四季各异的迷人风光在江南地区独树一帜，享有"江南第一山"之美誉。

4. 人文历史

莫干山，因春秋末年吴王阖闾派干将与莫邪在此处铸成举世无双的雌雄双剑而得名。该山为中国四大避暑胜地之一，众多的历史名人为莫干山赢得了巨大的名人效应。鸦片战争后，清廷签订了一系列不平等条约，美、英、德、法、俄等外国势力开始染指中国的土地，莫干山成为外国人可自由居住的天堂，各国人士纷纷在山上建别墅、筑教堂。由于传教士梅生等人将在此地的所见所闻发表于外文报纸之上，于是莫干山声名鹊起，成为与庐山、北戴河、鸡公山并列的中国四大避暑胜地之一。

另外，江南村落以及山水自然景观大多比较类似，因此要形成"一村一品"的差别竞争，需要用文化包装来形成营销亮点。如莫干山麓的燎原村做足了"民国文化"文章，燎原村发轫于民国时的"乡村改良"运动，民国黄郛政治上失意后在燎原村办起了奶牛场、蚕种场、跑马场等，光阴荏苒，这些风雨剥蚀的场站、库房、学校现在都成了乡村旅游的"素材"；废弃的铁路枕木、老式自行车配件以及就地取材的竹子被作为文化墙和围栏，被精心分隔成了一座座茶社、客栈和文化创意空间。

5. 建筑遗存

在莫干山，大量名人留下了许多诗文、石刻，以及200多幢式样各异、形状美观的别墅。这200多幢别墅无一雷同，分别代表了欧、美、日、俄等十多个国家的建筑风格，使莫干山拥有"世界建筑博物馆"的美称。

举例如下：

1）皇后饭店：毛泽东下榻处，张云逸在此疗养，陈毅多次前来探望。

2）武陵村：蒋介石度蜜月、参加会议等多次在此下榻。

3）白云山馆：国民党第一任外交部部长黄郛所建，周恩来与蒋介石在此进行国共和谈。

4）静逸别墅：国民党元老张静江的别墅。

5）林海别墅：杜月笙、张啸林的别墅。

这些数目繁多的建筑，本身就是独具魅力、文化底蕴深厚的住宿依托。当然，山上的很多别墅不是谁都可以住的，肩负着特殊的接待任务和疗养需求。所以，本书谈及莫干山乡村民宿多指半山腰的乡村老民居改建而成的那些民宿。

6. 宣传造势

莫干山民宿，不得不提"洋家乐"。以裸心乡为例，就是以环保理念将老旧的泥坯房改建为低碳型三九坞乡村会所，这里成了莫干山"洋家乐"的发源地，然后才有了裸心谷及其他民宿。可以说，正是"洋家乐"这张新奇的招牌，为莫干山民宿汇集了数不清的目光。人们先是好奇，不是"农家乐"吗，怎么出来一个"洋家乐"？继而开始探寻，极大地满足了人们的猎奇心理。与此同时，各大媒体纷纷跟风报道，为这一新奇事物大书特书，掀起舆论高潮，让莫干山民宿、"洋家乐"一夜成名天下知。总之，"洋家乐"的成功营销宣传造势，对莫干山民宿来说功不可没。

7. 契约精神

德清莫干山属于浙江省，浙江人相对来说市场经济的观念很强，讲究公平交易，有契约精神。比起云南丽江、大理那边的情况要好一些。我们经常听说丽江、大理的民宿成功以后，房东就违约把房子收回去。为什么呢？一方面房东觉得，作为一个外来人租我的房子开一个客栈就赚得盆满钵满，而他作为房东一年只收几万块钱的房租，心里很不平衡，所以要拿回来自己干；第二点就是他们的毁约成本太低。像云南客栈的规模一般很小，大概投资三五十万，最多一百来万投资的体量，所以房东毁约也没有赔多少钱，因此客观上造成了房东宁愿赔钱也要拿回来自己干。而莫干山的乡村民宿盖起来都是在一千万以上的投资数量级，它的成本投入非常大，所以违约的话就有非常高昂的违约金。而且，政府也会尽量公平处理本地乡村原住民和外来投资者的纠纷问题，尽量公正、公开，积极引导和协调，并为投资者提供大量优惠政策。因此，大家尊重契约，合作双赢，最终形成了莫干山民宿的示范效应和聚集效应。

【范本研究二】
城市的中产阶级为什么会来莫干山创业？

当前中国城市的中产阶级（特别是设计师）为什么会来到乡村创业？下面通过三个莫干山真实的故事来讨论一下。

发芽的茶室，庚村1932[⊖]

怎么会想到开这个小茶屋？——机缘巧合的事总是那么命中注定

每次进出莫干山，相信大家都能见到"莫干黄芽"四个字十分招摇地用大型铁架的方式竖立在绵延的山间，似乎迫切地想让经过的人注意到它，然而人们又无意将它当成风景。我是个爱猎奇的人，认为每样东西的存在都是印刻着时代胎记的。随着进山次数的频繁，我愈发好奇，希望了解这四个字背后的故事。

这个想法出现后不久，有缘结识了一个低调温婉的姐姐，同我邂逅在莫干山一间叫原舍的山谷民宿。那个冬夜，我俩竟然在室外饮着茶聊到三更。她是业内十分有名的国际品茶大师，每到一个地方，都会亲自参与制茶。到现在我还清楚记得她身着一席精致剪裁的淡雅民国装束，轻巧娴熟地提着一壶金色水壶的场景。这个场景配极了拥有半部民国史的莫干山气质。

我当然不忘向她抛出"莫干黄芽"的话题。也就是这一晚，在她眼前属于超级门外汉的我结识了"黄茶"。我也听到了一个相当震惊的数字：莫干黄芽制成绿茶甚至红茶达到95%的产量，然而，黄茶产出只剩5%。中国屈指可数的黄茶产地中，莫干黄茶的产量仅仅是这个数字！黄茶作为中国6大茶种之一，却濒临着工艺和市场逐步消逝的严峻现实。

在她的介绍下，我走访了莫干山屈指可数的制作黄茶的老师傅，也认识了康师傅和他的女儿，同样希望复兴黄茶文化的一家子。康师傅在山里从事制茶叶近40年，而他的90后女儿除了帮他照看着武康镇上一家传统茶馆外，还参与各类的茶文化比赛。当然，如果要比试黄茶，那必然是数一数二的，

⊖ 本文作者为杨莹、雷丽萍，根据庚村1932提供的宣传材料整理而成。

因为竞争对手的数量也已寥寥无几。

黄茶的事在我脑中萦绕了半年之久。现在仍然是个门外汉的我,依旧不断向身边人述说着黄茶,与友人品着上一年仅存的最后几两莫干山黄茶(当年采茶季还未到)。就在这时,一个偶然的机会再一次放在我面前:庚村文化市集要招商个创意小铺。想着自己在设计创意公司负责品牌那么多年,是不是也可以用这个方式去推广下黄茶呢?茶的门道一时半会很难深刻感悟,但普及教育的事情确是可以先发尝试的。我希望用小小的力量,通过乡村山脚下的一个20多平方米的老房间,把一个叫作"黄茶"的名字讲给人们听。通过用黄茶与不同健康饮品的搭配,去创造出更多的衍生可能性,使普通客群通过最随意、最便捷的浅尝就把黄茶的标签贴进自己的记忆中。

这就是我单纯而热情的出发点。当然,通过黄茶文化切入之后,小屋也等待机缘道出各种不同的有趣故事给大家听。不得不承认,机缘巧合的事总是那么命中注定。

怎么会在一个乡村落脚? ——有处安放的乡愁

当人们议起"乡愁"话题的时候,作为被认为无从谈"乡"的上海小囡来说,其实是很不淡定的。我像极了一个积极举手的孩子,但老师却偏偏不选我来发言。

是的,出生在城市的小孩也是有乡愁的。我会怀念那好似永远窜不到尽头的弄堂;期待每早享用的酸到极致的老酸奶;巴望院子里的老井总是会在夏天变出冰凉的西瓜;稀奇雷雨季的晚上全家人用大盆舀出家中泛起的洪水……

如今,石库门早已拆除。当这些情景碎片频繁出现在梦中,并长达20年之久时,我才傻傻地意识到,现实中不可能重现的过往,即逝难回。

上海这座城市的节奏太快了,快得来不及怀念从前的里弄文化就被新一轮流行风潮给覆灭了。但也许,这座时尚经济之都本身就应是如此的,融入、变换、重生,其中七彩幻化,缭乱众生。

但我仍然希望缓下脚步,希望心里的这份陈旧的相思有处安放,即便安放之地可以不在这座城市。从2013年起,我从事乡建记录与推广的工作一年多时间,从最初上海姑娘的娇滴,到敢随手赶飞蛾,再到爱赤脚站在泥土上嗅闻芬芳,这种快速的转变,关键因素是我貌似寻到了一丝和记忆相关的印记。纵然没有城市生活的精致,但粗糙得令人欢喜。说偶然也好,说注定也罢,我不假思索地把安放乡愁的场所选在了一座山——莫干山,这里离上海两个半小时的车程。

莫干山镇的庾村,8块钱就能吃到一碗猪肝堆成山状的猪油面,这让我两眼发光就仿佛置身于儿时的柴爿馄饨摊贩前。对面布鞋店的老伯有个在浦东陆家嘴做白领的儿子,而老伯生意兴隆的原因也是因为一群群踏破门槛的白领们稀奇于他60多年的手艺活。

我的小店就安在庾村中一个由1932年的蚕种场改建而成的创意园内。我能明显地感受到这座山村就是一条牵引时光、牵引城乡的红线。

我在这里为莫干山的茶文化做着小推广,也用记忆中的老酸奶瓶种些葱苗来寄托小乡愁;我在店里为旅客(80%上海来客)调制茶饮顺便告知想买黄茶这里就有,也会和村民无厘头地聊"洋家乐"未来趋势,各自操着一口家乡话却都相互听得懂。

你瞧,此处安放,再适合不过了。

我为这间"发芽的茶屋"定了一句小标语,叫作"相思种在芽尖上"。

在万物复苏的春天,我开了这家小店,也在这里把相思种下了。

希望相思着的莫干山黄茶能被大众知晓,相思的酸奶瓶中的葱苗所代表的上海记忆能够永远青葱,越来越多相思中的等待发芽的文化故事从这里被传递出去。

萌芽的一瞬是细微的,但这股微小的力量又伟大到关乎生命的坚韧绽放。我愿意与更多人共同分享这一处相思,为了让这些小芽能够照耀到阳光雨露。

亦素,庾村1932㊀

30岁,对于李蓁怡来说,无疑是一个新的人生转折点。她常常觉得25岁到

㊀ 本文根据庾村1932提供的宣传材料整理而成。

30岁是人生最重要的时光,如果没有抓住这个年纪里尚存的昂扬斗志去做一些看似不切实际的事情,她真的担心在今后的日子里,无从回忆,无从纪念,无从证明自己的人生曾经那样精彩。于是,站在30岁的尾巴上,她选择开这样一家小小的店——亦素,是踏出梦想的第一步,也是对自己最好的成全。

坎坷不是停顿的理由,而是坚持的动力。"可能我心里有一颗定时炸弹。"回忆起开店的初始,李蓁怡笑道。本职从事景观设计师的她已经是一个孩子的妈妈,在外人看来,美好的家庭与稳定的工作都代表了一个女人的人生顺利与一定意义上的成功,而她的内心却越来越躁动,渴望着一个梦想,渴望在自己最美好的岁月里再留下点什么。

在工作之余,出于对创意设计的关注与喜爱,李蓁怡常常参加各类市集活动,从一个市集走到另一个市集,从一个最寻常的游客到后来自己做摊主,在这个过程之中,她结识了许多有趣的人,也听到了许多摊主身上动人的故事。正是在这样的情况下,她认识了来自云南的服装设计师Stella,也就是亦素的服装设计师。

一次来到莫干山山脚下的庾村1932,这里的文创环境、莫干山的文化底蕴与城市联动的理念……一切都让李蓁怡在这里寻找到了自己梦想实践的灵感。太多的契合点一触即发,就好像她内心的定时炸弹到了原本设定好的引爆点,于是在庾村1932的创客街区内,她选中一家小小的店面,并与Stella一同,对亦素进行了设计与规划。

"亦素,其实这个名字原本是取给我第二个孩子的。"只是梦想比第二个孩子来得更早了些,而这个梦想何尝不是她的心头肉呢?李蓁怡将这个名字留给了这家店,留给了自己一手打造的梦想。而亦素,正是她所期待已久的人生转折点。

但是,说服家人接受自己这样的选择也需要一个过程。平日繁忙的工作姑且不提,孩子的抚养问题、经济上的压力、上海与莫干山之间来回奔波的艰辛、店铺的管理运营……当梦想遇到现实的审视,那些浪漫色彩的字句都不是最有力的回答。但是,在李蓁怡看来这些都不是困难,"为什么一定要想这么多?"她坚信完成梦想这件事本身就是坎坷的,"发生什么一个一个去克服就好了。"如果想要创造不一样的路,就必须经历这些考验,不然何来回忆的价值?她的回答干脆利落,没有任何犹豫,也正是这样果敢明确的态度,让家人成为她的支持力量。

萱草书屋,庾村1932

萱草书屋的每一本书都来自四面八方的捐赠。2014年3月,我们发起了"手留余香,献二手书籍"活动,截至6月1日总共募集到了3000多本书籍。这些书籍如今都放置在萱草书屋内,焕发着全新的生命力,承载着我们对乡村文化最初的期盼。

我们也恳请到莫干山庾村1932来旅游的朋友们,每人带三本书来,捐出值得分享的二手书籍给我们萱草书屋,使之能更好地被乡村的村民所阅读。

萱草书屋里陈列的是来自于顶尖设计师的手作制品、当地物产的设计产品等。游客不仅可以近距离感受设计师的灵感杰作,同时还可以选购任何精美的手作产品,将美物带回家珍藏。我们希望通过这些美物,使设计融入乡村,以创意与灵动带给乡村一股活化的能量。

萱草书屋的每个阅读空间都配有舒适的桌椅,当游客找到喜欢阅读的书籍,沉浸在阅读的快乐中时,也可以品尝到来自庾村1932萤咖啡的美味茶点,我们会第一时间将美味送达到游客的手中。

游客在萱草书屋的任何消费,其利润的30%都将全部存入宣传书屋发展的公益基金,用于开启一间又一间的萱草书屋。我们希望这个集结爱的平台,带着萱草的那份坚韧与执着,开遍中国的乡村土地,为乡村带来无尽的希望,成为乡村公益的筑梦者。

总结上述三个案例,他们作为在城市(主要是上海)工作的中产阶级为什么要来到乡村创业?我认为,原因主要有如下三点:

第一,当前中国的餐饮业和旅游业是盈利比较好的行业。中国中等收入

○ 本文根据庾村1932提供的宣传材料整理而成。

的家庭都有些闲钱,也讲究生活的品质,除了一年一两次到海外去旅游和消费,那平时的周末或节假日去哪里玩呢?最有可能的就是附近的城市、乡村或旅游景区进行短途旅游。所以,有特色、离城市近的乡村有很大的优势来吸引大量的城市中产阶级来旅游,比如说浙江德清的莫干山正好满足了大部分上海中产阶级、小资人群的周末度假需求。

第二,城市超负荷运转,食品安全的问题。比如说在城市里吃蔬菜、鸡肉、猪肉等这些食品到底有没有问题?如何吃到放心的食品?这可能是城市人群最关注的健康问题了。而乡村的食品基本上是安全的,甚至是绿色有机的。城市的雾霾、水体污染等环境污染的问题,如北京、天津经常雾霾,长期在这样的环境中生活,人的心态都改变了,非常渴望到一个远离城市的乡村去透透气,呼吸新鲜空气,看看青山绿水。所以说,宜居的生态环境也是乡村独一无二的优势。

第三,城市里部分有识之士愿意通过他们的情怀,帮助乡村,反哺乡村,复兴乡村。如从教育着手,从根本上帮助乡村村民提高素质,更好地建设乡村。

综合上述三点原因,城市有一部分的旅游者会来到乡村旅游,比如那些与城市交通很方便的乡村,空气和环境都比较好,食品也比较安全,吃得好,又玩得好。那么这几个因素综合起来看,最有前途的行业其实对应的正是"乡村民宿"这个形式。所以我认为乡村民宿将成为当前中国乡村5~10年的经济爆发点和增长点。

总之,乡村民宿在当今5~10年内的历史使命是负责唤醒乡村,吸引人流和资金流,然后逐渐找到更好的举措重塑乡村,最后达到乡村复兴。

第三节 乡村民宿开发经营的机遇、陷阱及盈利点

一、机 遇

1. 市场需求

乡村旅游市场需求越来越大，国内旅游慢慢趋于理性，人们以后的旅游方式不会是在各个景点打卡签到，而是转向体验式旅游。乡村有的是自然风光、历史遗迹、特色景点、乡村野趣等资源，这些都是吸引城市居民前往的动力。市场需求的快速发展，毫无疑问是一个大机遇。随着中产阶级的快速崛起，消费升级带来的市场对乡村民宿的需求增速明显。只要是具备空气、水质等方面的环境较好、风景较好、区域文化较有特色、交通较便利等要素的乡村，均具备经营民宿的基础，而这样的乡村目前来说开发的程度还非常低。所以说，当前5~10年乡村民宿市场的需求量非常大。

2. 旅游资源

做旅游行业必须是有目的地的旅游资源。不同地域环境的乡村也会有不

同的发展机遇，相对而言，人文风貌充足、历史故事丰富、自然生态优美、产业多元且优质的乡村会比较适合，当然更重要的是要交通方便、保证足够客源。反之，贫瘠、偏远、环境欠缺的乡村当前不值得尝试。比如说莫干山的成功，在于自然山水和江南文化，更在于江浙沪这些丰富的客源地，2~3个小时的车程就能来到此地，这是莫干山成功的保障。又比如说宁夏一个全国贫困村，120户人家，只剩下20多个老人居住。黄河边上的红枣树下掉满了甜甜的红枣，都没有人去捡。沧桑的木水车，被黄河水推动得发出沉闷的声音，在诉说着历史故事。在这里做个旅游项目风景很好，但是谁会来？一年会有多少人来？这种很美的地方，但不能作为项目来经营，因为没有足够的客源。所以，自然风光优美的、气候宜人的、交通便利的（距离丰富旅游客源地3小时车程之内）、有特色风俗文化的乡村是当前适合开发乡村民宿的好地方。当然，经营是需要多元综合评估的，要有很好的定位、明确的互动体验项目和营销手段，才会让乡村创业产生机会。比如说当前，江南地域的，或靠近海滨、风景区的乡村就比内陆地区交通不便的封闭的乡村相对有开发价值。

3. 政策支持

有了市场需求和旅游资源，更需要有好的政策支持。没有好政策，创业会掉入陷阱。政府支持、政策利好、地方产业转型升级等因素也给乡村的民宿发展带来了很大的机会。2016年，全国有262个城市或区域被列为全域旅游示范区首批创建区。各地政府也都非常积极地研究旅游经济的发展方向，并对于民宿行业的发展均持正面态度。加上国家"十三五"计划提出全面脱贫的国策，很多乡村还能享受到精准扶贫的各种扶植政策。

还是拿莫干山举例，当地诚信的民风支撑着投资人的信心，更重要的是本地政府的扶持政策。到目前为止，没有听到投资人对于政府的税收政策、收费等抱怨。反观一些已名声在外的景区，由于得不到政策上很好扶持，致使游客的门票、餐饮支出远远高于住宿和交通支出，也给投资人增加了更多的成本，导致了不公平的竞争环境。这许多问题致使这些景区的口碑不如刚刚开始推广的高原古城，如八宝镇、普者黑、坝美村、诺邓古村、沙溪古镇等。政策支持，不单单是税收方面，更重要的是管理市场，规范市场，给大家一个诚信公平的竞争环境。

4. 业态互补

说到业态的互补，要给大家讲一个故事。犹太人做生意，第一个人开个加油站，另一个人在旁边开个便利店，第三人过来开个小旅馆，第四个人来开个小酒吧。这样大家都赚钱了，而且形成了良性循环。那么，乡村创业怎么能够做到资源互补，怎样处理好上下游产业的关系，从而达到共赢的局面呢？这需要一个整体科学的规划。

乡村创业的业态互补，需要有高中低不同档次的住宿服务（如度假酒店、民宿、房车营地、青年旅社等）、农副产品种植采摘服务、民俗文化的演艺服务、特色的餐饮服务、手工艺品伴手礼店、配套旅游设备服务（如爬山设备、滑雪设备、潜水设备、出海设备、钓鱼设备、越野车等）。眼下比较热的内容包括：乡村特产的包装与再加工、空心村改造、乡村社区营造等都属于乡创的范畴。还比如做一些民宿配套开发，比如民宿附近的餐厅、咖啡厅、旅游纪念品店等。或者直接服务民宿的布草洗衣工坊、民宿从业人员培训。又比如说，乡村住宿用品市场。乡村住宿品牌太高端用不起，太低端客户不满意。针对乡村住宿市场，在易耗品上可以做出小而美的创新，单品突破，切入市场，应该有机会盈利。从商业角度看，乡创能达到怎么样的高度，跟当地的基础设施、周边配套、政府与民众意识息息相关，这背后的基础受制于当地区域的经济发展程度。总之，住宿业态互补，上下游产业设计配套，需要的是本地政府的规划和管理。这样不同的创业业态机会多，风险小。经过一段时间市场的自我调节功能进行修正，达到平衡，就能确保各种业态的收益。总之，机会在于供给端的升级。

5. 场景体验

乡村创业的机会，就要分析游客去乡村的场景能带来哪些体验。其中，很典型的就是城市里长大的孩子，很少见到大自然，所以父母会带着小孩子去乡村认识大自然。这里面就有一个很大的机会，去乡村里面，住哪里？去干吗？而要把这两个问题解决好，就是对供给端升级改造。供给有哪些？无非就是吃的东西、住的地方、玩的内容、买的物品，以及如何让整个过程更加便利，即公共服务体系。

比如，住的方面，现在的父母和小孩，在大城市里基本住的就是装修还不错的房子，家居用品、卫生洗浴都是相对有品质的。可现在很多的乡村住宿条件还是原来的农家乐形式，不管是家居用品，还是卫生洗浴都毫无品质感可言。因此，从住宿的角度上来说，如何能够提升乡村住宿品质就有一个机会。住宿可大可小，大的做度假酒店，小的做民宿，关键看掌握什么样的资源，从选址、规划、建造、装修、设计、运营、管理、服务、营销都会产生相应机会，而且逐渐会产生相对标准化和个性化的融合。

再比如玩的方面，原来只有休闲观光，到乡村只是看看风景。但是新的需求在于城市里感受不到的个性化体验。举个例子，农场养殖基地，原来只是卖农产品，可在如今体验需求的时代可以让用户部分参与到农产品的生产过程中，成为一个体验项目。如喝着自己炒制出来的茶，吃着自己采摘挖来的农家菜，把体验产品化。同时依托当地的自然资源，开发更丰富的轻户外玩乐体验项目，溯溪、漂流、滑翔等，让一个乡村本身成为游客周末度假的目的地。

而在这些供给端品类更加丰富的同时，必然也需要第三方服务商提供基础服务，所以对于很多度假营地规划公司、民宿设计事务所、基础设施设备提供商等也都会产生很多机会。

6. 差异创新

乡村民宿的特点在于差异化，但好像目前很多人都在试图给民宿下定义、定框框、出标准，这样是否又会走上传统酒店业的老路？所以，能否在同质化的业态内找到差异性，寻求新的突破和发展方向，应该是决定未来几年内做民宿成功与否的关键，也应该是目前的民宿业主需要考虑的问题。国内乡村民宿现在都学习莫干山。不可否认莫干山模式在这个行业，不论从产品质量还是客流总量来看都领先全国，但是对比莫干山往年和今年的市场表现，已经明显呈现出变革的态势，两极分化愈发明显。一些开业多年的老店面临客流的显著减少，除非在短时间内客户数量有明显增加（这种可能性不大），否则在未来两三年内必定会淘汰掉一部分。而新近开业的民宿也面临着更为激烈的竞争，如果莫干山的民宿仍然保持着这两年的增长速度，那在未来经营压力之下是否还能保持现有的价格体系将会是一个很严峻的考验。以民宿为核心的多种业态以抱团的形式，在一些环境优美的地方发展整个乡村度假产业，能提供一站式度假服务的"乡村综合体"模式，如莫干山的"宿盟"，这种模式会有很好的发展机会。

但反过来看，对于单一民宿而言，因为体量有限，所以客户总量是足够满足其需要的，因此能否在产品本身上做出特色来吸引客户，将成为乡村民宿间竞争的根本问题。所以，如何保证产品的质量并形成差异化优势，是关键中的关键，也是巨大的机会。

市场发展很快，客人的需求提升也很快。老店经过几年的运营之后，可能也到了需要翻修的时候。这是因为市场更成熟了，以前的产品在当时可以脱颖而出，但放在现在可能就不一定有足够的竞争力了。所以，只要客房数的增长速度快于客流量的增长速度，必然导致客户的分流，入住率下降是可预见的。而且，莫干山的房价适当下降到理性价位应该也是趋势。不过现在莫干山的政府可能也看到了这样的问题，所以最近有一些引流的项目出现，应该能对客流量的提升带来一些帮助。

当前，乡村民宿结合特色农业、乡村养老是比较好的创新点。特色农业是一种新的发展趋势。现在大家不仅要吃得安全，还要吃得有格调、有情怀，再加上电商和自媒体的发展，只要产品用心包装，各类媒体稍加推动，销路不是问题，而且溢价也不低。比如说某个做现代农业的企业，种了一百多亩白枇杷，今年不到一周就售罄，单个枇杷均价4元，收益颇丰。如果特色农业和乡村民宿相结合，就可以产生更奇妙的化学反应。关于乡村养老，大家可以参考绿城集团最近在浙江临安青山湖搞的桃李春风项目。

所以，笔者预测未来的乡村旅居创新点有如下几种：

1）亲子类住宿品牌——在当前的民宿中可以细分出不同的类型，比如说体现亲子主题的品牌，现在可选的太少了。

2）解决非周末入住率低的痛点——服务企业，针对企业做团队建设的综合服务方案。

3）乡村金融——发行民宿改造基金跟股权众筹结合，通过发行改造基金圈优质项目，通过股权众筹回笼资金。

4）乡村办公——阿里研究院提出的报告称：未来的高科技互联网公司中海量自主性劳动的就业方式将成为我国劳动力就业的一种重要形式。根据摩根大通研究院提出的"劳动型平台"概念和Harris & Krueger提出的"独立工人"概念，未来就业模式呈现出自主性劳动平台的模式。生活和工作都在乡村，这种生活方式将来有可能通过互联网+得以实现。

7. 专业人才

乡村民宿产品品质的参差不齐、过多情怀的注入，让这个行业显得不那么理性。很多新项目投入越来越大，因此产品定位、对品质和服务细节的把握、对于目标人群的有效触达，需要更多专业人才的投入，才能做得更好，这也是各种专业人才在新市场里的巨大机会。

开放式协作共赢，应该是民宿创业倡导的。我认为这个行业一定会出现专业的孵化或者服务平台，会让民宿的投资运营更为理性并落地。现在的度假酒店行业已经从以前的规模扩张转变成垂直细分了，而非标住宿中的乡村民宿就是其中一个。

另外，在大多数乡村还存在着部分村民素质较低、法律意识淡薄的现象。而民宿这个领域势必需要和当地乡村村民深度合作。我们已经看到，在经济比较富裕、交通比较便利的部分乡村，有很多在大城市或大型公司打拼过多年的回乡创业人员。这部分人员的服务素质、法律意识及销售意识普遍是较强的，有这样的乡村创业人才服务乡村建设，基本在人力资源方面就不存在太大的问题了。

8. 土地升值

为什么一些房地产公司会去关注乡村创业？其不仅是看中创业本身，更多的是看中了乡村的土地。因为目前乡村的土地与城市的土地相比，其土地价值是被大大低估的。而房地产公司通过旅游开发，提升了乡村的人流及口碑，其乡村的土地价值就会提升。所以，像万达这些大企业，为什么从商业板块积极转型到旅游板块？不是乡村旅游盈利有多好，而是通过旅游带动人气，人气带动了乡村土地的升值。大企业靠土地升值赚钱，所以当前乡村旅居的形势对大企业肯定是机遇。而这些大企业的到来，也在一定程度上唤醒了这个乡村，使之快速地发展起来，这对乡村来说也是机遇。所以应该说，这是乡村、企业、民宿三者多赢的机遇，应该好好地把握。

二、陷阱

1. 房屋产权

乡村民宿目前存在着一个很重要、但是暂时无法解决的问题就是房屋产权问题。在国家没有正式实现农村宅基地房屋产权的市场流通之前，乡村民宿在产权问题上是存在着风险的。毕竟无论是资产管理、还是租赁主体的合规性问题，均建立在产权之上。目前乡村的房屋普遍只有土地使用证，没有土地上建筑的证明文件，而各地政府目前能做的也仅仅是推进不动产登记制度。未来会是怎样的政策走向，当前不得而知。

政府政策的不确定性也导致了政府支持相对不足，对乡村创业者支持度不够，缺少合理的法律对乡创人员或机构给予保护。甚至政策法规不完善，办事人员刁难，还有面对某些村民的无理要求束手无策。还有就是很多民宿都没有办理正规的营业执照，这也是经营过程中存在的隐患。

2. 合作精神

不可否认，大部分乡村相对落后，村民比较缺乏合作精神、法制意识和契约精神。例如，一些景区的原住民看到租住房屋的外来客逐渐形成较好的商业模式，特别是民宿和客栈的经营业态，纷纷提出涨租要求，不按合约出牌，迫使许多经营者无法经营或者被恶意涨价。乡村单个的村民是朴素的，群体的村民则可能互相攀比。孔子说："不患寡而患不均"。乡村村民更是这样，很难一碗水端平，这样就会给民宿经营者埋下定时炸弹。旁边的租金高了我的也要涨，人家的房子漂亮了我的也要重新装修，这样对乡村民宿的投资者和经营者而言都是巨大的压力。

在民族地区，还有民族矛盾与信仰差异的问题。比如某家酒店集团在藏族的康巴地区开乡村民宿，其初衷是"民族团结桥梁，西部开发纽带"。他们的人缘非常好，但进行合作时仍然慎之又慎。该酒店认为，别的投资者在藏区根本没办法与松赞集团竞争。因为松赞集团的创始人白玛先生深谙藏区的文化，他说过："文化的差异与认同是松赞最大的优势。"

3. 邻里关系

乡村民宿主人与村民、邻里及地方各级官员的关系处理最为关键。每一个环节出大问题，就会导致前功尽弃。在租赁物业，特别是农宅土地之前，对于业主的选择尽量多花时间去了解，通过走访邻里的村民，摸清信用再签约不迟，一定不要匆匆忙忙签约。因为作为从城市到乡村来的投资者，一般要求乡村行政部门公平正义、诚实信用、平等处事。但是，当地某些村民觉得你是城里来的大老板，要么该扶贫，要么该礼让，总之乡村里的某些人把城市里的投资者当作了"大肥肉"。你原本想"采菊东篱下，悠然见南山"，使自己和客人享受世外桃源的生活。结果是村东头老张家儿子大喜，村西头老李家姑娘出嫁，村南王家老寿星八十大寿，村北赵家小子金榜题名……你要不要随份礼呢？更要命的是，村口何家一时周转困难，找你求援来了，借，还是不借？大家低头不见抬头。所以，处理好乡村邻里关系等多种关系是乡村民宿长久经营下去的基础。

4. 基础设施

当前，乡村的基础设施还没有达到能在短时间内接受高水平项目的要求，比如说交通、物流、网络等，也对接不上互联网项目的服务和速度要求，许多县镇政府的工作重心还是在传统业务上。某些民宿过分追求情怀，放大故事性与传奇性,导致民宿或客栈缺乏必备的配套设施,舒适度和安全感不足。比如在乡村夏天天气突然热起来的时候,民宿原有用电荷载的承受力不够,导致停电停水频繁发生,这使得客户体验感极差。又如,某些湖旁的民宿或客栈排水系统不到位,导致把污水排入湖中,使湖水被污染,破坏自然环境。

5. 情怀的坑

不要把情怀当产品卖,而忽略了产品的本质。笔者接触过很多开民宿的人,都怀念小时候在老家的感觉,都喜欢在清净的旅游地有一栋按照自己喜好布置的房子。市场上没有怎么办?自己开,这么美好的事情,开完之后各种同类人还不是纷至沓来?看似合情合理的事情,等做到运营阶段才知道,情怀和现实隔着十万八千里。

所有的情怀,真正落实到民宿时,可能是选址时和房东的各种谈判、项目运营阶段焦头烂额的拓客,还更有可能是经营团队甩手走人时自己顶上去刷马桶、捡垃圾、洗床单的痛苦经历。所有的客人,不会为民宿主人的情怀买单。客人来,可能是朋友的推荐,也可能是网站或微信上超赞的点评。但是,从情怀变成人所皆知的民宿,这个营销的工作量和成本投入就非常大了。

所以,在民宿的开办过程中,情怀只是必要条件而不是充分条件。如果只是凭情怀开店,就幻想自己的民宿天天客满,那等待你的将是很惨痛的失败。

6. 设计建造

太多的乡村民宿都是家装设计施工单位建造的,投资人如果对这行不了解,只有等着被坑。应该说,民宿的建筑改造、室内装修及室外景观园林都是很烧钱的,而且由于多是非标准化施工,还有乡村地区都较偏远,运送材料的运输成本非常高,从城里请到乡村施工的人工费用也非常高。所以,你会发现,一个民宿看上去好像什么都没干,却已经花进去好几万了。的确,因为民宿很难像房地产开发那样流程清晰、材料透明,所以不懂行的人一定会花掉很多冤枉钱。

当然,就算你开出一家很漂亮的客栈或民宿,本身体验也很好,但是周边配套什么都没有，或者根本没有可以玩的，游客无法去消费，去了一次也不会再去第二次了。这就是一个整体民宿氛围的问题。你干着干着会发现，独木不成林。你投资搞出来的民宿，不足以面对客人。客人来了就问："这里除了民宿，还有什么好玩的？"你思量半天，你觉得挺美挺好玩的事，居然不够客人半天喝一壶的，这正是众口难调。那时候，你只恨项目不够多，合作伙伴不够多，钱太少不够投的。所以，在民宿选址的时候，最重要的是做好旅游发展规划，看看本地有哪些旅游优势项目或未来有哪些旅游产业可以导入，民宿如何与其他项目、产业相互配合协作，共同盈利。

7. 成本过高

客源不稳定性、季节性影响、低频、入住率低、淡旺季明显是始终无法解决的问题，现在一般乡村的旺季只有4个月，把旺季和淡季平均一下，大部分乡村的年平均出租率不会超过40%，所以这样不可能带来高回报。另一方面，乡村民宿入住率低，又是重投入，同质化严重，服务和产品太弱，客单价太低，人工成本很高。由于低物业成本而带来低溢价率，不足以支撑项目的运营，尤其是体验好的运营。长远来看，仅有的尝鲜消费者们周末可能会选择越来越重视个性化的度假酒店。

从成本的角度来看，最初你只想建几个小房子，既传统又现代，花草满园，一派田园风光。结果越干活越多，当初看不见的事情都冒出来了。路得整修，水要净化，污水要处理，电力不足你要拉专线，信号不好你要加信号塔。养的鸡吃村民的菜了，养的鸭子污染溪流里的清水了，这些问题都要花钱去处理，结果是预算大量超支。

8. 资本陷阱

做民宿的人不要轻易拿钱，尤其是不懂民宿的投资人的钱。一个民宿从选址就开始用资本的方式运作，尤其是一群外行人，自己觉得可以通过资本颠覆任何行业。如果这样做，90%的概率会把钱赔光。另外，某些有民宿背景的经营者不是用创业的心态来做民宿，而是打工的职业经理的思维，也很容易把民宿做死。只有那些真正想做民宿的人，通过自己的热情去感染和团结真正热爱民宿，并把民宿当成生活乐趣的人，远离那些仅仅靠资本运作赚钱的团队，才能把民宿做成功。

9. 盲目跟风

现在有那么多乡村都想引进民宿，但真正适合开民宿的乡村（要满足前面提到的"天时、地利、人和"才可行）不多。如果只是盲目选择或者被对方所提的要求所吸引，那成功概率就很小。有想做民宿的人自己不懂就跟着别人走，到后来发现乡村房子的拆迁问题等许多问题都没解决，一拖就是好几个月甚至更长，白白浪费很多时间。对这些没有专业知识又不主动去了解乡村情况的人来说，机遇也会变成陷阱。

10. 不接地气

乡村互联网创业是国家鼓励大众创业的组成部分之一。但是，当前乡村互联网项目方向的创业还是太早。一二线城市大众创业有些过热，很多创业者也在开辟新的市场，寻找新的机会点，但是中国的乡村发展远没有达到可以用一二线城市的技术直接改造的阶段，中间的对接差了好几个层次，这就是不接地气。

11. 连锁扩张

没想好你的民宿将来如何发展之前，别着急扩张。开1家民宿，开10家民宿和开100家民宿，是三码事。1家民宿开成功了，不代表开10家民宿能成功。10家民宿开成功了，不代表开100家民宿能成功。能不能连锁？能不能复制？这和太多因素相关。选址、产品、团队成长、市场容量、所在市场的区域性、消费习惯等有太多关系。哪一点出问题都不能保证连锁的成功。在这轮乡村民宿的热潮中，很多创业人士饱含情怀和梦想，有理论数据，有各种路演。但到最后，评判民宿成功与否的唯一标准是：单店的盈利能力及可持续盈利能力。

综上所述，中国的地域经济差别巨大，民族及文化差别也很巨大，因此乡村民宿的创业必须非常谨慎，精挑细选好地段，抓住机遇，避免陷阱，从一二线城市周围的卫星城镇或著名风景旅游区周边的乡村开始起步，需要做持久战的资金准备，需要坚强的信念和吃苦耐劳的意志，这样才能坚持下去，等到柳暗花明的那一天。

三、乡村民宿盈利模式分析

乡村民宿盈利模式分析

盈利模式	细分项目	项目内容
民宿模式	乡村酒店客房	按照酒店标准建设的楼层套间
	老宅改建成民宿	把乡村老房子修缮改建成民宿、客栈
	青年旅馆	按照国际青年旅馆模式建设的、适合旅游爱好者的旅馆
	露营基地	提供大规格的帐篷出租
	特色住宿	如人工窑洞、石屋、架在树上的鸟巢屋、木船旅馆、茅草居等
	养老公寓	适合城里老人下乡定居或度假，可租可售
	长期租借	根据居住时间长短收费的民宿，如包周房、包月房，甚至包年房等
餐饮模式	特色早茶	如水煮花生、煨芋头、煨红薯、石灰池泡蛋、现制豆浆、手工米粉、甜酒等
	农家饭菜	民宿的主要餐饮方式，可以将农家饭菜与酒店菜肴相结合，满足客人不同需求
	特色美食	比如烤全羊、大闸蟹、小龙虾等，有的特色菜可以常备，有的可以要求预订
	宴会接待	交通比较便利的可以接待生日宴、聚会宴、会议宴、培训宴等用餐量比较大的项目
	自助烧烤	既可作为吸引游客的游乐项目，又是一项特色餐饮服务
	特色外卖	比如现场制作的烤鸭、臭豆腐、麻辣香干等
	自酿谷酒	大坛封装，上贴红纸，小瓶装的贴上自制的土标签，取名"某某家酒"
	熏制腊味	如腊肠、腊鸡、腊鸭、腊鱼、腊兔等
	泡菜系列	如腌辣椒、腌萝卜、腌黄瓜、腌茄子等
	干菜系列	如笋干、豆角干、紫苏干、剁辣椒、萝卜干等
	粮油系列	如大米加工、大豆加工、红薯加工、玉米加工等

(续)

盈利模式	细分项目	项目内容
休闲活动模式	乡村茶馆	茶艺表演、茶水服务、茶叶茶具出售，有茶叶基地的还可以组织游客采茶、制茶
	乡村酒吧	面积不需要很大，关键要精致，也可做成清吧
	花园足浴	微风吹来，花香沁鼻，在大自然中享受足浴
	狩猎场	可依据民宿地形，选择封闭性较好的窝地喂养动物，依法开展狩猎活动
	趣味游乐系列	如射击、趣味寻宝、有奖猜谜、动漫世界等
	会议中心	现在有很多部门和单位的会议放到民宿去开，会议中心的规模视情况而定
	展览中心	可与会议中心办在一起，主要承办艺术收藏品展览，也可只展示农耕文化
	婚纱摄影基地	利用民宿的自然风光，加上一些爱情婚庆主题元素，可开设婚纱馆
	旅游纪念品商场	最好建成古朴风情街，包括老字号工艺品店和特色小吃
	医疗保健服务中心	在基本医疗的基础上，开设其他特色保健服务
	集体婚礼	与妇联、媒体、婚介等联合举行中西式集体婚礼
	交友派对	团委、媒体、户外俱乐部等联合举行交友派对活动
	夏令营	与学校、媒体、公益社团等联合举办夏令营或冬令营
	纪念林植树活动	古树名木认养、纪念果林、企业形象林
	节庆活动	如泼水节、重阳节、圣诞节、情人节等
	交通及代购等服务	提供如乡村租车、商务服务、预订机票、代驾等，方便游客在乡村的活动
	绝活表演	民间绝活表演，可在节庆期间推出
	传统艺术表演	如魔术杂技、皮影戏、拉西洋景、踩高跷等
	青少年特长的假日培训班	节假日青少年可前往体验学习乡村农业知识
	演出团体	民俗风情表演，可参加文艺调演和商业演出
	乡村温泉	将传统的澡堂、桑拿，改造成温泉形式
运动模式	草坪瑜伽	有辅导老师，可采取会员制，游客也可临时参与体验
	乡村高尔夫练习场	占地比较小的高尔夫练习场地，可采取会员制
	乡村马术俱乐部	一种是会员制的马术俱乐部，另一种只是简单的骑马游玩项目
	拓展训练基地	需要与专业户外拓展训练机构合作，以保证稳定的团体消费
	短程亲水漂流	适合儿童的短程安全浅水漂流，重在亲水体验
	乡村游泳池	一种为天然浴场，对河滩进行改造而成；另一种为人工修建的游泳池
	水上运动系列	如水上步行球、水上飞机、水上滑道、情侣脚踏船、水上摩托艇等
	武术培训基地	武术培训不仅可以盈利，还具有表演参观的特性
	农民趣味运动会	展示农耕文化，邀请企业、媒体和游客参与
	山地运动系列	如滑草、竹林迷宫、攀崖、速降、山地自行车等

(续)

盈利模式	细分项目	项目内容
农业及养殖业模式	私家菜园	将土地分成小块，围成菜园，出租给城市居民，也可由小区业主联合租地建设成业主庄园
	果蔬茶采摘	游客自己动手采摘生态瓜果蔬菜，高于市场价出售，其中水果品尝采摘可以按人头收费
	钓鱼捕鱼	多种形式的娱乐项目，包括钓鱼、抓鱼、捞鱼、捕鱼、钓虾、钓鳖、抓螃蟹等
	特种养殖	如养鹿、养孔雀、养狐狸、养野猪、养蜂等
	有机果蔬	如农家小菜、反季节蔬菜、葡萄、梨子、板栗、莲藕等
	农副产品加工	如红薯粉丝、茶籽油、环保竹篮、草鞋、干花等
	药材茶叶	签约成为药材基地或茶叶基地，利用基地形成民宿特色
	花卉苗木	既是对民宿的美化绿化，同时可通过苗圃销售花卉苗木、盆景树桩
	天然矿泉水	如果有好的矿泉水资源，开发成瓶装或桶装水，还可提升知名度
	珍稀观赏鱼繁殖推广	如中华鲟、娃娃鱼、锦鲤等
	优质种苗培植推广	如优质油茶、红豆杉、兰花等
	农科教中心	争取政府将民宿定为当地农科教培训中心
	宠物繁殖训导	如狐狸、荷兰猪、藏獒、观赏龟等
	农家动物表演	经过训导的农家动物，如小猪跳水等
	有机肥料生产推广	为周边种植大户服务
	无公害养殖垫料推广	为周边养殖大户服务
	大棚温室推广	大棚建设、温室育苗、沼气工程等
	土特产超市	申请了屠宰证，可现场屠宰生猪等
	野菜野果	人工种植野菜野果，包括蘑菇生产，可民宿内部消化，也可加工包装成商品推向市场
艺术及手工制作模式	风筝制作	提供材料，游客可自己动手制作，在田野上放风筝是很开心的事情
	手工棉被	手工弹棉花具有很强的观赏性，同时现场预订棉被绝对放心
	竹艺编织	竹艺编织材料易取，成品可现场作为实用工艺品销售
	陶艺制作	与陶泥亲密接触，欣赏自己的作品
	女红针线	适合女游客参与的如做手工鞋垫、编织手套、刺绣等
	收藏展馆	建立艺术家创作基地，展示出售各类收藏品、艺术品
	工艺品趣味拍卖	可以由游客亲手制作并现场参加趣味拍卖
	艺术家创作基地	主要是画家、作家、雕刻家等，选择乡村潜心创作
	根雕盆景	取材乡间，由园艺师现场指导创作，作品可带回家
	窗花剪纸	材料普通，简单易学，具有浓郁的乡土气息

(续)

盈利模式	细分项目	项目内容
输出品牌和管理的模式	专业合作社	联合周边农村的农民成立相应的专业合作社，统一品牌，统一管理
	品牌连锁和委托管理	将自己成熟的项目输出、复制、连锁，或者兼并、托管
	酒水供应商广告	酒水供应商在自己的民宿设置广告
	当地房产广告	当地房产商在民宿设置户外广告
	旅游景区广告	周边旅游景区在民宿设置广告牌
	民宿消费指南折页广告	在定期编印的民宿快报上刊登相关广告
	企业形象林	当地知名企业在民宿内建立纪念林，立企业形象石
	主题活动	在民宿举办的各类主题活动冠名、协办招商
	收取门票	封闭性较好、游乐项目多、景点丰富的民宿经批准可以收取门票或销售最低消费套票
	为周边农庄提供服务	种植业为主的农庄可以推出农机服务，同时满足周边农村的需求
	科技研发工作	具有科研技术实力的民宿可以申请承担相关科研实验项目，如湿地保护与研究

第三章

体验设计

第一节 体验经济

在《体验经济》（*The Experience Economy*）一书中，约瑟夫·派恩（Joseph Pine）和詹姆斯H. 吉尔摩（James H. Gilmore）提出"商品是有形的，服务是无形的，而创造出的体验是令人难忘的""精心设计用户的体验是一切伟大产品的灵魂"。他们提出，从全球经济的宏观层面来看，产品和服务已经无法继续支持经济的增长，无法提供新的工作机会，无法维持经济繁荣。要想实现经济收入的增长，提供更多的工作机会，就必须把体验作为一种全新的经济形式去努力实现。毋庸置疑，如今的商业全球化使得到处都是毫无差异的产品和服务，在这种情况下创造价值的机会就在于营造体验。所以，我们这个世界到底需要怎样的经济增长动力呢？——答案就是体验经济创造的新财富。

该书提出，体验经济中蕴含着四种价值创造机会。㊀

㊀ B. 约瑟夫·派恩，詹姆斯H. 吉尔摩. 体验经济[M]. 毕崇毅，译. 北京：机械工业出版社，2012.

第一，对产品来说，更多的产出应当实现定制服务。也就是说，人们需要的不是具体产品大量的生产，而是需要企业以更有创意的方式去生产。大部分制造商都忽略了市场的个性化需求，而定制可以有效地满足顾客的独特需求，可以针对每个人生产出独一无二的产品。对产品进行定制，会使产品自动变成服务；同样，对服务进行定制，会使服务自动变为体验。从这一点来看，乡村民宿就是个性化很强的体验产品，也体现出独一无二的服务，所以这也是这几年中国民宿体验这么火的原因。

第二，对服务来说，更多的企业应该引导员工展开积极行动。当企业的业务仅仅被视为一项服务时，员工就不会花时间在台下练习表演的动作了，只有演员才会这么做。其实，更出色的人际表现不但注重传达什么，更注重如何传达，因此可以把很普通的买卖互动转变成富有趣味的交际活动。所以，商家不妨问问自己，有哪些舞台活动可以让员工的日常工作变成令顾客难忘的活动？从这一点来看，一个民宿成败的关键就看其主人（老板或老板娘）的个人魅力，因为他/她实际上成了演员，通过他们精彩的表演，给游客留下印象深刻的回忆，再口碑相传或经互联网传播，民宿的生意就火起来了。

第三，对于体验来说，更多的体验产出应该明确地按消费时间收费。时间就是衡量体验的货币，该书列出了六种按时间收费的方式，分别是：按入场收费、按活动收费、按期间收费、启动式收费、访问式收费和会员式收费。从这一点来看，乡村民宿就是让游客在体验场所（民宿）或体验活动（如在莫干山游玩一个周末）中为所花的时间明确地支付费用。可以说，不同的民宿在收费体验乡村旅居的基础上提供给游客差异化的产品和服务，进而从中取得相应的收益。

第四，更多的体验应该产生变革。推动变革的公司不但要为付出的时间收费，而且要为付出这些时间所带来的变革收费。这个变革就是致力于使人类的生活更健康、更富裕和更和谐。从这一点来说，乡村民宿所致力的变革就是唤醒乡村的再生或复兴，这是中国历史赋予民宿行业的伟大使命。所以，高起点建设的民宿就应该高收费，这样才能创造更大的价值，产生更深远的变革。而莫干山的民宿群就是承载了这一历史使命的实践范本，值得我们深入研究，并推广到全国的乡村建设之中去。

从体验经济的角度来看中国的乡村，乡村能提供的产品大多数是粮食、水果、土特产等农产品及手工艺品。这些产品已经初级产品化了。什么叫"初级产品化"？就是这些产品在全国市场的差异基本消失，利润微不足道，吸引顾客购买的方法只能是降价，降价，再降价。这种低价竞争，对企业或农民个人来说，都很难可持续发展，更难说能复兴乡村。而从服务的角度来说，乡村很难提供什么服务给城市。距离遥远、交通不便、思维观念差距极大、科学与技术落后，也缺乏服务意识。乡村服务城市，谈何容易。所以说，体验经济是唤醒乡村很好的途径之一。

体验经济对乡村复兴的作用如下：
- 唤醒乡村。
- 吸引旅游、投资的人流来到乡村。
- 提供工作机会和岗位给乡村居民。
- 衣食住行都在乡村，给乡村带来收入。
- 改善乡村环境质量，提升建筑品质，修复基础设施。

而乡村民宿是体验经济的一种形式，应该说是一种投入小、见效快、易于操作、落地性强、能有效导入人流和资金流的好方式，是一个唤醒乡村并使乡村复兴很好的选项。

【范本研究】
莫干山乡村民宿的两种模式、三大类型

两种模式

第一种乡村民宿的模式称为洋家乐大型度假酒店模式。其代表就是裸心谷和法国山居,这两个项目的设计水平和投资金额都远远超过了其他民宿。洋家乐与本土民宿有以下几点区别。第一个是眼光、眼界的区别。洋家乐大多是外国人来投资建造的,他们有丰富的经验和国际化的眼光、眼界,也有很好的品位和格调,资金实力雄厚,敢于投入大量资本来做大项目。第二个就是运营的思路和经营的模式有很大的区别,包括定位、市场营销的手段、设计风格、施工工艺、选址、格调和成本材料都不一样。据称,裸心谷的客房数有120间,投入的资金大约是2亿元。由于他们的资金投入是最大的,所以裸心谷也是莫干山所有的乡村民宿当中最优秀,也最有知名度的一个。

第二种模式是本土民宿艺术居所模式。一部分开发者主要是从上海到莫干山开发民宿的。代表民宿主要包括大乐之野、原舍、翠域、云溪上、无界等。大乐之野的民宿主人是两个同济大学城市规划系毕业的规划师。他们从2010年开始做大乐之野,做了五年,现在已经累计投入了1800万元,总共有五栋,我认为是做得非常好的案例。原舍和庾村1932是由朱胜萱带领的团队设计和经营的,这也是景观师转型去做民宿的典型代表。他们前前后后也投入了一千多万元来做民宿。翠域是上海的金融界人士开发建设的,他们收购了四栋老房子,投入也在1600万元左右。无界是一个从澳大利亚留学海归的学服装设计的女孩子开的民宿。她请了日本和上海的建筑师来做建筑设计,景观设计也是请了专业化的团队来做的。云溪上也是上海同济大学室内设计专业毕业的设计师来开发、设计和建造的。可以看出,上海到莫干山来开发民宿成功的案例都是由有专业建筑、城市规划及景观设计背景的主人或团队来开发的,否则很难成功。杭州及莫干山本地的开发者,他们是有情怀的、有远见的民宿主人,比如说莫干山居图,大家可以看到其中有一个非常漂亮

的图书馆，他们前前后后也花了一千多万元来做这个项目。还有，西坡民宿有五栋房子，非常有情怀，也很有设计感，商业上也非常成功。遥远的山的老板本身也是室内设计师出身的。青研是当地原有的一个土菜馆改造而成的民宿，因为餐饮做得非常有名，然后主人就把餐饮店改造为民宿结合餐饮的形式，而在设计上主导的民宿主人之一也是在宁波定居和工作的平面设计师。

总之，莫干山的民宿大多数是高标准、高起点的精品度假酒店的定位，服务于上海、江浙一带的高端游客，并带给游客们与众不同、独树一帜的体验，这样才能在全国越来越火，并成为高端民宿的实践标杆及范本。

三大类型

第一种是规模巨大的山谷开发类型。由于莫干山裸心谷和法国山居开发的时间较早，因此他们能租到一大块土地，甚至是一整片山谷。这样，他们在规模巨大的山谷里开发山庄，通过大量的投资打造一应俱全的配套设施，客房数量也多，可以与上海及江浙一带的五星级酒店（甚至更低调奢华的酒店）竞争。这种类型的乡村民宿一定要有得天独厚的地理条件和自然资源，有山脉、森林、溪流、瀑布、湖泊等，因地制宜，依山就势。建筑掩映于山谷、溪流、森林之中，这样才能带给游客惊喜而难忘的体验。

第二种是乡村老房子改建开发类型。乡村老房子改建，是一件难度很大的工作。现存的乡村老房子大多又脏又破，残垣断壁，而要把这样的房子修复得焕然一新，需要重新加固屋顶、梁柱等的承重结构，屋顶要重新铺瓦及防水层，重新按现代人居住和旅游的习惯来分隔和布置室内空间。重新粉刷墙体，用原来的墙体材料，或用古旧的、修旧如旧的材料来凸显其特色。所以，把乡村老房子修旧如旧比重新盖一幢房子还要花成本和花精力。但是，当老房子被重新修复好，它会带给游客极大的视觉震撼。这种前后强烈的对比反差正是乡村民宿的价值所在，也是城市里来的人真正想看到的东西。

第三种是乡村老房子推倒重建开发类型。在对乡村老房子修复无望的前提下将它推倒重建，这是在乡村民宿建设中所采取的最后一步。原则上只要有一线的保留希望，都应该继续保留有历史价值的老房子，并做到修旧如旧。相对而言，推倒重建的设计和施工是比较容易的，也比较容易做出独特的效果。但是，在乡村盖新建筑最重要的问题是如何与该乡村的地域建筑风貌相协调。要注意的原则是不要破坏当地的生态环境，不要把城市的建筑风格带到乡村的环境中来，建筑不宜太突兀、太嚣张、太抢眼，而应该隐于乡村的山林之中，半遮半掩地露出建筑的一角。还有，乡村民宿建筑与周边自然环境、内部的花园要融为一体，做出好的乡村旅居氛围，带给游客独一无二的体验。

对莫干山的民宿主人提问

笔者对莫干山这12个民宿的主人提出了五个相同的问题，期待得到他们不一样的回答。除了有几个乡村民宿的主人没有答复之外，其他民宿主人基本都简要地做出了回答。下面笔者根据这些略有不同的回答，分析如下：

1）你做这个民宿的目标和愿景是什么？你为什么做民宿？你的情怀是什么？

关于这个问题的回答，几乎所有民宿主人的回答都不是为了赚钱，是回馈社会，是反哺乡村，是为了情怀，是为了梦想而再次出发等。可以看出，大家不愿意在乡村民宿或乡村建设这件事上讨论赚钱，更多的是讨论情怀。

2）请用一句话来说明，你的民宿主题是什么？再各自用一句话来说明，你的民宿在建筑设计、室内设计及景观设计三个方面各有什么亮点？

关于这个问题的回答，民宿的主题各有不同，但是万变不离其宗，主题大多为融于自然，借用莫干山的风景，用建筑、室内、景观的设计做出独一无二的乡村民宿，带给游客不一样的旅游体验，这也是游客最想得到的收获。

3）如何在中国（甚至世界范围）推广你的民宿？

关于这个问题的回答，当前莫干山民宿基本都是通过口碑和互联网来进行传播的。口碑是带来客户最重要的方法，口口相传和在互联网上病毒式扩散流传，是民宿突出自身特色、与众不同的宣传营销方式。而由于莫干山离上海、江浙中心城市都在三个小时的车行距离之内，所以这些中国长江中下游最发达地区的小资人群利用互联网很容易找过来体验和感受。例如，在微信公众平台、Airbnb、途家、携程等网络媒体的大力宣传营销之下，游客们纷至沓来，然后再把朋友的朋友们带过来，这就造成了当前莫干山民宿的火爆行情。

4）你的民宿如何来盈利？如果现在不盈利，你预计多久会盈利？如果一直都无法盈利，你有新的计划吗？

关于这个问题的回答，当前莫干山的民宿主人普遍对盈利情况很乐观，预计五年收回成本。而且由于莫干山的地段优势和集群优势，其年入住率可以达到70%以上，所以他们的现金收入正常，盈利情况良好。相对而言，他们的前期投入都在1000万元以上，所以当前能持续经营下来的民宿，都是进入了一个良性循环的阶段，不断向好的方向发展，不太会存在经营困难的情况。

5）你如何经营你的民宿？在经营过程中，你遇到哪些问题并如何去克服？比如说有哪些个性化的问题？

关于这个问题的回答，大多数民宿主人关注的是如何解决周一到周四（工作时间）很少有游客入住的问题。还有些主人提到了与政府职能部门、周围村民打交道是建设和经营过程中最典型也最难的问题。另外，某些民宿主人关注如何找到更多志同道合的人一起来共同投资，共建民宿。还有某些主人关注如何提供给游客在莫干山独一无二的旅游体验，甚至他们的民宿成为游客在莫干山的另一个家。

第二节 一个创新思维

体验是某些很有趣或有意义的事情,通过具体的活动而传导到人的感官之后所产生的感觉和印象。体验的过程有大量创新的可能性,在乡村民宿中的体验设计就是一个很重要的创新思维,不断为到乡村来旅游、旅居的游客创造最棒的体验。

《体验经济》一书提到,你们为什么能成为让彼此难忘的好朋友(拥有美好的相处体验)呢?迪士尼公司是最早这么做的一家公司:他们称自己的产品是一种基于快乐的生活方式,新的商业口号是"迪士尼所带给你的将全部是快乐的回忆,无论什么时候"。很多商业服务在后来的体验设计中都借鉴了迪士尼乐园的经验,融入了主题乐园的概念。[一] 而其实我们想一想,主题乐园和乡村民宿在本质上都是一致的,让顾客掏钱买一次体验。当然,后者是花更多的钱来进行体验,所以这样的体验一定更需要具有创新思维的体验设计。

《设计思维:右脑时代必备创新思考力》[二](以下简称《设计思维》)一书中提到:体验营造的最高境界就是让人产生一种有感而发的愉悦感。那

[一] B. 约瑟夫·派恩,詹姆斯H.吉尔摩.体验经济[M].毕崇毅,译.北京:机械工业出版社,2012.
[二] 张凌燕.设计思维——右脑时代必备创新思考力[M].北京:人民邮电出版社,2015.

么，营造愉悦体验的终极意义又是什么呢？我相信，其终极意义应该是精神的愉悦加深了彼此之间的关系，有益于人们创造力的发挥，让人类生活更美好。因此，该书提出一个在产品设计上的重要概念"情景思维"，值得我们在乡村旅居的体验设计中学习和借鉴。情景思维，也称场景思维，是一种以"场景中的人"为思考对象、以交互关系为思考核心的思维方式。它的本质是从用户的真实需求出发，以人为中心的思考。

在乡村民宿之中，体验设计的优势如下：
- 能够基于场景来观察人，更好地理解场景中的人的需求。
- 转变单一的以物为中心的局限思维，在交互关系上做文章。
- 能够为他人营造更好的体验。

《设计思维》提到了产品设计如何采用设计思维（Design Thinking）。作为一种思维方式，设计思维不是凭空而来的，而是从传统的设计方法论里面演变出来的。[一] 普遍的产品设计思路主要有如下四步：

1）寻找需求（Need-finding）。

2）头脑风暴（Brainstorming）。

3）原型设计（Prototyping）。

4）测试（Testing）。

与之类似的是普遍的乡村民宿设计思路主要有如下四步：

1）了解客户需求。

2）头脑风暴，出一到两个方案。

3）方案设计。

4）不断修改，最终定稿画施工图。

而设计思维强调设身处地地去体验客户需求，所以它就多了一步，并重新定义了传统步骤：

1）移情（Empathize）。

2）定义（Define）。

[一] 张凌燕. 设计思维——右脑时代必备创新思考力[M]. 北京：人民邮电出版社，2015.

3）设想（Ideate）。

4）原型设计（Prototyping）。

5）测试（Testing）。

与之类似的是，用体验设计来进行乡村民宿设计的思路主要有如下五步：

1）从客户角度思考。

2）设计理念创新。

3）穷举法。

4）确定方向细化设计。

5）做出彩蛋。

简而言之，用体验设计来做乡村民宿设计（Experience Design in Countryside Resorts）= 用设计思维来做设计 + 从游客体验的角度思考 + 从营销的角度思考。

一、设计思路

第一步：从游客的角度思考，就是在体验设计中要换位思考，去当一次游客，体会游客有哪些问题，然后体现出营销角度的思考。首先是观察游客的行为活动，要知道游客在做什么、怎么去做的、目的是什么，以及他这个行为会产生的一系列连带效应。然后是与游客交流、做调查、写问卷，尽可能全面地了解游客的真实想法。最后是要换位思考，去体验游客所体验的。总体来说，第一步是尽一切可能站在游客的角度思考问题。

第二步：设计理念创新，就是提炼出整个乡村民宿体验设计团队的价值观，并符合当代社会的发展潮流。总体来说，第二步就是要定义出本乡村民宿设计的目标、愿景、理念、语言等，让游客清楚地了解到你们能做出怎样的乡村民宿，并形成怎样的效果。

第三步：穷举法，就是头脑风暴，找到尽可能多的解决方案，然后再逐步确定为一个具体的方案。通过发散与创造，确定好问题之后，用头脑风暴的方式想出尽可能多的解决方案。通过对民宿提出多个创意概念方案，最终挑选出最好和最合理的方向进行深化设计。所以，在设计的开始阶段与其花时间想一个好方案，倒不如先去想很多不同的概念方向，勾很多不同的概念草图，再从中挑选出一个最好的方向深化下去。总体来说，在体验设计中并没有一种唯一正确的方案。唯有通过穷举法把更多的方案放在一起进行分析比较，才能得到一个最合理、最适合游客体验的方案。

第四步：确定方向细化设计，就是做方案的过程中发现新的问题，解决新的可能出现的问题。总体来说，我们通过穷举法明确了一个体验设计的方向，然后要细化每一个细节，像庖丁解牛一样一步步分解，在细节上反复推敲，从而达到精深设计的程度。

第五步：做出彩蛋。什么叫"彩蛋"呢？"彩蛋"就是给人巨大惊喜的亮点，亦可以称为"爆点"。总体来说，这是在一个乡村民宿的体验设计中最为人称道的设计，是该项目中最高设计水平的展示，也是游客唯一印象深刻、逢人就讲的亮点。这是最难也是最重要的一点，有彩蛋才能火！

二、向游客学习

美国创新设计公司IDEO的CEO蒂姆·布朗（Tim Brown）在一次TED演讲中说，"只有当把设计从设计师的手中抽离，放到每一个人手上的时候，设计的价值才会最大化。"也就是说，做乡村民宿的体验设计师只有了解了目标对象的深层需求之后，才会对一些看似不重要的细节进行设计。例如，民宿中最理想的草坪面积与水景面积比例、民宿入口是设计水景还是种植大树更能引起游客的惊叹等问题都是要对游客深刻了解之后才能得出结论的，这样才能实现设计和营销的最佳平衡。当然，在互联网+时代通过大数据分析研究，一定可以将体验设计的价值最大化。

三、换位思考

当我们以为自己付出那么多就一定能极大地满足对方需求的时候，却从没有停下来思考过对方到底需要什么。如果乡村民宿的体验设计师把关注点都放在了"设计"和具体的图纸上，不断按照自己的理解让它变得越来越好。而体验设计师把这个泡泡吹得越来越大的时候，忽然"嘭"的一声，泡泡破了。猛回头才发现，自己已经离真实的用户越来越远。所以，我们如果把关注点放在解决问题的过程上，把体验设计本身当作一个在恰当时候为乡村民宿使用的工具，真正为一个群体解决问题，那事情是不是会变得更有意义呢？《设计思维》一书提到：心智模式（Mindset）是设计思维中很重要的一点。在体验设计中，笔者认为换位思考是体验设计中最关键的一点。

1）在乡村民宿的体验设计中，我们的体验计师需要换位思考，从游客的角度出发来思考问题，来做设计。

2）体验设计师要有服务意识，把乡村旅居的惊喜留给游客，有难题自己克服。

3）体验设计师要更便捷地为游客解决问题，而不是告知游客自己去解决问题。

四、聚焦精神

乡村民宿需要聚焦在一个最主要的爆点上，这样才能让游客记忆深刻，才能形成口碑营销，让大家蜂拥而至，来看、来玩这个主题性的爆点。而如果你亮点太多，那么第一是成本投入太大，第二是面面俱到，反而哪一个都没做好，都不是强项，这就得不偿失了。打个比方说，乔布斯对于iPhone手机的聚焦精神，把一个极简主义设计风格的手机做到极致，这就是一个独一无二的手机，因而引起口碑营销和大卖。所以民宿的爆点一定要聚焦，要能成为口口相传的热点。

五、在乡村民宿开始设计之前，体验设计师要问的20个问题

1）乡村民宿的体验是什么？

2）乡村民宿如何满足使用功能，使之体验感最好？

3）乡村民宿如何运用体验设计？

4）如何从游客的角度出发来做乡村民宿的体验设计？

5）如何从营销、赢利的目的出发来做乡村民宿的体验设计？

6）乡村民宿如何通过建筑、室内、景观等结合的体验设计来打动游客入住，完成盈利？如何以人为本？

7）民宿客房、餐饮等的销售，如何通过体验设计卖出高价？

8）乡村民宿的体验设计是从感性出发，还是从理性出发？

9）乡村民宿的体验设计如何从场地出发，与周边的自然环境、乡村建筑融为一体？

10）乡村民宿的体验设计有哪些效果、风格、手法？

11）乡村民宿的平面布局是如何满足游客的体验而使之惊叹和惊喜的？

12）乡村民宿的地形条件、周边道路以及建筑形体等先决条件对景观产生怎样的影响，如何处理解决，并将劣势转化为优势？

13）乡村民宿的建筑与景观空间如何相互转换，并达到最大的营销效果？

14）乡村民宿的体验动线如何组织？

15）乡村民宿的营销、体验、设计、施工、功能、形态之间的相互关系是怎样的？

16）乡村民宿的体验设计，走多少步（或多少距离）能看到一个体验点（价值点）？多少距离要休息？游客走多少步是不疲劳的？民宿一共多少面积是最合适的？

17）乡村民宿做体验设计成本多少？前期投入多少？后期维护需要投入多少？

18）乡村民宿为了使体验效果最好，场景感最好，要考虑主体建筑及客房楼要摆放在哪个位置比较合适？

19）乡村民宿如何控制效果、成本、开放接待游客的时间周期？

20）游客所关注的亮点（爆点）是什么？民宿的风格是什么？不同的功能分区等。

第三节 三大设计步骤

一、相地

一切的设计都是源于对基地的理解和认识——因地制宜

奥托·夏莫（Otto Scharmer）在《U型理论》一书中指出，当管理者进入到以创新为主体的知识管理的第三阶段时，如同艺术家站在一张空白的画布面前一样，他们必须首先学会观察。《设计思维》一书对"情景思维"的实践技巧之一"观察"有如下阐述。一位快消行业的高层管理者要做下一年度的产品战略规划，他有两种决策方式：第一种是在会议室听各个部门的产品经理、各区域市场经理、客服经理等汇报数据分析结果，以及他们对当前工作的总结和对下一步产品思路的建议。第二种是亲自带领一支队伍走访各个市场，邀约各个用户做访谈，并观察他们的生活场景是如何与公司产品产生关联的。这两种做法的结果会有哪些不同呢？第一种做法做出的决策属于"调控和改善"型，将对卖得好的产品加大投入，对市场反馈不好的产品予以撤销，或者结合用户的反馈在产品原有基础上做一些升级改善。第二种做法做出的决策属于"革新和创造"型，他们会在观察用户的实际生活之后，从用户未被满足的需求之中寻找新的机会点，进而研发出一款面向未来的革命性产品。显然第一种做法是求稳，而第二种做法是以"观察—记录—创新"代替了"信息收集—数据整理—客户分析"，后者会更加容易出彩，这就是"观察"的魅力。⊖

所以，当体验设计师开始做一个乡村民宿项目的时候，他就好似站在空白画布前的艺术家或要做产品规划的高层管理者，观察基地并因地制宜是他设计开始之前的重中之重。在这块基地之中，民宿的设计到底该如何做？因为每个乡村民宿都能做出十几个不同的方案，但可以肯定的是最终有一个方案是最适合这个基地的，也最适合民宿主人的气质和要求的。其实，中国古典园林专著《园冶》在开篇就有《相地》篇，分山林地、江湖地、市井地等，都是讨论如何因地制宜的。而我们民宿的体验设计师也需要走两个步骤，第一是听听民宿主人对其他民宿的分析评价，他们的需求和营销建议；第二是亲自到现场去，站在现场观察其周边道路环境、建筑体量形式、交通人流动线、基地空间形态、高差地形条件、有否大树保留等，这些都可能成为后面设计灵感的源泉。很多时候，体验设计师站在现场基本就知道这个地方的设计该如何来做了。但是，如果不到现场就开始画方案，通常是图画很美丽，但基本不符合要求，是要重新设计的。

二、造梦

1. 人、场景、活动

《设计思维》一书中提到，"场景可以是用户他们的工作、他们的环境、他们如何完成任务，他们需要做哪些任务，或者这些元素的组合。讲故事（Storytelling）的优势在于为人物、地点和动作赋予生命，它有助于我们洞

⊖ 张凌燕. 设计思维——右脑时代必备创新思考力[M]. 北京：人民邮电出版社，2015.

察设计构想中需要包含的任务属性、用户关注的东西、用户在达成目标的过程中觉得对他们有帮助或者有障碍的东西。"㊀

该书中提到,情景思维中讲故事的基本要素有三个:人物、场景和活动。首先,人物角色的设定要虚实结合,"虚"是指这个人物可能是虚构的,"实"是指这个人物的产生过程是基于对事物的观察。然后在观察的基础上提炼出这个人物的典型特征。㊀ 比如说到这个乡村民宿度假的人是一个怎样的人(年龄、职业等),他或她有什么爱好,想获得什么(目标、需求)。接下来可以分析研究该人物在这个乡村民宿场景活动的分镜头。在典型的一天中,他在这个乡村民宿之中想要做什么,他和他的家庭可以在这里做什么,享受什么,能给他们不同于其他居住体验的核心点是什么。这些特点组成了这个民宿的记忆点,使得他们爱上这里,并通过口碑让他们的朋友都到这里来体验。这最终达到民宿主人的目标,也是体验设计师和民宿主人两者目标的和谐统一。所以通过上述分析,我们可以知道一个优秀的乡村民宿体验设计包括以下几个关键点:

1)人物。
2)人物的需求和目标。
3)场景。
4)人物在场景中的重点行为(人物和景观发生了哪些互动关系)。
5)付费体验。
6)梦想的阐述。
7)口碑营销推广。
8)吸引更多他的朋友。
9)媒体关注及宣传。
10)吸引慕名而来的游客。

㊀、㊁ 张凌燕. 设计思维——右脑时代必备创新思考力[M]. 北京:人民邮电出版社,2015.

2. 告诉、分享、融合

《设计思维》一书中提到，讲故事可以分成三个层次：告诉（Talk）——分享（Share）——融合（Blend）。最初级阶段的讲故事只是单向地告诉，讲述的是"我的故事"；到了分享这个阶段，双方的关系变得更加平等，并且开始建立关联，即讲述"和你有关的故事"；融合是最高层次，到了这个阶段，就好像设计师已经进入了用户的心里，用户就是故事中的人物角色，讲述的就是"你的故事"。

而作为乡村民宿"造梦"的环节，告诉、分享、融合具有如下特点：

1) 告诉"我的故事"，就是在讲述"我如何做一个优秀的乡村民宿"
2) 分享"和你有关的故事"，就是在讲述"你看到了一个什么样的民宿"
3) 融合"你的故事"，就是在讲述"你如何在使用、体验这些民宿"。

3. 场景定格

我们要提出我们的乡村民宿是什么风格、形式，营造一种怎样的意境。这种意境带给游客何种体验，使他们在心理上喜欢这个民宿。他们不仅付费体验，而且还邀请更多的朋友及朋友的朋友过来体验。所以，研究民宿有哪些独一无二的定格场景，也就是爆点，是体验设计的关键。这时候，比如说体验设计师拿出非常有针对性的图纸与民宿主人进行讨论，这样最能表达出双方在设计上的认同感。所以，场景定格在设计之初是非常重要的。

4. 触发点、困境、行动、目标

《设计思维》一书中提到，一个完整的故事结构由四部分组成：触发点（Trigger Point）、困境（Dilemma）、采取的行动（Action）、达到的目标（Goal），就如同电影里的剧情一样，再加上人物角色、场景、道具等要素，一个故事就完满了。故事的本质是主角用艺术的手法来阐述自己是谁，

○ 张凌燕. 设计思维——右脑时代必备创新思考力[M]. 北京：人民邮电出版社，2015.

能做什么，可以带来什么价值。当看完或听完故事后，你发现"他"很了解你，你也更了解"他"了，认为"他"是可信任、值得交往的朋友，那么基础关系的构建就完成了。⊖

关于民宿的体验设计，这几部分的关系如下：
1) "触发点"是民宿主人要如何吸引游客付费体验旅居。
2) "困境"是以这个地块的条件该如何做民宿。
3) "采取的行动"是如何做出一个精彩的民宿体验设计。
4) "达到的目标"是民宿设计做出彩蛋，网络火爆流传，大量游客希望过来体验旅居，供不应求。

三、布 景

在IDEO的创始人之一汤姆·凯利（Tom Kelley）所著的《创新的十个面孔》（*The Ten Faces of Innovation*）这本书中，提到的一个面孔就是"布景师"（The Set Designer）。布景师的作用就好比是搭建了一座精心设计的舞台，通过物理环境的变化，改变物、人与场景之间的关系，让身在其中的人能拥有更好的体验。⊜

体验设计的步骤和布景相近，大体可以分为"理解需求，创意设想，实际执行"这三个步骤。

理解需求：明确该乡村民宿体验设计的目的。这个民宿面对的游客是什么样的人？这些人有什么需求？他们希望从这个民宿中感受到什么？

创意设想：形成设计意向和画面代入感。客户在民宿体验的过程是怎样的？会看到哪些价值点？这些价值点该如何设计？有没有更好的方法？

实际执行：动手设计，完成设计方案到施工图。并在施工期间，与民宿主人、施工单位全程控制工程质量。如现场是否有更好的解决方案？根据当

⊖ 张凌燕.设计思维——右脑时代必备创新思考力[M].北京：人民邮电出版社，2015.
⊜ 汤姆·凯利.创新的十个面孔[M].刘金海，译.北京：专利文献出版社，2007.

地情况，因地制宜地选择合适的建筑材料；根据施工季节调整植物品种，来达到最佳效果。寻找新的创意，不断超越自己，不断地微创新。

在民宿的体验设计中，结合以游客为主的体验设计，可从以下三个方面入手做文章：

1）从民宿空间的色彩、温度、光照、气味等，与游客的感受相对应的关系入手。

2）从民宿空间内外所摆放的道具、家具、装置等，给游客的思维刺激、意识暗示入手。

3）从民宿空间的动线设计、功能区隔等，对游客走动、聚集或停留的影响入手。

笔者写的《源于中国的现代景观设计丛书二：空间营造》一书提出景观设计的三要素：空间布局（空间属性和空间形态）、路径引导（平面和竖向的人流动线）、观景体验（借景与意境体验）。这几个设计要素一样适用于乡村民宿的体验设计，可以作为设计原则来借鉴。总之，一切的设计都是源于对客户的理解和认识，民宿的体验设计就是对游客的体验梳理出最佳的方式、路线和意境，让游客惊叹，并口口相传。

第四节 五大设计要点

一、逻辑

1）以设计思维（Design Thinking）为主要逻辑，以人为中心，强调情景思维，体验至上，设计思维延伸发展到体验设计，设计逻辑性非常明晰。

2）建筑、室内、景观设计融合于一体的体验设计。由此逻辑推导出具有全局观、系统性的思考和判断，整体性的体验设计为乡村民宿创造火爆热销。

3）换位思考，从游客的角度来思考，乡村民宿到底要体验什么，就是说体验达到的目标是什么，然后我们的体验设计如何形成指标来量化。

4）回到体验设计的角度，如何在乡村民宿的立意主题、语言风格、手法技术等几个方面上都有一定的高度，并有所创新，这是体验设计师要追求的目标。

二、语言

1）传统材料，如砖、瓦、青石板、传统中式小品摆件、明式家具等很多元素可以使用。

2）乡土材料（当地乡村的材料）可以与现代材料相结合，古旧、古拙的乡土感与现代风、工业感相结合。

3）木头、竹制品也可以在乡村民宿使用，如竹编、竹艺等多种工艺做法可以做出地域特色。

4）现代材料，如玻璃、钢板、铝板、石材等，现代工艺做法也能体现出不同的效果，如石材拉毛、玻璃磨砂、铝板打孔、耐候钢板等。

5）特别是素混凝土材料，在莫干山的许多民宿建筑立面上都有所使用。

6）大玻璃面窗户用于借景，在窗户边看莫干山山峦起伏的风景。

7）很多新工艺、新做法，以及成品设备材料可以使用，如屋顶采光玻璃、空气源热泵、排水板、支撑器、混凝土砌块、PC材料等。

8）在乡村中营造有趣的花园，植物材料及植物空间能形成丰富的效果，还有空气、光、水等，结合创造出与众不同的景观效果。

9）由建筑、室内及景观材料所形成的细部，如置石的不同细部做法，水景的泉、溪、瀑、涧、湖、雾喷等不同形态。这些材料的移动、转折、堆叠等动作也形成不同的风格与效果。

10）游客如何体验民宿的材料语言？游客最直观的就是体验建筑物外立面，建筑室内及花园，建筑及景观材质的肌理、质感、颜色、触觉、气味带给人的感受。

11）民宿的设计语言由材料与细部构成，相关这方面的内容本书不一一展开。有兴趣者可参看笔者写的《源于中国的现代景观设计丛书一：景观材料与细部》一书，书中着重讨论了中国传统材料与现代工业化材料的结合使用，以及由此产生的细部设计语言。

三、风格

从风格上来总结，将中国传统的审美理论、哲学思考、艺术语汇、诗词书画等软实力方面的精髓加以总结，古为今用；将西方现代主义、后现代主义等可用的建筑思潮、设计风格等各方面的优势拿来，洋为中用；将现代建筑、室内及景观材料（如玻璃、钢板、石材等）与传统材料（如砖、瓦、传统中式小品摆件等）融合使用，通过鲜明反差对比而达到和谐统一；将当代性（天时）、在地性（地利）和人本性（人和）三者巧妙地协调起来，天地人合一。通过不同的格调、品位及风格，带给游客不同的体验，让他们印象深刻。

在地性——原土原乡风情，追求在地性和原生态，提倡生态环保，贴近自然，给人清新淡雅的感觉。不追求富丽堂皇、雍容华贵，而是以舒适为主，轻奢、野奢的情调为辅。同时，要善于借景，巧妙地利用大自然的美景打动游客，让他们记忆犹新。

新亚洲——这不是沉重的中式风格，因循守旧，遵循古法；也不是欧式复古，或ART DECO装饰主义的风格。上述两种复古思潮都在中国流行过一阵，但是复古毕竟是走回头路，这不是当代中国建筑、室内、景观设计的发展方向。而正相反的是，简约时尚的现代主义融合中国的地域性文化，这种"新亚洲"的体验设计风格将是中国未来的乡村民宿发展方向。中国的设计语言太丰富了，泛中国的语言（中国风）如中国红、大红灯笼、太极、八卦、功夫、茶艺、熊猫等；中国的地域文化语言如徽州民居的灰瓦马头墙、云南丽江及大理的纳西族建筑风格、藏区的藏族建筑风格等；还有就是中国文化和艺术的延续，如文人绘画、书法等都可以作为中国元素。这些风格与现代风格一结合，就会产生出精彩的对比效果。这也是"新亚洲"体验设计风格的魅力所在。

简洁性——从线条、形体、色彩、材料这几个方面来看，设计不能太复杂，要简洁现代、干净利索，用现代主义的设计语言与形式手法来表达，而不要用烦琐复杂的手法表达。复杂的设计只会让观赏者陷入混乱，不知道你的设计重点和意图；而你的设计越简洁，重点就越突出，越能直入心脾，迅速打动人心。这就是苹果（Apple）、无印良品（MUJI）成功的秘诀之一。

不冷淡——不能用太冷淡的色彩来装饰，这会影响乡村民宿的度假体验。而应该使用明亮、鲜艳、绚丽的色彩来打动游客，如红色的鲜花、蓝色的布艺沙发等鲜明高雅、璀璨夺目的色彩勾起游客要来体验的欲望，这才是营销的最高境界，就算是体验设计的"魅惑"吧。当然，有时候出点奇招，来一点冷淡的风格，也是把游客从审美疲劳中拉出来，使他眼睛一亮的做法。但是,冷淡风格一定要慎重使用。

四、手法

强烈反差对比而达到和谐统一,是新亚洲风格的常用手法。当前,很多普通的设计是把同类型的材料和细部做法并置在一起,给人感觉是罗列与堆砌。而我们把不同类型的材料放在一起对比,通过强烈反差让人去思考,如时代性与地域性的对比、中西文化的对比、山水的对比、直线与曲线的对比、新旧材料的对比、不同风格的细部做法对比等,让人更加觉得新时代需要海纳百川、兼收并蓄、融合创新。

在乡村民宿之中,提供给游客中西合璧的体验场景,如同把中国传统绘画与西方现代诗歌语境两者合二为一,这回归了所有语言的本源——对自然的向往和表达。

马远,为宋代杰出画家,字遥父,号钦山。他继承并发展了李唐的画风,以拖技的多姿形态画梅树,尤善于大胆取舍剪裁,描绘山之一角、水之一涯,画面上留出大幅空白以突出景观。这种"边角之景"的绘画艺术提出了"全境不多,其小幅或峭峰直上而不见其顶,或绝壁直下而不见其脚,或近山参天而远山则低,或孤舟泛月而一人独坐",予人以玩味不尽的意趣。

加里·斯奈德(Gary Snyder)是20世纪美国著名诗人、散文家、翻译家、禅宗信徒、环保主义者,2003年当选为美国诗人学院院士。他深受中国文化的影响,喜欢沉浸于自然,他的诗"更接近于事物的本色,以对抗我们时代的失衡、紊乱及愚昧无知"。他的诗歌创作,从立意到取材,从文法到修辞,无不透露出浓浓的"中国风味",可以说是具有中国文学"文心"的一代美国文学巨匠。他的诗歌立意多描写人与自然的亲密关系,极具中国古典诗歌之神韵。

如收入《龟岛》中的《松树冠》(*Pine Tree Tops*)一诗:

In the blue night 　　　　　　在蓝色的夜里
frost haze, the sky glows 　　霜雾,天空散着光华

with the moon	伴着月亮
pine tree tops	松树冠
bend snow-blue，fade.	弯向雪蓝，融
into sky，frost，starlight.	入天空，霜，星光。
The creak of boots.	足靴的吱嘎。
Rabbit tracks，deer tracks，	兔迹，鹿印，
what do we know.	我们知道什么。

尽管该英语诗与中国传统的绘画作品完全来自不同的语言环境，但它们之间构成了一种奇妙的关联。从宏大的山水到林间的松树，这些都来源于自然的设计语言，没有时空和文化的限制，都具有相似性，所以说，在体验自然的表达上，东西方艺术家的感情是相通的。

五、技术

高技——体验设计可以采用VR、参数化设计等非常先进的设计技术，当前比较常用的是Sketch Up软件的全程建模与各角度分析研究，并适当辅助Lumion等动画制作软件。当前科学技术日新月异，体验设计通过计算机模型软件已经基本上替代了实体模型的研究方式。体验设计师通过各角度全面的模型分析研究，不仅优化了整体空间，也提升了细部设计水平。高科技、新技术是体验设计的重要保证。比如说，后面专题介绍的莫干山裸心谷项目就使用了大量的高科技和新技术，并得到了LEED铂金认证。

低技——在乡村建设中，还是提倡对乡土材料的使用，更多地使用低技的方法。让乡土材料回归土地，通过手工制作，形成乡村独有的歪歪扭扭、不挺不直的效果。这种效果放在城市里就是施工质量有问题，但是放在乡村里，它们仿佛就是从土地里生长出来的那样，而不是工厂标准化生产的。而且，当有着巨大生命力的植物爬满建筑立面的时候，低技所创造的空间特别有人情味、乡土感、亲切感和在地性。所以，低技在乡村民宿的营造过程中将发挥出更大的作用。

第五节 民宿的六大功能分区

一、第一印象——入口区域及停车场

入口如果比较开敞，就便于识别和寻找，这是一种对客人欢迎的姿态；入口如果比较隐蔽，则是强调私密性和独特性，体现一种深宅大院的感觉。而便于停车也是非常重要的，大多数来乡村民宿旅游的人都是开车来的。如果停车不方便，下次就不会再来了，也不会推荐朋友来。所以，入口及停车场的体验设计千万不可掉以轻心，这是游客体验的第一印象，需要精心打造。

二、整体感觉——大堂及主楼（主体建筑物）

像裸心谷和法国山居，走入它们富丽堂皇的大堂，除了接待总台，还有酒吧区及精品小商店，整体感觉典雅、庄重、现代，这是乡村民宿给游客的第一印象。而大多数乡村民宿是没有专门设一个建筑来负责接待的,它们一般会将老房子的一层改造为接待的公共区域,兼顾游客作为餐厅、酒吧等区域使用的要求。出于成本的考虑,一般民宿会减少公共空间的面积,增加客房的数量。但是在公共空间和客房空间两者的面积上有一个平衡的临界点:客房数量增多,游客舒适度及体验感会下降;而增加公共空间,游客就可以在一起进行聊天、打牌、喝酒等社交活动,这是游客最想获得的乐趣,但是建设成本大增,带来利润的下降。

三、格调品位——花园(前、后院)

乡村民宿中的花园是给游客休息、停留、观赏的,当游客在民宿住下来之后,这片花园就成为游客的私人领地。而民宿内部的花园不同于周边的自然环境,这里是民宿主人精心打理过的,布置了休息座椅、阳伞等设施及各种各样的花花草草。

花园还有一个特点是它体现了民宿主人的格调和品位。比如,在花园中种植了一大片绣球花和鼠尾草,这一定是一位精致而又有品味的女主人的喜好。还有一些花园是以儿童活动器械及场地为主的,体现了亲子的主题。另外有一些是以果树为主题的,可以采摘各种季节的水果。这些都说明了不同的花园设计带来了不一样的个性化的乡村旅居体验,民宿主人的自身魅力也尽情地展现了出来。

四、舒适体验——客房

大多数乡村民宿的客房都是以干净、整洁、舒适为主的,但是我们要考虑乡村民宿的冬天保暖问题、隔音问题,还有客房窗外的景观是否优美等这些细节问题。因为这些细节问题会给游客带来很不一样的旅居体验。比如说,冬天游客在客房中冻得瑟瑟发抖,或是可以听到隔壁人的说话声以及自己的谈话被别人听见,还有透过窗户看到窗外都是破房子及垃圾堆，这些糟糕的体验会成为最差的口碑传递出去，大大影响民宿品牌的美誉度。

还有很多民宿的主人会故意做出一些很独特的设计，让人耳目一新或目瞪口呆。比如说，某个民宿的客房中在对应美景的窗户前安放一个高端、大气的按摩浴缸。这类浴缸一般是放在卫生间里的，但是它被摆在客房很明显的位置，甚至在床的旁边。这个浴缸成为每个住店客人惊呼和拍照的主要对象，但是实际上它几乎从来都没有被使用过。因为一般去住乡村民宿的城市人还是习惯于使用淋浴器的，他们大多是为了拍照炫耀，而不是真实去使用这个浴缸。所以，该民宿主人早就抓住了很多游客的这一心理特点，做出了一个看似不合理的巧妙设计。

五、便利性——餐饮活动区域

由于大多数民宿都是5~10间客房，所以其餐饮及活动的空间应设计得极其紧凑，在有限的空间中最好多设置一些功能。这个区域最重要的是便利性，如餐厅的公共厕所，如果没有的话，那会非常不方便，从而大大降低体验感。而在解决便利性之后，能有什么特色让人眼睛一亮，这就是亮点所在了，也体现出民宿主人的用心程度。

六、旅游目的地——周边自然环境

毫无疑问的是，到乡村来度假的人，还是看重了乡村与城市不同的自然环境。比如说，到莫干山可以去进行徒步、爬山、骑行、采摘水果、溯溪、攀岩等各种活动，还可以去看种菜挖菜，观赏羊、鸡、兔子等小动物，呼吸新鲜空气，吃没有污染的食品，放松身心，放慢工作节奏等。这些乡村活动融合在一起，就是城市里的人愿意来到乡村旅居度假体验的原因，也是乡村未来复兴的重大机遇。

七、乡村民宿体验设计的价值点分析

乡村民宿体验设计的价值点分析

一	建筑设计类
1	建筑外形（新风格、传统风格、洋楼风格等）
2	是否是历史保护建筑？是推掉重新修建，还是在原来基础上改建？
3	民宿建筑的风格，地域性特色风格（如云南丽江、大理等纳西族风格等）
4	建筑层数（是1层，还是3层，还是7~8层高楼？）
5	建筑外立面使用的材料（木头、玻璃、铁艺、钢结构等）
6	特色建筑亮度、爆点（设计的重要性？有设计与没有设计的区别？）
二	室内设计类
●	公共空间的室内设计：材质、风格、面积大小、使用功能、分区、配置设施
7	接待（CHECK-IN）区域的室内设计
8	餐饮区域——餐厅、厨房、酒吧、备餐区域
9	娱乐活动区域——棋牌室、KTV室、球类运动室等区域
●	客房的室内设计
10	客房的面积大小、功能布局、舒适度情况、室内设计风格、地域性特色风格
11	床品（床垫舒适度、被子舒适度），床的大小；大床还是双床标间？
12	卫浴房间的大小？是否有干湿分离？
13	洗浴设施（毛巾、冲淋洗浴品牌，如科勒水龙头、浴缸等）
14	按摩浴缸（放在户外观赏景观的浴缸，甚至考虑温泉接入）
15	电器配置（电视机、电吹风等）
16	部分提供自助厨房服务的配置，简易冷餐还是火炉可以做饭做菜的厨房设施？
17	入户门及门把手铁艺、房间门等工艺做法
18	窗户外是否有对景、借景？是否在窗下有沙发供人往外看？
19	是否有阳台？从阳台上往外看的视线效果和视野感觉如何？
20	屋顶做法？是否层高足够高？有否阁楼？是否是2层复式小楼？
21	客房室内是否考虑壁炉？是否满足冬季保暖的体验需要？
22	工艺品的使用（如艺术画、藤艺、竹编等，提升品位和气氛）
23	儿童床（高低床、加床的）

(续)

二	室内设计类
24	消防、安保设施的布置
25	特色室内亮点、爆点（室内与众不同之处）
三	景观设计类
26	花园面积大小与效果
27	花园的地域性风格（地域特点、长处）
28	植物配置状况（一年四季有各种果树开花结果）
29	游泳池区域是否是无边泳池？（有几个游泳池？室内还是室外？大人池和儿童池如何划分？）
30	餐饮、酒吧区域的景观环境
31	周边整体区域的资源：（能看到什么与众不同的风景？是否能看见名山大川、农田、梯田、大湖等不同的风景。如何利用周边环境来借景？有哪些自然与文化方面的影响力？）
32	地域性小品、艺术品、古董、雕塑的使用
33	草坪区观景、婚礼教堂、鲜花布置典礼
34	室外跳舞、烧烤、各种活动和聚会的区域
35	户外电影，给人更多晚上的活动和消费
36	自然生态的景观设计＋景观软装装饰效果
37	景观所用的材料、细部与空间营造
38	特色景观亮点、爆点（景观与建筑、室内的关系）
四	其他类
39	民宿主人的职业经历、背景、目标、情怀
40	大致投入的成本及盈利状况
41	经营理念及特色
42	营销宣传方式及口号
43	普通客房的大致价格
44	提供与众不同的美食、活动等特色体验

第四章

莫干山之乡村民宿实践范本

本章通过12个莫干山的民宿实践项目来讨论9种乡村民宿的基因（DNA）。应该说，这9种基因基本涵盖了中国乡村民宿的发展方向与理念风格，这12个实践项目也是莫干山比较成功的案例，它们分别是裸心谷、翠域、法国山居、大乐之野、原舍、遥远的山、云溪上、西坡、无界、清研、莫干山居图、庚村1932。这些项目都是笔者亲自去考察、住宿体验过的，而且笔者找到这些乡村民宿的主人或相关负责人，与他们进行访谈交流，了解他们的目标、愿景以及最终呈现的效果，并索取到第一手资料，汇编整理形成本书。

莫干山的乡村民宿实践范本研究，又可称为"最佳实践案例"（Best Practice）分析。这是指分析和研究某一特定领域或专业内公认最成功的案例，并使之成为该领域其他从业者的实践范本，在该专业领域内被传播、讨论、学习、借鉴。应该说，这12个案例经常见诸各种网络传媒，但没有系统性地整理、分析和研究。本书主要针对这些实践范本的体验设计（即建筑设计、室内设计、景观设计三个专业综合的系统性设计）来分析，同时对民宿主人的背景、情怀、资金运营状况等进行深入讨论，以期让读者得到一个公正直观的整体印象。笔者不对上述12个实践范本本身发表太多的评价，着重于对这些案例进行细致的分析，让读者自己来判断各个案例的优缺点。笔者相信，读者将来在乡村民宿建设中可以借鉴它们的精彩之处，避免犯它们已经犯过的错误。

这12个乡村民宿的莫干山实践范本之中隐藏着9种关键的理念，笔者称之为"9大DNA"，分别如下：

DNA1　环保、可持续发展的乡村民宿典范——裸心谷

DNA2　国际元素与乡土元素融合——翠域、法国山居

DNA3　用乡建理想变革乡村（设计师民宿1）——大乐之野、原舍

DNA4　用情怀联结自我与乡村（设计师民宿2）——遥远的山、云溪上

DNA5　在地性，保护及延续传统乡村文化——西坡

DNA6　融入自然+借景山水——无界

DNA7　舌尖上的乡村美食民宿——清研
DNA8　文化的力量——莫干山居图
DNA9　乡村文创集市——庾村1932

笔者之所以把这9种关键的理念称之为DNA，是因为这9种理念的核心价值观及操作模式确定了我们讨论的12个莫干山乡村民宿实践范本的本质。在这12个实践范本之中，这9种DNA会以不同的面貌出现，而这些实践范本不仅仅只有一个DNA，笔者是将这些案例中最重要的一个DNA作为归类的标准。

关于这12个莫干山的乡村民宿实践范本和9大DNA，有以下几个要点值得我们关注：

第一，提出乡村民宿长期而明确的发展目标，从而通过乡村民宿的建设达到唤醒乡村，进而完成重塑、复兴乡村的伟大历史使命。这需要多层次广泛的民众参与、讨论，逐步形成行动纲领。该行动纲领必须能够整合中国全社会的共识，得到乡村与城市的行政部门、城市投资者和乡村民众（包括乡贤）的一致支持，这样才能有效整合有限的社会资源、土地和资金。

第二，可持续发展的乡村民宿实践。要重视多元的文化价值，对乡村原住民的生活方式和社会形态予以尊重。不同的乡村有不同的问题与解决之道，需要我们针对不同的个案分析研究。

第三，体验设计思维。前文第三章已经阐述过何为体验经济，何为体验设计。因此，乡村民宿的开发者需要从游客的角度来换位思考，研究乡村民宿的体验设计。

第四，创意乡村需要注意以下两个方面：一个是从乡村行政管理角度自上而下，要先有长期策略性的规划思维，并要有大胆前瞻性的创意规划思维，勇于求新求变。在大家一致认可之下，由乡村领导带领大家齐心协力，奔向共同致富的宏伟蓝图。另一个是从村民及城市投资者建设民宿的经营角度出发自下而上，通过具有大胆创意的民宿设计，最终一步步落实建成，并成为大家借鉴学习的典范，以此来达到乡村复兴的目标。

第五，公众参与，是唤醒乡村重要的内容。公众参与不仅是需要城市里的参与者（从城市到乡村来投资、旅游、住宿等人群），更需要乡村的参与者，他们可能是乡村民宿的房东、民宿隔壁的大哥大嫂等，需要与他们建立良好的关系，甚至邀请他们主动参与进来，让他们得到经济上的实惠，也提升了眼界，最终有利于他们唤醒乡村的变革，使乡村的发展可以从重塑到复兴。他们应该是乡村最早觉醒的一批人，也是与城市投资人最早接触合作的一批人。要重点提到的是，这些人可以成为乡村公共行政部门有益的补充，配合城市里的投资者，他们自身就是"乡贤"，共同建设他们的美丽乡村，发家致富。总之，当前城市和乡村的参与者们是乡村民宿的"种子用户"，他们会逐步唤醒乡村里的其他民众，这是公众参与在乡村建设中的重要价值。

DNA1 环保、可持续发展的乡村民宿典范
——裸心谷[一]

裸心谷是中国首家获得LEED铂金认证的度假酒店。它在创办之初，其创始人就提出要从大自然中汲取规划设计的灵感，建筑不能破坏自然景观，以及大胆采用环保、可持续发展的技术。例如，其树顶别墅采用预制结构保温板（SIP）技术、夯土小屋采用石迩墙（SIREWALL）技术。其关于水的核心问题是水源从何而来、水质处理及中水回用这三个方面。其基本保留原有地形地貌及植被，并保护本地的动物，如保护本地的鹿种、保护蝙蝠建的窝、保护蜻蜓以除蚊等。总之，从LEED评分标准的六大系统：可持续发展的建筑场地、节水、能源和环境、材料和资源、室内环境质量、创新设计过程，其都一一作为核心价值在坚守。这在当前的中国乡村是非常不容易的，值得我们深入去学习和借鉴。

[一] 裸心谷部分内容是根据对裸心集团高层的访问内容及高天成先生的演讲整理而成。本项目部分照片由俞昌斌拍摄，其余未署名照片为裸心集团提供。

裸心谷
NAKED STABLES

裸心谷,隐藏于群山与竹林之中的高端乡村民宿裸心集团（naked）是在2007年所创立的一家外商独资却一直贯彻着本地化品牌定位的酒店管理公司，其总部设在上海。使裸心集团蜚声业内的代表作品是裸心谷，该项目位于浙江省的莫干山地区，距离东北面的上海约200公里，距离南面的杭州市区约60公里。这是中国第一家获得国际建筑可持续性评估标准LEED铂金认证的高端乡村民宿，由于其原创独特的设计和运营理念，率先被西方媒体所关注和称赞，并在2012年被CNN评为中国最好的九大观景酒店及乡村民宿。在2015年裸心谷又赢得了行业内的最高荣誉"中国最佳度假精品酒店"。

裸心的创始人兼主席高天成（Grant Horsfield）在南非的农场长大，毕业于南非开普敦大学商学院。早年他在南非经营一家名叫Little e-Bites的公司，2005年带着找寻中国市场商机的希望来到中国上海。城市里的高压生活和各种污染让他感到压抑和窒息，他开始在周边寻找原汁原味的自然。2007年，高天成在一次骑车郊游的时候，误打误撞来到了莫干山的三九坞村，发现了他梦想中的世外桃源。高天成有很强的执行力，在与毕业于哈佛大学建筑系、从事设计工作多年的妻子叶凯欣商量之后，立即注册了一家酒店管理公司，取名"裸心"，准备在莫干山一展拳脚。"裸"的含义就是把非必要的东西去除，而高天成的初衷正是为都市人提供一个能够回归自然、寻找自我的世外桃源。

三九坞村的山腰上有一大片树林，四周环绕着水库、翠竹和茶林。高天成一直想从建筑设计、施工、运营、服务等全方位来贯彻裸心的有机理念，而这片广阔的土地正好给予了他大展拳脚的机会。2009年他租下了整片林地及周边的60亩○茶地和100亩有机农田，打造一个生态度假酒店，取名"裸心谷"。其开发理念是"回归自然"，强调可持续发展的理念，在整个建设的过程中保护周围的自然环境是其最重要的目标。所有建筑的设计都尽量减少对环境的影响，顺应自然环境。通过低密度、小规模的开发，使建筑物与自然环境融为一体。

在2011年10月，裸心谷正式营业。该项目占地面积为266800平方米，建

○ 1亩=666.66m²。

筑面积为12600平方米。有121间客房，分布于30栋树顶别墅（2房、3房、4房）及40个夯土小屋之中。它的配套设施很齐全，有活动中心、健身中心、儿童俱乐部、裸叶水疗中心等，其中餐厅、露天泳池各有三个，还有一个设备齐全的马场及私人马厩。30栋树顶别墅是亚非风格，40栋圆形夯土小茅屋是非洲传统的建筑形式。树顶别墅是一座座被高高架起在树上的独立小屋，高挑的楼层和从地面到天花板的玻璃幕墙带来无障碍的绝佳视野。树顶别墅有两至四人间等不同规格，每晚价格从5000元、6000元至15000元不等；茅草顶的夯土小屋是非洲的标志性建筑，没有使用任何人工材料，相比树顶别墅较为经济，但每晚价格仍高达2000~3000元。即便价格不菲，裸心谷的客房仍供不应求，甚至需提前两三个月预定。裸心谷在到访过的顾客中口碑上佳，官网上几千条顾客评论中经常出现"喜爱、享受、留念"等词语。

　　裸心谷有一个800平方米的Indaba会议中心（非洲语"首脑集会"的意思），设有七间设施先进的多功能会议室。裸心集团有现场活动策划的团队能根据不同公司或游客的要求安排短途旅游，比如说竹筏漂流、定向越野、爬山、骑山地车、骑马、采茶与炒茶、垂钓、射箭等活动，创造最精彩的享受大自然的体验。整个酒店内实现无线免费上网、现场免费停车等功能。酒店的场地为了安全和节能减排，只通行高尔夫车。

在裸心谷，最有名的活动是晨间瑜伽

在裸心谷,特别开设了一个路虎体验馆

裸心谷内设备齐全的马场及私人马厩,可提供客人骑马活动

裸心谷经常举办精彩的婚礼活动

裸叶水疗及热石理疗

裸心谷经常举办山间采茶活动

在农场中养殖的小羊

农场大棚种植的蔬菜

裸心谷通过一系列生态环保的措施，获得了全球最有影响力的建筑可持续性评估标准的最高级别认证——LEED铂金认证。USGBC（美国绿色建筑委员会）的LEED绿色建筑系统是关于绿色建筑设计、施工、运营及维护最重要的评级体系。USGBC通过致力于高效、环保、节能且兼具成本效益的绿色建筑来建设一个繁荣和永续的未来。由于使用更少的能源，经LEED认证的空间为家庭、商业和纳税人节省了花费，减少了碳排放，同时为居住者、劳动者和更广泛的社区提供了更健康的环境。LEED评分标准有六大系统：可持续发展的建筑场地、节水、能源和环境、材料和资源、室内环境质量、创新设计过程。

在初期，外籍客人占到裸心谷客户群体的80%。随着裸心谷的发展，消费者的结构也在发生转变。近几年来国内高级白领以及一些大型企业客户逐渐占据主力，为该度假酒店的业务贡献了近80%的营业额。不了解裸心集团的人会以为裸心谷能在短短几年时间内成长为颇具影响力的乡村民宿是依靠大规模的品牌营销。恰恰相反，裸心谷既不采用OTA旅游预订网站的中间商，也不做广告，甚至连临时客人都不接待，仅在上海总部设立一个直销团队。而它主要的营销宣传只是依靠极为简单的口碑营销来完成。

裸心谷设计独特的工艺品受到住店游客的欢迎，展现了乡村文化与现代科技艺术的结合。

EED-NC

LEED-NC Version 2.2 Scorecard

Project Name naked Stables Private Reserve(Tree Top Villas & Earth Huts)

裸心 ｜ 谷 （树顶别墅及夯土小屋）

Status: Platinum 铂金级

Yes	?	No				Points
11		3			**Sustainable Sites 可持续场所**	**14 Points**
			C	Prereq 1	Construction Activity Pollution Prevention 建设活动污染防治	Required
1			D	Credit 1	Site Selection	1
		1	D	Credit 2	Development Density & Community Connectivity	1
		1	D	Credit 3	Brownfield Redevelopment	1
1			D	Credit 4.1	Alternative Transportation 替代交通，Transportation Access公众	1
1			D	Credit 4.2	Alternative Transportation替代交通，Bicycle Storage & Changing Rooms自行车存放和更衣室	1
1			D	Credit 4.3	Alternative Transportation 替代交通，Low-Emitting and Fuel-Efficient Vehicles低排放和节油车辆	1
1			D	Credit 4.4	Alternative Transportation，Parking Capacity	1
1			C	Credit 5.1	Site Development，Protect of Restore Habitat	1
1			D	Credit 5.2	Site Development 场地发展，Maximize Open Space最大化空地	1
1			D	Credit 6.1	Stormwater Design雨水设计，Quantity Control流量控制	1
1			D	Credit 6.2	Stormwater Design雨水设计，Quality Control水质控制	1
1			D	Credit 7.1	Heat Island Effect热岛效应，Noon-Roof 非屋面	1
1			D	Credit 7.2	Heat Island Effect热岛效应，Roof 屋面	1
		1	D	Credit 8	Light Pollution Reduction 光污染减少	1
Yes	?	No				
5					**Water Efficiency 节水**	**5 Points**
1			D	Credit 1.1	Water Efficient Landscapeing绿化节水，Reduce by 50% 减量50%	1
1			D	Credit 1.2	WAter Efficient Landscapeing绿化节水，No Potable Use or No Irrigation	1
1			D	Credit 2	Innovative Wastewater Technologies 创新废水技术	1
1			D	Credit 3.1	Water Use Reduction减少用水量，20% Reduction 减少20%	1
1			D	Credit 3.2	Water Use Reduction减少用水量，30% Reduction 减少30%	1
Yes	?	No				
16		1			**Energy & Atmosphere 能源与大气**	**17 Points**
Y			C	Prereq 1	Fundamental Commissioning of the Building Energy Systems 建筑能源的基本调试运行	Required
Y			D	Prereq 2	Minimum Energy Performance最低能效	Required
Y			D	Prereq 3	Fundamental Refrigerant Management 基本冷媒管理	Required
10			D	Credit 1	Optimize Energy Performance 能效优化	1 to 10
2		1	D	Credit 2	On-Site Renewable Energy 现场再生能源	1 to 3
1			D	Credit 3	Enhanced Commissioning 加强调试运行	1
1			D	Credit 4	Enhanced Refrigerant Management 加强冷媒管理	1
1			C	Credit 5	Measurement & Verification 测量与验证	1
1			C	Credit 6	Green Power 绿色电力	1
Yes	?	No				
5		8			**Materials & Resources 材料与资源**	**13 Points**
Y			D	Prereq 1	Storage & Collection of Recyclables 回收物存放与收集	Required
		1		Credit 1.1	Building Reuse建筑再利用，Maintain 75% of Exising Walls,Floors & Roof保留75%原墙体、楼板和屋面	1
		1		Credit 1.2	Building Reuse建筑再利用，Maintain 100% of Exising Walls,Floors & Roof 保留100%原墙体、楼板和屋面	1
		1		Credit 1.3	Building Reuse建筑再利用，Maintain 50% of Exising Walls,Floors & Roof 保留50%原墙体、楼板和屋面	1
1				Credit 2.1	Constaction Waste Management建筑废弃物管理，Devert 50% from	1
1				Credit 2.2	Constaction Waste Management建筑废弃物管理，Devert 75% from	1
		1		Credit 3.1	Materials Reuse,5% 材料再利用：5%	1
		1		Credit 3.2	Materials Reuse,10% 材料再利用：10%	1
		1		Credit 4.1	Recyled Content循环材料含量，10% （post-consumer用后材料 + 1/2 pre-	1
		1		Credit 4.2	Recyled Content循环材料含量，20% （post-consumer用后材料 + 1/2 pre-	1
1				Credit 5.1	Regional Materials地方材料，10% Extracted,Processed & Manyfactured Regionally 10%地方材料、加工和制造	1
1				Credit 5.2	Regional Materials地方材料，20% Extracted,Processed & Manyfactured Regionally 20%地方材料、加工和制造	1
		1		Credit 6	Rapidly Renewable Materials快速再生材料	1
1				Credit 7	Certified Wood 认证木材	1
Yes	?	No				
15					**Indoor Environmental Quality 室内环境质量**	**15 Points**
Y			D	Prereq 1	Minimum IAQ Performance最低室内空气质量品质	Required
Y			D	Prereq 2	Enviromental Tobacco Smoke(ETS)Control环境吸烟控制	Required
1			D	Credit 1	Outdoor Air Delivery Monitoring室外新风监控	1
1			D	Credit 2	Increased Ventilation提高通风	1
1			D	Credit 3.1	Construction IAQ Management Plan建设管理，During Construction建设	1
1			D	Credit 3.2	Construction IAQ Management Plan建设管理，Before Occupancy入住	1
1			D	Credit 4.1	Low-Emitting Materials低排放材料，Adhesives & Sealants 黏合剂和密封	1
1			D	Credit 4.2	Low-Emitting Materials低排放材料，Paints & Coatings 涂料和图层	1
1			D	Credit 4.3	Low-Emitting Materials低排放材料，Carpet Systems 低碳系统	1
1			D	Credit 4.4	Low-Emitting Materials低排放材料，Composite Wood & Agrifiber Products 复合木材和植物纤维制品	1
1			D	Credit 5	Indoor Chemical & Pollutant Source Control 室内化学品及污染源控制	1
1			D	Credit 6.1	Controability of System ,系统可控性 Lighting照明	1
1			D	Credit 6.2	Controability of System ,系统可控性 Thermal Comfort热舒适	1
1			D	Credit 7.1	Thermal Comfort热舒适，Design设计	1
1			D	Credit 7.2	Thermal Comfort热舒适，Verification确认	1
1			D	Credit 8.1	Daylight & Views采光和视野，Daylight 75% of Scapes 75%空间采光	1
1			D	Credit 8.2	Daylight & Views采光和视野，Daylight 90% of Scapes 90%空间采光	1
Yes	?	No				
4		1			**Innovation & Design Process 创新设计过程**	**5 Points**
1			D	Credit 1.1	Innovation in Design: EQc8.1	1
1			C	Credit 1.2	Innovation in Design: SSc7.1	1
1			D	Credit 1.3	Innovation in Design: WasteWater 100%	1
		1	D	Credit 1.4	Innovation in Design: Green Education	1
1			C	Credit 2	LEED*Accredited Professional	1
Yes	?	No				
56		13			**Project Totals 总计**	**69 Points**

Certified 26-35 points Silver 33-38 points Gold 39-51 points Platinum 52-69

LEED 论证各项分数表

第四章 莫干山之乡村民宿实践范本

裸心谷内的工艺品商店内景

工艺品全览

莫干山白茶

097

一、建筑设计分析

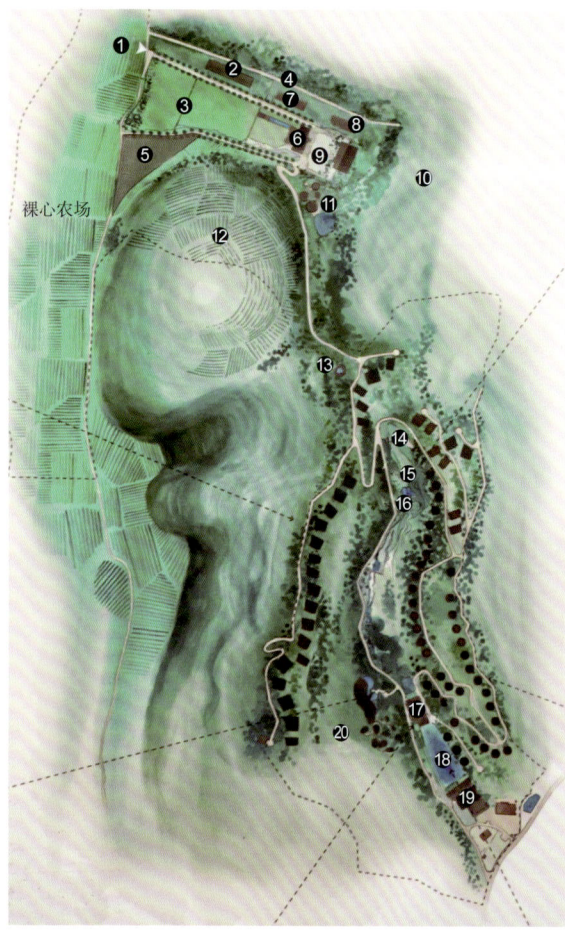

① 入口
② 马厩
③ 骑马场
④ 活动中心
⑤ 路虎越野公园
⑥ 会所
⑦ 小芽乐园
⑧ 路虎湖州体验中心
⑨ 停车场
⑩ 竹林
⑪ 裸心小馆
⑫ 白茶场
⑬ 隐池
⑭ 池吧
⑮ 露天剧场
⑯ 裸心谷泳池
⑰ Kikaboni餐厅
⑱ 湖
⑲ Indaba宴会中心
⑳ 裸叶水疗中心

整体裸心谷规划总平面图

　　高天成深谙设计是高端乡村民宿的灵魂,他组建了一支由叶凯欣领导的、擅长环保及可持续发展的团队来负责裸心谷的设计。高天成提出裸心谷的设计必须遵循以下三个原则:

1) 从大自然中汲取规划设计的全部灵感。
2) 建筑不能破坏自然景观。

3)大胆采用最前沿的可持续发展技术。

在这些原则的指导之下,设计团队采用了与刻意展现奢华的大多数国内乡村民宿截然不同的设计理念:将热情、生命力蓬勃的非洲文化植入裸心谷的建筑,比如借鉴非洲的标志性建筑圆形茅草小屋来建造客房,用非洲斯瓦希里语来命名有机餐厅,运用大量非洲图案和色彩的织物作为室内装饰。

裸心谷在建设之初就有一个重要理念,就是其所有的建筑物要根据原有的山势及地形来建造,包括树顶别墅和夯土小屋,都没有过度地去开挖山体、破坏树林,建筑全部都是用钢结构的架子伸出去落在土地里进行支撑的,尽量不去破坏山体原来的状态。在建筑设计过程中,裸心要求会议中心楼这种公共建筑尽量缩小体量,建筑立面在山脉中不要显得很突兀。因此,这个会议中心虽然本身有三层,但还是掩映和隐藏在山体绿化之中。在休息区域的后面有一片竹屋,其所有的建筑材料都是竹子。现在全部用竹子做的建筑已经非常少见,因为莫干山盛产竹子,所以这也是当地一个手工艺技术在建筑上的体现。

裸心谷不同角度的全景鸟瞰照片,日景与夜景对比

裸心集团还引进国际领先的预制结构保温板技术（SIP）来避免施工对山谷生态的破坏。树顶别墅是由SIP结构保温板预制而成，只需要将SIP的半成品运至度假酒店后快速拼装即可搭建成别墅，不产生任何建筑垃圾或废物。SIP结构保温板是一种高性能的建筑墙体材料，采用结构板材做面材，保温材料作为夹芯，通过特殊的复合作用，集结构和保温性能于一体，具有很强的隔热性能。它能建造一个高隔热性能的建筑围护结构，极大地减少空调的能源消耗。而且，在房子外层结构外层木板和内层木板之间有一层水泥板来隔绝火灾隐患。同时，SIP结构保温板在施工过程中能大大加快施工速度。当然，这种材料比我们一般做的木结构房子造价要高。虽然造价相对比较高，但房子施工周期短，施工比较便利，减少对环境的影响和破坏，减少废弃物保护环境，这些有利之处都是不能简单用金钱来衡量的。

　　夯土小屋采用石迹墙（SIREWALL）建造而成。石迹墙具有极大的蓄热能力及良好的隔热性能。石迹墙的模板和所有成分都能在当地获得——模板、土壤、水泥、水和氧化物，创造出真正融入场地的墙体。石迹墙需要的水泥远远少于传统的混凝土，并排除了对化学密封剂和加工处理的需求，所以健康无毒。石迹墙保持原样，既不抹灰，也不用黏合剂，还不用刷油漆，

树顶别墅从山体绿化中脱颖而出，立于山顶之上（拍摄者：俞昌斌）

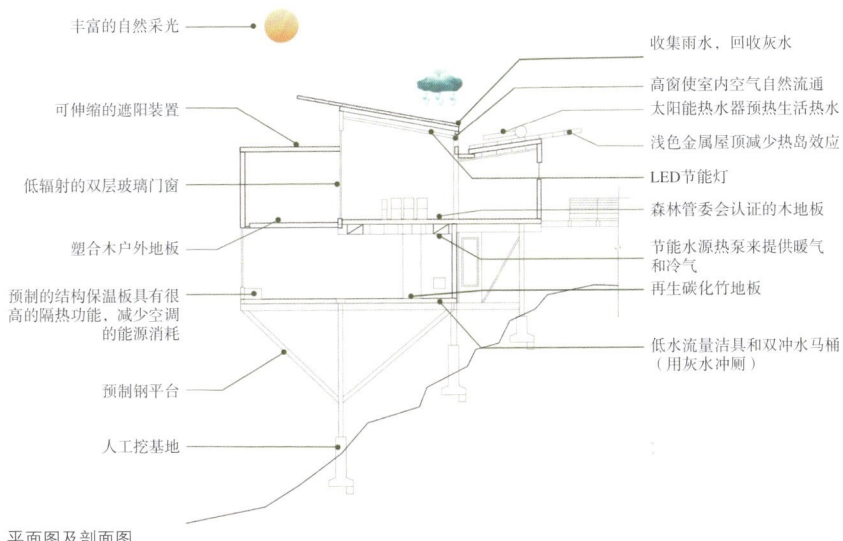

平面图及剖面图

大量减少了在室内装修过程中对建筑材料的消耗。而且在夯土小屋之内冬暖夏凉，根本不需要空调，在这方面也大大降低了能源消耗。夯土小屋顶部的茅草是对比了国内很多的供应商之后从广州采购的，效果很不错，使用的周期也比较长，感觉非常自然乡土。

夯土小屋的外观，掩映于绿化树林之中（拍摄者：俞昌斌）

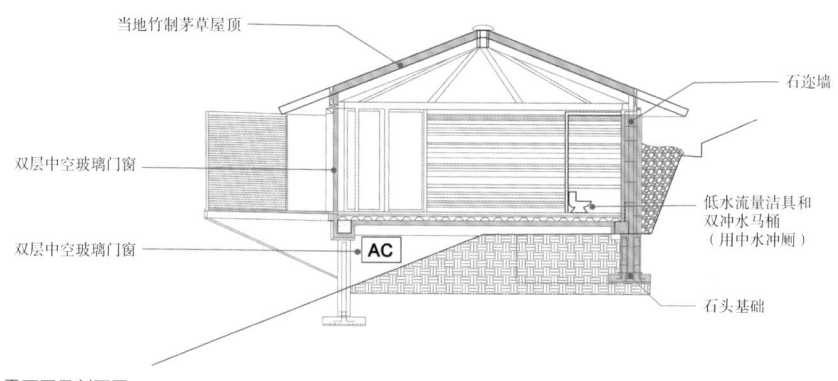

平面图及剖面图

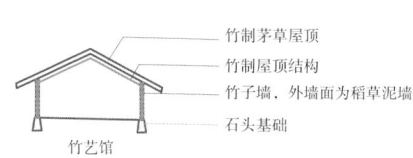
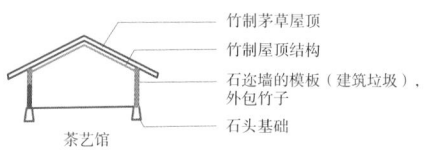

裸心小馆，用竹子建造的建筑物

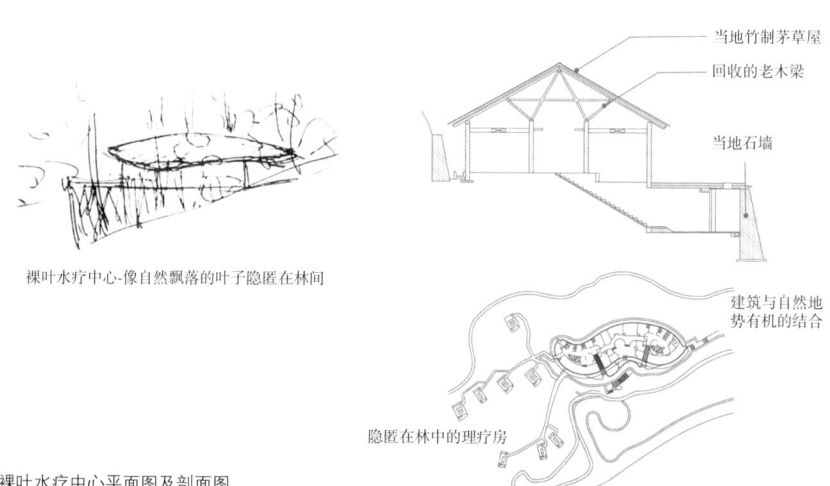

裸叶水疗中心平面图及剖面图

二、室内设计分析

1. 公共区域分析

裸心谷的会议设施比较齐全,其重要的目标定位就是为江浙沪一带的企业举办会议、度假及团队建设活动使用的。因此,它有800平方米Indaba会议中心和200平方米的多功能空间。其会议设施有投影仪、音响、视频设备、无线网络及会议书写板等。

曼德拉大厅

会议室内景

会所室内,外侧为大露台

上面三张图片表达了Naked Bite美食餐厅的日夜景对比效果

Kikaboni餐厅夜景,前景是裸心谷中最大的人造湖面

Kikaboni餐厅内的雪茄吧

裸心谷内部的田舍餐厅室内夜景

其餐饮空间有三个：Kikaboni餐厅主营时令西餐和农家菜，室内可容纳70人，露台可容纳50人，VIP私人包厢可容纳12人，酒窖可容纳10人。会所餐厅主营时令西餐和农家菜，室内可容纳60人，露台可容纳24人。池吧餐厅主营木烤比萨、零食与色拉，室内可容纳30人，屋顶可容纳50人，露天剧场可容纳90人。

2. 树顶别墅客房分析

该树顶别墅一般为两层，顶层为厨房、餐厅及会客空间，底下一层根据建筑房型布置为2间、3间、4间的客房。站在顶层会客室的外围宽阔的阳台上，你可以看到该酒店整个山谷的风景，而且你可以使用安装在阳台处的按摩浴缸及烧烤台。室内和室外都有用餐区域，并配有高品位的全套厨房设施。客房中有双人床（一个双人床或2个单人床）以及大沙发床。房间内有无线网络、36英寸⊖卫星电视机、CD和DVD播放器以及中央冷暖空调设备，还有个性化的管家服务。

树顶别墅的入口门头夜景

树顶别墅客房内景

树顶别墅的会客厅内景

3. 夯土小屋客房分析

夯土小屋的面积一般为54~63平方米（包括阳台）。其阳台很有特色，部分客房的阳台上布置躺椅。客房内部是圆形的，中间有双人大床，使用具有莫干山地域特色的SPA沐浴和全天然的卫浴用品。房间内有无线网络、卫星电视机，部分夯土小屋配有户外淋浴设施。

⊖ 1英寸=2.54cm。

上面两张图片从不同角度看夯土小屋内景

　　裸心集团在室内设计中的一个重要理念是尽量使用当地或附近乡村回收再利用的木头、砖瓦等材料。因为其看到莫干山很多乡村里盖新建筑，就把原来的木结构的民房推倒，重新建钢筋混凝土的房子。这些木头拆下来被送到旧木市场再卖给需要的人，但很少有人真正再使用这些木头。然后这些木头堆在市场里面，腐烂发霉破损。因此，裸心谷大量使用回收再利用的材料，这也是对环境的保护，减少浪费，通过旧物循环使用来创造出新的价值。

　　裸心谷在树顶别墅内部安装了高度绝热的低辐射玻璃窗、水源热泵（Heat Pump）、太阳能热水器以及热回收装置来减少供暖和加热的能耗。此外，裸心谷还选择LED和节能灯作为人造光源，并最大限度地利用自然采光，将照明能耗降低了35%。尽管上述各项可持续发展技术成本高昂，也曾有一些反对的声音，但为使该高端乡村民宿能在长期实现节能减排，高天成仍不惜花重金引进这些创新性的领先技术。

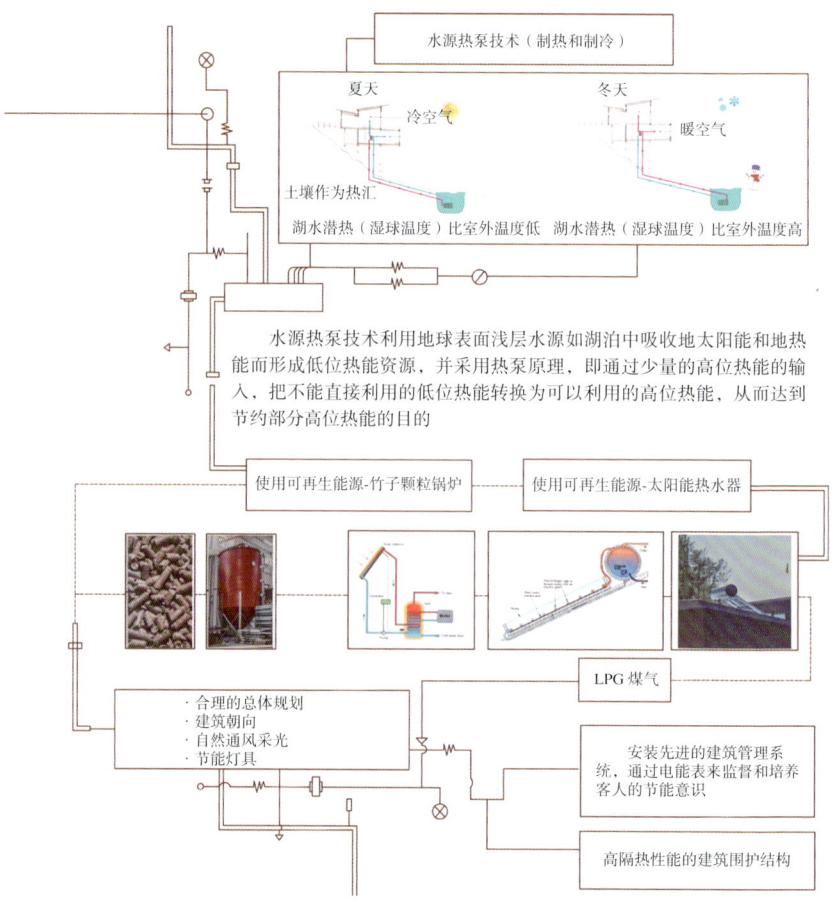

水源热泵、太阳能热水器、竹子颗粒锅炉等一系列环保新技术的运用

三、景观设计分析

裸心谷关于景观设计的原则永远是以环境保护为主，不要为了利益而破坏环境。设计团队保留原始的植被，通过小体量、低密度的规划将建筑与周边的自然环境和谐地融合，使建筑内外部的边界变得模糊，而山峰和森林的全景得以最大限度地展现。例如，在室外泳池的建造过程中，为了保护山体不受破坏，所有的挖掘工作都是施工人员用铲子挖的，没有使用机械，这就是最大限度地保护了原有的生态环境不受破坏。而且中国由于空气污染，使得太阳不够明亮，太阳能不够使用，所以他们就特意邀请苏州大学的研究团队共同研究用碎竹片来烧锅炉，做出一个加热系统，使泳池冬天的水温也能够适宜室外游泳。

练习瑜伽的木平台及竹屋，前面是一片池塘，大部分被山体树林所围抱

无边泳池的鸟瞰，两层叶片的造型与自然融为一体

裸心谷标志性的无边泳池景观

另一个小型泡泡池——隐池的夜景，远眺群山

　　裸心集团想丰富在裸心谷酒店内部的植物品种。由于20世纪50年代该山林建设是用松树类植物进行大面积山体绿化的，所以品种比较单一，观赏性差。因此，裸心谷就开始把不同品种的植物种到山上，其对政府的承诺是砍掉一棵树，就种回二棵树，所以现在裸心谷内的植物非常茂盛。在保护本地动物方面，其尝试在山谷中放养本地的鹿种，让游客在山谷中游玩的时候可以看到在山坡上漫步的鹿群。还有，精心保护某些小房子下面蝙蝠建的窝，其希望蝙蝠能回到这个地区，可以把田地里的害虫吃掉，而不需要打农药，破坏农田，污染环境。建设团队也做了很多工作来保护当地的蜻蜓，在盛夏的时候通过蜻蜓吃掉蚊子，这就是大自然生物界的平衡法则，而不需要使用大量的杀虫剂。

入口的林荫大道
（拍摄者：俞昌斌）

大草坪
（拍摄者：俞昌斌）

大草坪边上的泳池、
休息区及马厩区
（拍摄者：俞昌斌）

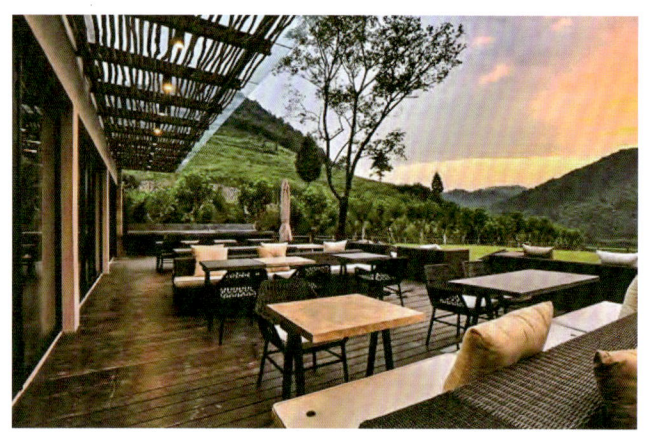

大草坪对面的餐厅，其木平台布置外摆

裸心谷中心的大水面，侧面是木栈桥，远处是 Indaba 会议中心，水中的喷泉是为了曝氧，具有水循环处理的功能
（拍摄者：俞昌斌）

客房楼外侧的道路，其两侧的绿化更换并增加了植物品种
（拍摄者：俞昌斌）

裸心谷利用各种前沿、创新的可持续发展技术，将节能环保的理念融入每个设计细节，身体力行地实践环境保护。关于水的问题是整个裸心谷的核心问题，共分成两个方面：一个是水源从何而来，还有一个是裸心谷如何处理水质。水源也分成两个部分：一部分是从政府铺设的管道里来的自来水，另一部分是裸心谷内部挖了50米深的井取水。由于裸心谷如果有部分客房没有水洗澡或冲洗马桶，将对游客的感受及口碑产生严重的伤害，所以裸心集团不得不使用两个水源及两套水系统，以确保绝对有充足的水源可以供应。而更重要的是在该乡村民宿中使用过的水是如何进行处理的。在裸心谷这些水100%都要循环再利用。为此，裸心谷引进了一整套完善的中水系统。例如，裸心谷中心有一片湖，其湖水是有点黄色的，还有客房中抽水马桶里的水也是有一点黄色的，这是因为这里面全部使用了中水。该中水系统不仅是用来冲洗厕所，还有所有酒店内的植物（包括周边的茶田）的灌溉，所有的

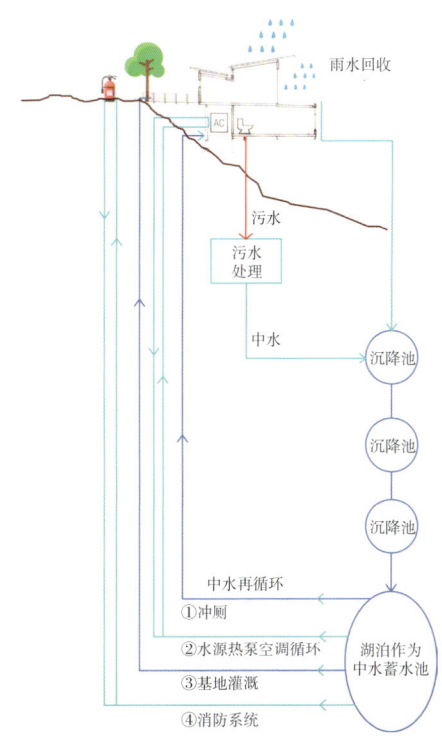

节约水资源的雨水回收及中水再循环系统

消防设施也都是用这些中水。2015年开始采用废水处理系统（WWT）从建筑屋顶收集雨水、汇集到水库以用于冲厕和灌溉。仅这项新技术的使用就使裸心谷的用水量减少了30%。对于任何一个酒店开发公司来说，关于前期投资考虑更多的是回报率，包括前期投资最后得到的收益是多少。但是做这样的一整套水系统在经济上是毫无回报的，没有任何盈利点。而裸心谷做这件工作的理念就是要保护这里的生态环境，还有给来裸心谷的游客一个舒适安全的体验。

四、帮助村民共同发展

裸心谷对当地乡村在经济上的帮助，最直接的办法就是给当地及周边的村民长时间的、比较稳定的工作。在整个裸心谷中，约70%以上是当地居民被培训以后在这里做服务生，大约400个员工是当地人。比如说，当地的村民有姓马的一家人，三位老人都在裸心谷里工作，他们的年龄分别是92岁、73岁及65岁。他们每天的日常工作主要是约每半小时出来打扫一下地面，以此来赚一些固定的收入。裸心谷的理念就是要吸引更多的当地乡村村民来到他们这里工作，让他们更多地融入裸心谷。总之，帮助当地乡民融入进来，找到工作提高收入，他们也成为裸心谷项目发展过程中不可或缺的一部分。

五、未来裸心系列乡村民宿开发理念及战略转型

第一，裸心系乡村民宿的定位是为都市人提供与家人、朋友一起放松的周末自由行，所以裸心系列的其他项目绝不会位于丽江、三亚等旅游目的地，而是在距大城市3小时车程以内的安静之处。

第二，合作方必须要理解并接受裸心集团的设计和运营理念。高天成和妻子叶凯欣在创业之初所建立的一人主导运营、另外一人主导设计的项目开发模式，奠定了裸心系乡村民宿成长的基石。尽管在未来的合作项目中，资产所有权可能属于当地的开发商或者政府，高天成仍坚持项目必须交由裸心

集团来设计、运营及管理。换句话说，与其他利用对已建好的酒店通过管理来快速复制的连锁酒店管理公司有着本质的不同，裸心集团不会运营非自主设计的乡村民宿，也不会设计非自主运营的乡村民宿。在裸心系的乡村民宿之中，设计与运营这两个角色一定是绑定在一起的。这就是为什么高天成常说："Nobody can ruin my resort（没有人能破坏我的乡村民宿）"。

第三，裸心集团要衡量新项目所在地的政府是否具有比较先进开明的思想，是否一直在积极地提倡可持续发展和环保理念。

只有满足了以上三个标准的新项目，裸心集团才会考虑在新的地方开乡村民宿。除了已于2016年夏天开业、由裸心集团独资的裸心堡以外，截至2015年末裸心集团已签约了五个投资回报周期约为5~6年的乡村民宿新项目，将在未来五年内陆续开业。

随着裸心系乡村民宿的日渐成功，针对裸心集团的商标和品牌侵权事件屡有发生。裸心乡村民宿所采用的独特理念和前沿的可持续发展技术也引起了国内同行的高度关注，相继出现了很多模仿者，更有甚者从建筑设计到网站，甚至到营销渠道都原封不动地抄袭裸心。裸心集团却在乡村民宿内专门建立一个博物馆来陈列裸心谷所采用的创新性技术和设计，并允许任何人携带摄像器材去拍照。这岂不是让模仿变得更容易了吗？可是集团CEO马诺吉有两个很不寻常的理由来支持上述做法。首先，如果模仿者正确地运用了这些环保技术，那么他们就实践了可持续性发展，也间接地帮助裸心集团实现保护自然的目标；其次，裸心集团最重要的进化法则是关注现在所做的每件事情是否足够创新和前沿，而非留恋过去的成功停滞不前。因此，裸心集团对新乡村民宿项目依然保持着创新的激情和动力。比如近期裸心集团引进了一项国外所研发的地热技术来为建筑物供暖或制冷。这种技术的资本投入非常大，因为需要在乡村民宿地下钻许多个100余米深的洞，用地表和地心的温差来使水加热或降温，能显著减少因室内温度调节而产生的能源消耗和污染气体排放。在与高管团队讨论之后，马诺吉决定上马这项昂贵的可持续发展技术。对于马诺吉而言，因为裸心集团一直在探索和寻找下一个创新点，所以模仿者并不是一个障碍，而是一群共同保护地球生态环境的追随者。

2015年，裸心集团完成了一个重大的战略转型，高天成正式宣布裸心集团进入餐饮、共享办公、教育和医疗等多个行业，从单一的酒店、旅游领域延伸到了更广阔的生活方式领域，从而使裸心品牌能在更多的维度上为顾客提供产品和服务。

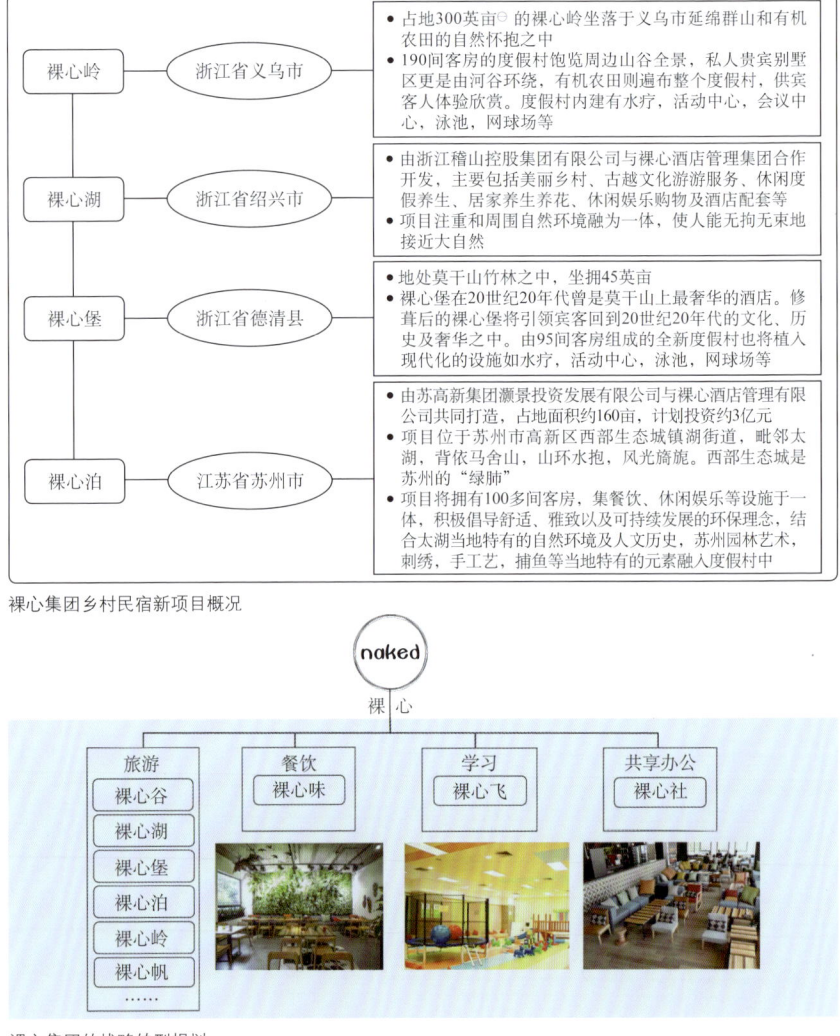

裸心集团乡村民宿新项目概况

裸心集团的战略转型规划

① 1英亩=4046.856m²。

裸心谷价值点分析

一		建筑设计类
1	建筑外形（新风格、传统风格、洋楼风格等）	现代树顶别墅+非洲风格圆形的夯土小屋
2	是否是历史保护建筑？是推掉重新修建，还是在原来基础上改建？	重新修建
3	民宿建筑的风格，地域性特色风格（如云南丽江、大理等纳西族风格等）	现代装配式建筑风格+非洲建筑风格
4	建筑层数（是1层，还是3层，还是7~8层高楼？）	树顶别墅及配套用房基本为2层小楼，圆形夯土小屋为1层
5	建筑外立面使用的材料（木头、玻璃、铁艺、钢结构等）	树顶别墅为钢结构、SIP结构保温板；圆形夯土小屋为石迹墙、茅草屋顶
6	特色建筑亮度、爆点（设计的重要性？有设计与没有设计的区别？）	LEED铂金认证，环保可持续发展的建筑理念
二		室内设计类
●		公共空间的室内设计：材质、风格、面积大小、使用功能、分区、配置设施
7	接待（CHECK-IN）区域的室内设计	现代简约的度假风格与中国乡土地域性风格相结合
8	餐饮区域——餐厅、厨房、酒吧、备餐区域	大气、优雅、西式现代、乡土的就餐氛围
9	娱乐活动区域——棋牌室、KTV室、球类运动室等区域	西式的活动区域
●		客房的室内设计
10	客房的面积大小、功能布局、舒适度情况、室内设计风格、地域性特色风格	客房面积较大，功能布局合理，舒适度高，风格比较简洁大气
11	床品（床垫舒适度、被子舒适度），床的大小：大床还是双床标间？	床品舒适度高，大多数房间是大床
12	卫浴房间的大小？是否有干湿分离？	树顶别墅的卫浴房间很大，有干湿分离；夯土小屋的卫浴空间略显紧凑
13	洗浴设施（毛巾、冲淋洗浴品牌，如科勒水龙头、浴缸等）	树顶别墅的毛巾品质好，洗浴设施高级，在浴缸中看窗外的山景非常舒服；夯土小屋的卫浴空间无法看到景观，为紧凑型
14	按摩浴缸（放在户外观赏景观的浴缸，甚至考虑温泉接入）	树顶别墅的大多数客房在大落地窗边配置浴缸，在客厅的外阳台处配置室外观景按摩浴缸和自助烧烤台
15	电器配置（电视机、电吹风等）	电视机等电器都有配置
16	部分提供自助厨房服务的配置，简易冷餐还是火炉可以做饭做菜的厨房设施？	树顶别墅有一层为自助厨房设施及餐厅、客厅，这是其亮点之一；圆形夯土小屋没有配置厨房设施

(续)

二	室内设计类	
17	入户门及门把手铁艺、房间门等工艺做法	有特殊设计，如用树枝及灯光效果
18	窗户外是否有对景、借景？是否在窗下有沙发供人往外看？	树顶别墅的客房透过大落地玻璃窗可以俯瞰整个山谷；圆形夯土小屋生长在树林之中，窗外景观极好
19	是否有阳台？从阳台上往外看的视线效果和视野感觉如何？	树顶别墅为两层，上层为客厅有大阳台，往外看山谷视野效果极好；圆形夯土小屋有1米宽的环形木质平台
20	屋顶做法？是否层高足够高？有否阁楼？是否是2层复式小楼？	树顶别墅为2层客房，上层为厨房客厅，下层为2~4间不等的客房。层高很高，体验感非常舒适。圆形夯土小屋为一层，无阁楼
21	客房室内是否考虑壁炉？是否满足冬季保暖的体验需要？	客房中安装冷暖空调
22	工艺品的使用（如艺术画、藤艺、竹编等，提升品位和气氛）	房间内有艺术品展示，特别是动物皮毛的地毯，还配合多个有艺术感的台灯、座椅作为装饰
23	儿童床（高低床、加床的）	房间配置了儿童床，平时作为沙发使用
24	消防、安保设施的布置	房间配置了灭火器等齐全规范的消防设施
25	特色室内亮点、爆点（室内与众不同之处）	树顶别墅的上层大客厅、自助厨房及带有按摩浴缸和烧烤台的大阳台，下层客房的大面积落地玻璃窗可以让客人躺在床上俯瞰整个山谷，这是爆点。夯土小屋让客人仿佛置身于森林之中，也是亮点
三	景观设计类	
26	花园面积大小与效果	整座山成为裸心谷的花园，面积巨大，效果极佳
27	花园的地域性风格（地域特点、长处）	山谷中起伏的山脉、溪流、大湖面、造型优美的树林是整个裸心谷最美的风景
28	植物配置状况（一年四季有各种果树开花结果）	大量原生植被的保留，如杉树、松柏、樟树等，还补种了许多景观观赏植物，如法国梧桐、桂花、红枫等。一大片茶田也是优美的风景
29	游泳池区域是否是无边泳池？（有几个游泳池）室内还是室外？大人池和儿童池如何划分？	两个室外泳池，山顶还有一个小型的泡泡池（隐池）
30	餐饮、酒吧区域的景观环境	Kikaboni餐厅主营时令西餐，有室内、露台、私人包厢及酒窖等不同空间，结合前面的大草坪、游泳池及马厩等。会所餐厅主营时令西餐和农家菜，室内与平台处可以看到大湖面。池吧餐厅主营比萨、零食与色拉，室内与屋顶可以观赏叶形游泳池，露天剧场可以搞活动

(续)

		景观设计类	
三			
31	周边整体区域的资源：(能看到什么与众不同的风景？是否能看见名山大川、农田、梯田、大湖等不同的风景。如何利用周边环境来借景？有哪些自然与文化方面的影响力？)	整个山谷、树林、茶园、溪流及湖泊，都是裸心谷的借景，这种自然的风景大大提升游客的体验感	
32	地域性小品、艺术品、古董、雕塑的使用	现代风格、非洲风格及乡土地域风格的景观小品、工艺品融合使用	
33	草坪区观景、婚礼教堂、鲜花布置典礼	大草坪区域可以作为举办婚礼的场所	
34	室外跳舞、烧烤、各种活动聚会的区域	大草坪区域、室外游泳池及露天剧场区域	
35	户外电影，给人更多晚上的活动和消费	露天剧场及阶梯区，可以举办多种活动	
36	自然生态的景观设计+景观软装装饰效果	自然形状的原木做出雨篷+乡土风格的毛石挡墙+木质躺椅、阳伞、白色沙发靠垫等景观软装元素	
37	景观所用的材料、细部与空间营造	乡土材料，细部简洁现代，空间偏酒店体验为主，以人为本	
38	特色景观亮点、爆点（景观与建筑、室内的关系）	整个山谷（包括森林、溪流及湖泊）等自然环境及景观是裸心谷最大的爆点	
四		其他类	
39	民宿主人的职业经历、背景、目标、情怀	南非人和中国建筑师夫妻俩结合做出来的作品，国际视野，环保可持续发展的理念	
40	大致投入的成本及盈利状况	投入成本巨大，盈利状况良好	
41	经营理念及特色	裸心的开放态度，环保可持续发展的理念，现代与乡土结合的设计风格	
42	营销宣传方式及口号	口碑营销，从在中国工作生活的外国人群体逐步流行到中国白领阶层	
43	普通客房的大致价格	客房每间1200~3000元不等	
44	提供的美食、活动等不同体验	提供西式美食及农家乐，以及公司团队建设、聚会、烧烤、婚礼等活动	

基本信息：

地址：浙江省德清县莫干山乡兰树坑村上下庄37号（邮编：313200）

网站：www.nakedretreats.cn

DNA2 国际元素与乡土元素融合
——翠域㊀、法国山居㊁

从游客的体验来说，国际元素是非常好的营销卖点，可以吸引大量的游客过来体验，这也是为什么上海开迪士尼乐园那么火爆的原因。而另一方面，某些乡村民宿的主人或投资人本身是外国人，比如裸心谷的高天成是南非人，法国山居的主人是法国人等，这就自然形成了具有国际元素的建筑在莫干山的建成，这也是"洋家乐"被大众广泛传播，大家都想一睹为快的原因。但是，莫干山乡村民宿毕竟不是迪士尼乐园，它是有许多原有的乡土元素及风格在里面的，所以国际元素要与乡土元素相结合，共同建成一个新时代的中国乡村民宿作品。

翠域和法国山居在建筑外观上都是遵循中国乡土村落风貌来改建或重建的，在建筑的室内设计上则出现一些细微的区别。法国山居更多地把法国宫廷的仪式感、巴洛克风情与中国乡村情调相交融。而翠域则风格更加多元、多变，建筑形式更加偏现代简约，室内风格有美式乡村风格、工业元素度假风格及现代中式风格等。总之，这种乡村民宿体现出民宿主人的个性与价值观是比较开放与国际化的，是很有代表性的乡村民宿类型。

㊀ 翠域部分照片由俞昌斌拍摄，其余未署名照片为翠域公司提供。部分文字摘自《DESIGN宿》第一期《Genco Berk: DESIGN IS ABOUT NEXT设计不是苹果树》一文。
㊁ 法国山居的所有照片由俞昌斌拍摄。

2014年上海某民宿开发团队在莫干山木竹坞的美丽村庄开始打造一个号称"万国洋家乐群"的乡村民宿项目，他们把这个项目起名为"翠域·木竹坞（Emerald Hills）"。这个融合了加拿大籍、新加坡籍、中国上海籍的管理团队，找来意大利、奥地利、西班牙及中国等多国设计师，共同创造出这个将异国风情和莫干山乡土元素完美融合的精品乡村民宿群。正是这种管理层和设计师所拥有的不同文化背景，造就了该项目成为莫干山包容度最大的一个民宿。这个项目非常典型，它代表了部分金融界人士通过资本来做民宿的类型。当然，他们首先都是热爱乡村并有乡村情怀的一批人，也是希望在当下的民宿风口上抓住时机。另外，这个项目从外国建筑师的角度来做中国的乡村建筑，也是一个很有意思的研究课题。

翠域·木竹坞（以下简称翠域）位于莫干山的西麓伐头乡，处于进山道路的尽头。民宿楼周边被青山翠竹所环绕，溪水潺潺，境地幽深静谧，当地农家淳朴热情。可以看出，这里是莫干山尚未被大量开发的民宿优质地块。该项目拥有不同的建筑及室内风格，如自然舒适的中国新乡村风格、简约隽永的新中式风格、热情洋溢的西班牙风格，甚至还有意大利地中海式风格。这是比较符合江浙一带小资人群的需求的，相信不同年龄层次和审美标准的度假人群在这里都能找到自己所要居住的乡村民宿类型。当然，最重要的是每一个人都能享受到美丽而自然的莫干山风景，能在这里有个美好的旅居体验。

该乡村民宿一共有四栋房子，大约投入了1600万元的建设成本，一栋房子约400万元。应该说是成本不菲的。为此，翠域还从金融角度推出了"众筹股东"的活动，比如每个人投入5万元钱，就可以成为翠域的二三级股东。这一方面通过众筹可以筹集一些资金，另一方面就是这些众筹的股东会带来自己的朋友。因此，翠域众筹的目的更多是为了吸引客户，是营销宣传的手段。应该说，一个投了5万元钱的股东一定会把自己的亲朋好友、朋友圈里的民宿爱好者都带到翠域来的。这种众筹模式，一方面是投资人投入资金，另一方面是通过众筹又带来了很多的客流。应该说，这是金融人士结合营销所想出的创新模式。

在《DESIGN宿》第一期《Genco Berk: DESIGN IS ABOUT NEXT设计不

是苹果树》一文中有关于在本项目中5号楼和7号楼的建筑师奥地利人Genco Berk的专访。他在德国长大，先后在土耳其和美国学习建筑设计，之后回到奥地利在其父亲的建筑工作室及其他公司工作了约12年。然后，他来到亚洲，在中国和日本从事高端住宅和酒店的建筑设计。他对乡村民宿的理解是新民宿建筑的再造要与周边环境相统一。每栋民宿虽然自成风格，但是要与周边山村的人和建筑共生共存。他说："设计不是简单地画画图，而是告诉别人，为什么这样好，为什么那样不好？所以，设计是一个教育的过程，并不是种一棵苹果树那么简单，摇一摇就有苹果掉下来。设计永远关于下一步（DESIGN IS ABOUT NEXT）。"

他提到了他在莫干山一年多的生活之中，他发现这里的乡村老屋有一套自己的建筑哲学。它们通常有两三层，但是只有一层的外墙面粉刷石膏，而二楼以上的外立面都是暴露的砖墙。这在中国其他地方比较少见，因此他判断有以下两个原因：一个可能是与山中的潮湿气候有关，另一方面是为了节约成本。但是，它们二楼以上的部分虽然是砖墙，但是也涂过一层涂料，一方面和一楼的颜色统一，另一方面也避免了雨水的渗入，这种墙面不统一的处理手法在城市建筑之中很难找到。所以，游客在翠域的建筑外立面和室内会发现，在干净平滑的涂料墙面上突然出现一条随意的红砖墙或夯土墙，两者形成鲜明的反差对比，这就是建筑师对莫干山建筑文脉的延续和继承。

他在翠域的建筑设计上，最有特色的一点就是对当地地域性材料与现代建筑材料融合运用，这也是一种环保的理念。在城市中谈环保，主要是从保温、隔热的角度出发，比如门窗用好的材料，减少暖气、冷气的浪费。但是在乡村民宿中的环保，就应该在老建筑改造过程中把旧材料在新的需求中更加合理地利用起来，与新材料对比使用，让游客看到当地的历史文脉和地域性是什么样的，因此这是很有意义的设计工作。另外举个例子，莫干山盛产竹子，他发现这里的村民喜欢把竹子扎成一捆一捆的，便于储存。这些竹捆从侧面看起来很像花朵的图案。所以他在翠域5号楼的一层大厅入口处，在壁炉的周围也巧妙地使用了这些竹捆符号。由此他也提到，在中国和外国做建筑设计，最大的区别在于材料。中国市场上的材料种类非常多，莫干山这里的材料则更有趣，大多是非标准化的，而且总有许多新材料出现，并且价格都不太贵。而在西方国家与这里差别比较大，通常材料种类很有限，如果你要买很多，价格还会抬高。如果有新材料出现，也会很贵，所以很难有机会尝试新材料。

另外，他还提到了他作为一个西方的建筑师，如何权衡东西方不同的审美和设计理念。他在翠域的建筑设计中，从最开始就把本土的地域性元素纳入到设计的整体规划之中，让它变得丰满起来，成为醒目的内容。而不是把中国的设计元素看成是一种点缀符号（add-on，就是在完全按照西方的美学打造的空间中加入一点点中国风的点缀），这缺乏清晰明确的中国灵魂和地域性特征在里面，是不负责的设计。

他眼中的完美乡村应该是要有非常古老的建筑，在村民手中一代代地传下来，并且有居民在里面生活，而不是乡村成为旅游业的一部分，居住者都是工作人员化妆表演的。在莫干山，他很反对直接盲目地把都市建筑风格搬到乡村中来，就以上面说过的外立面上下不同材料的做法来举例，这就是当地的"在地性"条件下所形成的做法。所以，建筑师要先考察当地的生活方式，才能做出与众不同又合情合理的设计。从另一个角度来说，作为游客来到莫干山也不希望住在一栋没有本土地域性风格的城市建筑物里。但是，这里的村民赚钱了，生活水平提高了，他们就喜欢模仿城市中的建筑改建自己的房子。因此，乡村的行政部门应该去指导本地的村民，在满足现代生活的条件之下以更符合传统生活习惯的方式来改造乡村的房子，而不是以牺牲传统历史文脉和地域性为代价的。

最后，他也提到要发展中国的乡村，肯定要完善酒店、民宿这样的旅居设施，让城市里的人可以在乡村停留下来。他相信翠域以及其他的莫干山民宿都给这里的村民打开了一扇窗，让他们接触到有趣的建筑，他们也会借鉴一些经验在他们自己的房屋设计施工之中。另外，有一些以前在这些民宿中打工的当地人已经开始学习着这些民宿的设计，重新打造了自己的居所，甚至自己也开起了民宿。这就是当前中国乡村民宿业的价值，民宿对乡村复兴做出的潜移默化的贡献。

第四章 莫干山之乡村民宿实践范本

木竹坞的山村美景远眺

木竹坞的民宅原貌，隐于莫干山山林之间

木竹坞的村民经常上山砍竹子，并做成各种手工编织物件

翠域·5号楼

一、建筑设计分析

5号楼是把原有的老房子推倒重建的,在建筑立面上用白墙结合玻璃,并点缀木格栅,整体建筑形式非常现代。该建筑的造型、层高都与木竹坞里的老房子极为不同,但是它屹立在那里,却仿佛天生就在那里一样,自然而然地与周边环境融为一体。

三层小楼,每一层有着不同的立面效果

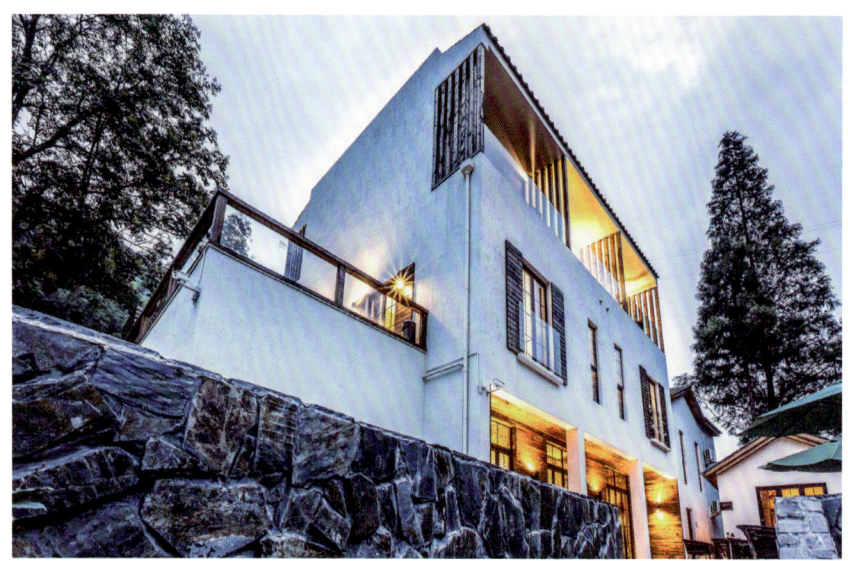

该建筑的立面造型及夜景灯光效果

二、室内设计分析

五号楼的室内公共空间布局是以鲜艳的色彩、木质材料及粗犷的工业感为主基调,如大量使用未经粉刷的红砖作为墙面给人很纯朴的感觉;大量管线外露,并结合木头饰面与红砖,在色彩上也对比强烈。

整体室内空间在使用上相对偏紧凑,一层是以公共空间为主,如前台休息接待空间、三个餐桌组成的餐饮空间以及两个男女通用的卫生间。一层与庭院相交之处是玻璃门窗加外廊,可以很方便地打开并布置休息座椅,这样整体室内空间与花园融为一体,感觉空间变大了,游人在此处休息更加舒适了。在主楼的边缘有一个一层的小建筑,其功能是咖啡屋,可以坐在这里发呆、看书、聊天,其窗户正对着一棵上百年的参天大树,这是借景手法的妙用。

二到三层以客房为主。为了在设计中增加客房的数量,其标间的客房空间相对比较逼仄局促,但其套房不仅舒适度很好,而且景观视野极佳。整体来说,每间客房的大门采用了废弃的集装箱铁皮,并漆成蓝色,与红色的走廊墙面形成鲜明对比。客房

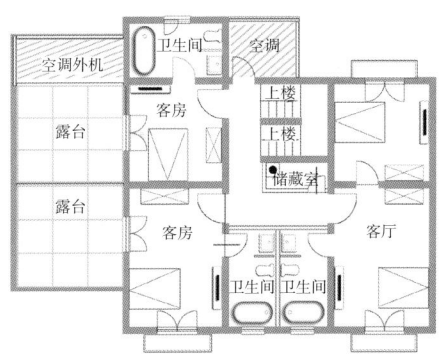

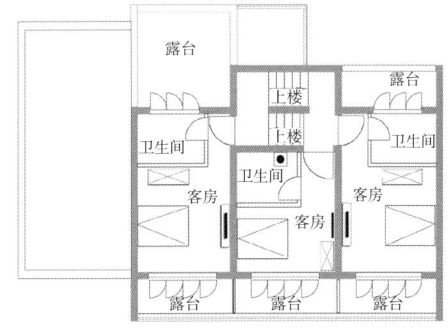

一层、二层、三层平面图

内部的地面采用老旧的木板拼成,墙面和床品都是白色,在大床的背侧墙面做一块巨大的布艺图案,成为客房内部的主景,感觉非常有视觉冲击力。卫浴设施也做了精心设计,给人很不错的体验。该民宿的客房内没有设置电话和电视,这样中老年人在房间里会比较无聊。还有它的阳台是用玻璃做的,玻璃顶部没有用不锈钢等材料进行收边,这存在造成跌落的安全隐患。总之,该乡村民宿客房的室内设计偏近于商务酒店,度假感不是特别强。

一层大堂用旧木板来装饰部分墙体与屋顶,体量很大,并布置灯具照亮餐桌(拍摄者:俞昌斌)

餐厅以中式圆桌为主,周边墙面为粗犷的红砖饰面(拍摄者:俞昌斌)

入口大厅正面摆放一个壁炉,红砖饰面,两侧结合竹编做成书简形状的工艺品(拍摄者:俞昌斌)

楼梯处故意设计的粗犷红砖与红色涂料墙体装饰(拍摄者:俞昌斌)

公共的咖啡吧台区域，工业风格强烈

咖啡吧的私密聊天区域，窗外对着一棵参天大树

走廊的红色墙面与大门的蓝色钢板面层

客房地面铺设旧木地板，局部墙面用旧木板装饰

在周边白墙的衬托下，床背侧的墙体用鲜艳的布艺展示出设计感

客房卫生间可通过落地玻璃门走出阳台，观赏山村美景

三、景观设计分析

该院子的景观空间很小，基本都铺上白砂石，人通过嵌入白砂池的石板汀步行走。院子内侧的咖啡馆外有一块面积约10平方米的木平台区域，客人可以在此喝咖啡、聊天。

整体来看，周边山乡老宅的历史风貌可以作为时代背景与景观借景，而它本身展现出现代主义建筑风格与地域文化相结合的设计逻辑，非常明确地表明它是生长在该村庄之中的与众不同的新建筑。

一层建筑立面的落地玻璃门窗可以全部打开，与室外花园融为一体

白天与傍晚从三层客房看一层花园，白砂池、汀步与木平台干净简洁，夜间室内灯光在白砂池上形成光影效果（拍摄者：俞昌斌）

翠域·6号楼

远眺 6 号楼，中国茅草屋＋欧洲乡村情调

一、建筑设计分析

该6号楼的建筑外观应该是老房子保留下来再重新改建的。建筑基本保持了原有的外观，建筑结构为原木结合砖混结构。其屋顶进行了维护处理，并铺设茅草屋面，体现出一种与众不同的淳朴的乡村感及原生态的温情。另外，墙面也进行了重新粉刷，墙面上保持着浙北黄泥土墙的淳朴，兼容法国南部的乡村自然气息。在建筑立面设计上，一层涂料墙面局部外露粗犷的夯土墙体，与5号楼有异曲同工之妙；二层蓝色墙面的处理方式与普通农村的传统民宅做法迥异。总之，如果你不注意它，或许你会认为它就是乡村中某处普通的民居；但是如果你仔细观察它和走进它的内部，就会发现它有许多不一样的细节，给你带来无比的震撼感。

除了上述"在地性"的建筑设计理念，6号楼很着重强调的是"有机环保"的理念。就是说，几乎所有的建筑材料均来自老材料市场，做旧的概念贯彻始终。每一处装饰，包括建筑的木结构框架，都是出自当地木匠的传统手工。应该说，这些老旧材料从离开故土再回到故土，从废旧到重焕生命，材料的意义得到新的诠释，新旧材料的融合给人惊艳无比的美感。

该建筑与周边民宅似像非像的立面，前景是一片农田，游人强烈地体验到"在地性"

二、室内设计分析

6号楼的室内设计基本上采用了开放式的厨房、餐厅、酒吧及客厅布局。其装修的风格给人感觉很舒适，用原木、沙发、布艺、灯饰、艺术品等多种元素来装饰整个空间，使之有种乡村和都市相互融合的效果。该室内因为6号楼的周边三面都是农舍，因此窗格故意缩小处理，在保持基本采光的前提下，营造出一种幽深的宁静感。一层客厅中设有用当地的黄泥做成的壁炉，

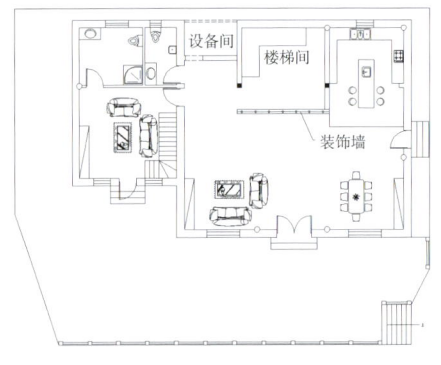

一层平面图　　　　　　　二层平面图

浑然有致，比较有特色。而它的客房区域也很有特色，如客房外围用石头砌出了一个SPA温泉泡池。总之，6号楼从外表上看是一个很中国乡村的茅草屋，但到了室内以后就发现完全是欧洲乡村的情调，给游客留下很深刻的印象。

一层从入口进来看到的客厅与餐厅

一层入口处的对景夯土墙及特色小品

一层餐厅的就餐区，后面是酒吧吧台、座椅及简餐厨房

背景墙体为乡村夯土墙结合砖块形成的线条，墙上悬挂着猎枪作为艺术品。前景是北欧风格的矮柜和高椅，矮柜上摆放陶罐花艺。整体调性是土洋混搭，也颇有意蕴

以上三幅图片都展示了异域风情饰物（如台灯、沙发）与山乡传统摆件（搪瓷杯、小方桌、六边形椅子）的混搭，给人感觉很小资、时尚与创意

客房内部的大床非常舒适，四周有蚊帐围合，顶部可以看木质屋顶　　卫生间体量很大，干湿分离

客房外围用石头砌出了一个 SPA 温泉泡池

客房外围的原木廊道,上方覆盖玻璃顶防雨防雪

客房内部的大床是整个空间的核心,舒适度及艺术性在此集中展示(拍摄者:俞昌斌)

三、景观设计分析

它周边的景观环境很好,正面就对着一片农田。游人走过农田的田埂,上几步台阶进入这个院子,站在院子里可以回望整个农田,乡村的美景全部收入眼帘。而且,从院门的小小细节就可以看出设计师的良苦用心,他把当地乡村的刀、铲子、耙子等农业工具都钉在门上,极富创意。庭院地面的青砖也是用当地的黄泥打出的,润泽清雅,使6号楼十分接地气。而庭院的围墙是用当地小溪底部的鹅卵石筑就而成的,亲和力极强。当前,这种原始石料已经越来越少了,保护当地的乡土资源迫在眉睫。

内院的座椅、秋千以及摆放的盆花,很温馨舒适

院子保留了原有农家小院的格局,硬质铺装,摆两把小凳子,堆一些壁炉烧火的木材
(拍摄者:俞昌斌)

把当地乡村的刀、铲子、耙子等农业工具都钉在院门上,作为装饰(拍摄者:俞昌斌)

翠域·7号楼

幽静的山谷之中,建筑沿着坡道而上,周边竹林随风摇曳,展示现代性与艺术性

一、建筑设计分析

7号楼的建筑设计师与5号楼一致,同为Genco Berk。该建筑是砖混结构,风格是折衷主义欧式混搭风格。该楼是建在山坡上的四层建筑物,由于周边没有植物遮挡,所以感觉该楼类似城市里的公寓楼,鹤立鸡群,有点突兀。该建筑的立面是用米黄色涂料,局部结合木格栅,并在每个房间的阳台用玻璃作为围挡栏杆,增加了现代感,但也造成了一定的安全隐患。底部的一层是建在坡道边缘,墙面是采用灰色的毛石砌筑,局部为玻璃门窗,这也造成了整体建筑立面有些上下脱节。但是,该建筑底层运用和斜坡相同的天然石材,使这个建在斜坡上的三层楼房从视觉上看变得稍稍矮一些,从而使人沿斜坡走向房屋时更有亲近感。

立面图

二、室内设计分析

7号楼的室内很有特色,基本上与5号楼是一脉相承的,它的室内布局尊重建筑结构,使用法式落地窗,增加窗的面积,使屋内更加明亮透光。而双层玻璃达到保温节能的效果。地面采用当地的旧木料,充满岁月肌理的老木头既为室内增添了温暖感,又减少了运输上的能耗。特别是它室内软装的感觉，如墙纸的效果和空间感觉都比较统一。它里面有一些特色的小房间，如儿童活动室等，让人感觉有一些欧洲乡村的调子，特别有意思。还有它度假的空间感觉比5号楼更加全面。它的厨房与会客空间等，给客人更多的设计感，相对比较西式现代。

以下是公共空间的图片：

餐厅的壁纸装饰很有现代感，其抽油烟机具有时尚感和艺术性

餐厅空间简洁、现代、干净，具有极简主义的美感。两边黑色的落地玻璃门窗、侧面红砖墙体、地面的旧木地板与顶部红色涂料墙面，共同构成特色的空间效果

休息室用黑色边框的落地玻璃窗分隔空间，家具颇有欧洲产品的工业感

两侧用黑色边框的落地玻璃窗围合的廊道，随时可以把玻璃窗打开，成为共享空间

建筑室内通过白色墙体、老旧木地板、黑色边框的落地玻璃窗、黑色皮质沙发及木质楼梯踏步等共同塑造出与众不同的乡村民宿空间

楼梯的设计十分特别：侧面裸露红砖墙体，顶部为木隔板作为扶手，与周边光滑干净的白色粉刷墙体形成鲜明的对比反差

用白墙、红砖墙、橙色的屋顶及老旧木板铺设的地面，共同形成简洁大气的餐厅空间，家具现代、舒适

以下是客房空间的图片：

客房的细节如床头柜、阅读灯、台灯、镜子、柜子、座椅、沙发、圆桌等，给游客带来特别的体验

大床背后的特色图案（拍摄者：俞昌斌）

客房很舒适的公共空间

客房中的大卫生间，白色的洁具搭配黄色图案的壁纸感觉很时尚，而大落地窗外的竹林景观则成为躺在浴缸中欣赏的风景

三、景观设计分析

本楼与8号楼共同使用一个入口小院,小院采用白砂铺地结合汀步石,布局十分简洁清爽。由于本楼前部是毛石砌筑的坡道,所以楼前没有景观空间。本楼后面就是一大片竹林山坡,所以从客房内可以观赏竹林风景,这也是巧妙的借景设计。

翠域·8号楼

一、建筑设计分析

8号楼原来的老房子年代久远,土墙坍塌岌岌可危,于是整体老房子推倒重建,采用更坚固、更节能降耗的钢混框架结构(屋面为木结构),使之重获新生。该楼的建筑设计团队为余味设计工作室,建筑框架设计团队为张敏琪团队。

该楼有三层高,在莫干山的乡村民宅中是属于体量比较大的了,但是由于它躲在7号楼的内侧,又被掩映于一大片竹林之中,故而给人精致小巧的感觉。该建筑设计最有特色之处是各层巨大的露台,这些大露台都是木板铺设而成的,并放置阳伞,成为各客房的游客相互交流的场所,以及观赏周边风景的绝佳场地。建筑师希望将室内和室外衔接得更有层次与乐趣,游客可以更近距离地亲近自然。

二、室内设计分析

8号楼的复式客房很大气,客房中间有一个很大的共享空间,二层是厨房、餐桌、客厅及影音娱乐空间,一层则是住宿的客房,整体空间很舒服,公共交通动线也并不会对客房的私密性产生干扰。一般来说,一层公共的起居空间、二层私密的客房空间是常规思路。本楼反其道而行之,将此两大功

鸟瞰森林围绕的8号楼，现代中国风＋借景周边竹林溪流

能对调。由于本楼的地理位置深藏在竹林山脉之中，二层无论是采光通风还是户外环境视觉效果都远优于一层。所以，设计师的意图是希望把最好的风景留给大家共享欢乐的大厅，而不是各自待在客房的床上。

　　本项目的室内设计，无处不体现中式风格的含蓄和优雅。黑白灰与原木材质的碰撞，又不失现代风格的清新与舒适。住在里面你会觉得像住在现代奢华的大都市一样，但是你走出建筑之后所看到的环境却是中国乡村的环境。这种强烈的对比反差或许就是民宿主人与设计师希望游客来体验的吧。

一层平面图

二层平面图

客房入口处，体现现代中式风格

大气的公共空间，沙发区及厨房就餐区分区明确，格调温馨，而顶部黑色灯具极富现代感

客房床品及装饰品十分高雅，白色与木色搭配，很有现代中国风

客房的洗浴设施，配置高雅奢华

特色摆件展现当代中式风格

三、景观设计分析

8号楼的景观营造，实际上就是不自己创造景观，而是用周边的自然环境来借景。它的周边被一整片竹林所围绕，所以设计师在室内的走廊、楼梯间巧妙地设计了许多不同手法的玻璃窗，有方形的具有工业感的，也有圆形的

从周围的竹林之中远眺 8 号楼的白色建筑

中式花窗,从不同的玻璃窗中看到竹林飘逸摇曳的效果,让人回味人与自然融合的意境、中式园林源远流长的精神。比较有趣的是,其二层靠山林的位置设计了一个露天泡池,这在三面被森林环抱的环境更私密,让客人在户外充分享受裸泡乐趣的同时,也保证了私密性。另外,它二层、三层都有大的木质露台,大家可以一起坐在露台上看下方潺潺流淌的溪流,听哗啦啦的水声,游人的心情会慢慢地沉静下来,这种景观空间的体验才是城市客人所追求的乡村民宿的感觉。

在大露台上布置阳伞和座椅,坐在室外,一抬手就能摸到竹林的树枝,这是游人最向往的山乡体验

透过建筑物的圆形花窗,可以看到窗外的竹枝随风摇曳

翠域价值点分析

一		建筑设计类
1	建筑外形(新风格、传统风格、洋楼风格等)	除了6号楼是乡村传统风格,其余都是新的现代主义建筑风格
2	是否是历史保护建筑?是推掉重新修建,还是在原来基础上改建?	基本上是在原有建筑上改建,甚至重建
3	民宿建筑的风格,地域性特色风格(如云南丽江、大理等纳西族风格等)	现代主义+乡土材料的多样性
4	建筑层数(是1层,还是3层,还是7~8层高楼?)	基本为3层小楼,6号楼是2层小楼
5	建筑外立面使用的材料(木头、玻璃、铁艺、钢结构等)	白色涂料墙面、玻璃、木条、钢结构、毛石挡墙材料
6	特色建筑亮度、爆点(设计的重要性?有设计与没有设计的区别?)	老旧建筑材料与新建筑形式的多种使用

(续)

二	室内设计类	
●	公共空间的室内设计：材质、风格、面积大小、使用功能、分区、配置设施	
7	接待（CHECK-IN）区域的室内设计	一层入口处的沙发作为接待区域，依靠网上预订系统
8	餐饮区域——餐厅、厨房、酒吧、备餐区域	四个楼的一层都基本作为餐厅使用，可摆3~4桌（长方桌或圆桌）
9	娱乐活动区域——棋牌室、KTV室、球类运动室等区域	不同的客房楼有不同配置，如7号楼的儿童活动室比较有新意
●	客房的室内设计	
10	客房的面积大小、功能布局、舒适度情况、室内设计风格、地域性特色风格	客房有多种类型，从小到大都有，价格也差距较大，室内风格多样，讲究现代材料与当地材料的混搭
11	床品（床垫舒适度、被子舒适度），床的大小：大床还是双床标间？	床品舒适度高，大多数房间为大床房
12	卫浴房间的大小？是否有干湿分离？	卫浴房间适中，基本做到干湿分离
13	洗浴设施（毛巾、冲淋洗浴品牌，如科勒或TOTO的水龙头、浴缸等）	毛巾品质好，洗浴设施较高级，设有淋浴房，大房型还有浴缸
14	按摩浴缸（放在户外观赏景观的浴缸，甚至考虑温泉接入）	有豪华的浴缸，很多房型是在浴缸边有大落地窗，可以看到外面的树林和山脉的风景
15	电器配置（电视机、电吹风等）	客房中电吹风等电器都有配置，但没有电视
16	部分提供自助厨房服务的配置，简易冷餐还是火炉可以做饭做菜的厨房设施？	除了5号楼没有厨房外，其余几栋楼都可以供游客自助烹饪设施
17	入户门及门把手铁艺、房间门等工艺做法	常规做法，略带有莫干山地域风格
18	窗户外是否有对景、借景？是否在窗下有沙发供人往外看？	客房透过大型的落地玻璃窗户可以看见对面的山脉和乡村民居
19	是否有阳台？从阳台上往外看的视线效果和视野感觉如何？	不同楼有不同特色，大部分二层都有阳台可观赏远景，8号楼的大露台可以近距离观赏竹林
20	屋顶做法？是否层高足够高？有否阁楼？是否是2层复式小楼？	除了6号楼是坡屋顶之外，其余都是3层平顶，没有阁楼
21	客房室内是否考虑壁炉？是否满足冬季保暖的体验需要？	6号楼的客厅安装了壁炉，其他楼没有安装
22	工艺品的使用（如艺术画、藤艺、竹编等，提升品位和气氛）	大多数房间内没有工艺品，室内体现设计感
23	儿童床（高低床、加床的）	部分大房间配置了儿童床，平时作为沙发使用
24	消防、安保设施的布置	大多数房间配置了灭火器
25	特色室内亮点、爆点（室内与众不同之处）	现代材料与莫干山地域材料的混搭，很时尚也很乡土

(续)

三		景观设计类	
26	花园面积大小与效果		基本没有花园，在建筑物入口处有略小的庭院
27	花园的地域性风格（地域特点、长处）		建筑物入口处的庭院基本是堆放柴火、烧烤架，放几把座椅看看农田，是比较乡村生活化的场景
28	植物配置状况(一年四季有各种果树开花结果)		基本庭院里没有种树，以白砂池为主
29	游泳池区域是否是无边泳池？（有几个游泳池？室内还是室外？大人池和儿童池如何划分？）		没有游泳池
30	餐饮、酒吧区域的景观环境		餐饮、酒吧的区域基本在一层室内，可通过建筑的门窗看到外面的庭院、竹林或农田
31	周边整体区域的资源：（能看到什么与众不同的风景？是否能看见名山大川、农田、梯田、大湖等不同的风景。如何利用周边环境来借景？有哪些自然与文化方面的影响力？）		5、7、8号楼都被大山、竹林所包围，6号楼可以看到楼前一片农田
32	地域性小品、艺术品、古董、雕塑的使用		现代主义的欧洲室内家具与莫干山地域性工艺品（如竹编、柴草堆等）融合使用
33	草坪区观景、婚礼教堂、鲜花布置典礼		没有
34	室外跳舞、烧烤、各种活动聚会的区域		各楼的公共客厅及建筑入口处的庭院
35	户外电影，给人更多晚上的活动和消费		有户外电影等活动
36	自然生态的景观设计＋景观软装装饰效果		乡土风格的毛石挡墙＋木质躺椅、阳伞、沙发等景观软装元素
37	景观所用的材料、细部与空间营造		乡土材料，细部简洁现代，空间偏酒店体验为主，以人为本
38	特色景观亮点、爆点（景观与建筑、室内的关系）		没有景观的空间，但是通过对周边竹林及山脉的借景，大大提升其民宿的景观环境及游客旅居的体验效果
四		其他类	
39	民宿主人的职业经历、背景、目标、情怀		金融背景人士，国际化投资团队
40	大致投入的成本及盈利状况		已大致投入约1600万元，计划5年后收回成本
41	经营理念及特色		国际化的投资团队及设计团队，要建成"山村里的万国洋家乐村"
42	营销宣传方式及口号		网络营销，如微信朋友圈等
43	普通客房的大致价格		客房每间约1280元，整栋楼约6080元
44	提供与众不同的美食、活动等特色体验		土鸡、河鲜、山鲜等美食，聚会、烧烤、观星等活动

与民宿主理人邓雁升的问与答

1. 你做这个民宿的目标和愿景是什么？你为什么做民宿？你的情怀是什么？

答：做这个民宿是想打造一个有翠域特色，能让翠域成为不仅在莫干山知名及至全国甚至全世界知名的民宿品牌。一开始想做民宿是因为遇到了莫干山这个风景和气候非常宜人的地方，想民宿建成之后能在这边休养。情怀是让都市人在翠域找到乡村里的家。

2. 请用一句话来说明，你的民宿主题是什么？再各自用一句话来说明，你的民宿在建筑设计、室内设计及景观设计三个方面各有什么亮点？

答：主题是打造一个在莫干山的小万国建筑别墅群。建筑设计上大部分是旧房改造，很好地保留了老房子原有的形态和当地元素；室内设计部分大胆开放，引用更多的现代元素，有巨大的落地玻璃窗，通透开放的空间，让人感觉处于室内也融于自然；景观设计方面我们牺牲了建筑面积，在地势较高的地方做了一个巨大的观景露台，并设置了温泉泡池、BBQ区域等，让来翠域木竹坞的人能够在这里舒服地栖息。

3. 如何在中国（甚至世界范围）推广你的民宿？

答：依托莫干山享负盛名的地位以及近年来高速发展的民宿态势，借势走向世界，力争像我国台湾地区的、日本的民宿一样能有自己的一席之地。

4. 你的民宿如何来盈利？如果现在不盈利，你预计多久会盈利？如果一直都无法盈利，你有新的计划吗？

答：目前是盈利状态。

5. 你如何经营你的民宿？在经营过程中，你遇到哪些问题并如何去克服？比如说有哪些个性化的问题？

答：我们采用亲情管理，员工之间没有明显的阶级化，大家和睦共处，一同完成客户服务；遇到的问题太多，无法一一详述。

基本信息：

地址：浙江省湖州市筏头乡木竹坞村

网站：www.muzhuwu.cn

法国山居的整体鸟瞰

法国山居是一个法国人投资的，他在上海长期从事旅游业方面的工作，所以他原本希望在莫干山修建一个自己度假生活及邀请朋友聚会的场所。后来法国山居的名气越来越大，其经营策略基本定位在吸引上海及江浙一带金字塔塔尖的、有留洋背景的、资金雄厚又喜欢乡村的一批人。该乡村民宿的经营模式有点类似LV、Hermes等法国奢侈品品牌。

法国山居的口碑、品牌、美誉度高，吸引上海、江浙小资人群前来消费度假，并通过口口相传，形成口碑爆发式传播，达到了极好的营销效果。但是，由于该乡村民宿的价格过于昂贵，也很少做营销宣传，其收入及盈利的真实数据并不透明，所以难于判断其经营状况。

法国山居十年前（约2006年）租借该山谷竹林地约为300元/亩，当前为1000元/亩，盖一栋楼的成本大概40万~50万元。客房早期以接待法国主人的朋友、外企的外国员工为主，现在主要接待中国各地的高端游客。法国山居的价格是莫干山最贵的，甚至高于裸心谷。

法国山居的建筑非常大气，地段也不错，山中茶园之内深藏着几栋小楼，共40间客房，每间售价是人均3000多元，春节价格是人均4000多（含早晚两餐）。比如说，情侣2人住一间，就是8000多元。要是一家三口（带一个小孩），小孩可以加床，但也要加1000多元。这个价格远超城市级的五星级酒店，是非常昂贵的高端消费。这40间客房大概有70多名管理人员（包括打扫房间的阿姨，多为本村村民）。

春节期间游人爆满，特别是下雪的季节，客房一间难求

一、建筑设计分析

法国山居整体的建筑格局是精心设计过的，空间布置得疏密有致，非常精彩。该建筑的形体看似由老院落修复而成，而实际上这些建筑全部是重新建造的。它的建筑表面进行做旧处理，室外景观通过挖水池、种植大树，同时借景周边山谷的茶园和竹林，使得整体环境幽静、高雅。

山顶新修建一栋小楼，计划装修成几间客房及活动室，外面有小型的游泳池。从山顶俯瞰山下的茶园，茶园旁边则为一大片竹林，竹叶随风摇曳，风景非常秀美。

法国山居的建筑融于山谷景观，特别是在白色的雪景中，建筑物几乎看不见，与自然融为一个整体

沿着两侧的茶田所夹住的一条小路往上走，同时仰望山顶新建的小楼

山顶小楼的外侧有一圈木平台,周边被茶园所包围

木平台中设置了嵌入式的小型戏水池

从木平台走下山要注意安全,可手扶浅灰色的铁艺栏杆

　　法国山居的一栋客房楼的外围有一个大水池,水池中养殖锦鲤。水池正对着那栋小楼,小楼的立面倒影于水中。该楼看似老建筑改造,实际上是新建筑做旧处理。这一排每一间客房的阳台都可以观赏水池的风景,阳台之间用竹篱笆分隔,可以互相打开,很方便沟通,这一排可以是4家一起来玩的朋友住宿。

第四章 莫干山之乡村民宿实践范本

看似老建筑改造而成的客房楼,非常优雅舒适

安静而干净的景观水池中养殖锦鲤

阳台用竹篱笆分隔,方便打开使不同客房的朋友沟通交流

二、室内设计分析

该乡村民宿的室内装修奢华大气,一看就不是普通民宿的格调,更像精品度假酒店或私人会所。外观看是普通乡村小屋,但是走进去就如同欧式宫殿般奢华,并用一些东方的小物件与西方的物件混搭,可见设计师功力深厚,开发者财力雄厚,两者相结合展现出莫干山乡村民宿的价值与品位。总之,法国山居与裸心谷可并称为"莫干山洋家乐"的两大奢侈品牌。

法国山居的餐厅面积较大，可以容纳许多人吃饭。餐厅外正对着一个长方形的游泳池，池边有桌椅和廊亭休息区。旁边还有两个小房子，内部为私洽区及交流活动区。

　　客房内部的室内设计典雅简洁，从其床品、卫浴、窗帘等细节就可以看出来。

公共餐厅的面积较大，家具的色调以白色桌角搭配木色台面，屋面和门窗是白色的，柱子上部是浅咖啡色、下部是深褐色的，与木色台面相呼应。墙面摆设一些绘画作品，顶部的吊灯十分法式

会客厅一角的意境十分有趣：四个皮质沙发椅围合一个经典欧式又略显乡村风格的茶几，背景墙上摆放一幅中西合璧的莫干山居图篆书书法及用欧式绘画手法所绘制的莫干山地形图

大堂入口处的经典欧式黑色茶几上摆放中式花瓶，侧面则是红酒酒柜，整体气氛和谐，体现了法国文化与中国乡村文化的融合

墙面悬挂的莫干山老照片与欧式台灯及花器，典雅简朴

中式黑色陶罐与欧式门窗及壁柜的融合，让空间的色彩有轻重分明的层次

在其大堂中有个销售莫干山工艺品的房间，里面大多数工艺品都是竹编或藤编的收纳小物件，风格非常乡土而精致

卫生间干湿分离,有两个洗手盆,两套洗浴设施,配置的洗发水、沐浴露等属于高端品牌

卫生间配置豪华浴缸,但是大多数中国人更常用淋浴设备。卫生间地面材料为防滑砖,但是色彩比较花哨。墙面比较简洁,以挂毛巾为主

床为两张单人床拼起来的双人床,被子较为舒适,房间内还摆放一张单人床,供儿童睡觉使用,平时作为沙发使用

房间中摆放电视、特色木质橱柜、茶几、皮质座椅、暖气片及画框,复古造型的白色百叶窗是比较有特色的

三、景观设计分析

法国山居的周边环境优雅,有茶园、山谷、起伏的山脉、树林(特别是一大片竹林)等用来借景。而且,他们开挖了一处水塘,并在餐厅附近新建了室外恒温游泳池,使得度假氛围更加舒适奢华。

法国山居占据了一整座山谷。山谷的外侧是一大片茶田,周边的山脉种满竹林,站在山顶俯瞰整个山庄,山峦起伏,心旷神怡。现在在周边山坡地上种玫瑰等花卉,还有其他药材及食材,形成一片五彩缤纷的景观。冬季雪景也非常美丽,特别是春节期间满山飘雪,这时候住在法国山居来欣赏莫干山雪景的游客特别多。

室外恒温泳池在餐厅外侧,与之互相借景与对景,其格调干净、简洁。泳池周边布置休息躺椅及阳伞,其尽头为室外吧台

泳池的一侧为一个坡顶的小建筑物,内部布置为小型会议、休息、交流的场所。建筑颇为中式,但是室内顶部的吊灯十分法式

泳池和建筑物之间有个外廊,游人可以坐在此处的小桌或沙发处喝咖啡、晒太阳,并与泳池的朋友互动交流

春夏季节的周边山谷、茶田与竹林,背景是起伏的远山

冬季莫干山下雪,银装素裹,一幅白色的山乡森林美景

法国山居价值点分析

一	建筑设计类	
1	建筑外形（新风格、传统风格、洋楼风格等）	中国山乡莫干山地区的传统风格
2	是否是历史保护建筑？是推掉重新修建，还是在原来基础上改建？	不是历史保护建筑，是推掉老房子，重新修建新建筑
3	民宿建筑的风格，地域性特色风格（如云南丽江、大理等纳西族风格等）	莫干山地区的传统建筑风格
4	建筑层数（是1层，还是3层，还是7~8层高楼？）	基本为2层小楼，主楼为3层
5	建筑外立面使用的材料（木头、玻璃、铁艺、钢结构等）	白色及黄色涂料墙面
6	特色建筑亮度、爆点（设计的重要性？有设计与没有设计的区别？）	与周边山谷巧妙地融为一体
二	室内设计类	
●	公共空间的室内设计：材质、风格、面积大小、使用功能、分区、配置设施	
7	接待（CHECK-IN）区域的室内设计	法式风格与中国乡土地域性风格相结合
8	餐饮区域——餐厅、厨房、酒吧、备餐区域	大气、优雅、奢华的就餐氛围
9	娱乐活动区域——棋牌室、KTV室、球类运动室等区域	舒适的活动区域
●	客房的室内设计	
10	客房的面积大小、功能布局、舒适度情况、室内设计风格、地域性特色风格	客房面积较大，功能布局合理，舒适度高，风格比较简洁大气
11	床品（床垫舒适度、被子舒适度），床的大小；大床还是双床标间？	床品舒适度高，大多数房间是双床拼成大床
12	卫浴房间的大小？是否有干湿分离？	卫浴房间很大，有干湿分离
13	洗浴设施（毛巾、冲淋洗浴品牌，如科勒水龙头、浴缸等）	毛巾品质好，洗浴设施为TOTO，浴缸很舒适，设有淋浴器，但某些客房没有用玻璃房把淋浴器围合起来，使用的时候水溅了一地
14	按摩浴缸（放在户外观赏景观的浴缸，甚至考虑温泉接入）	大多数房间配置特色的浴缸，外形非常漂亮考究

(续)

		室内设计类	
二	15	电器配置（电视机、电吹风等）	电视机等电器都有配置
	16	部分提供自助厨房服务的配置，简易冷餐还是火炉可以做饭做菜的厨房设施？	房间内没有提供自助厨房设施
	17	入户门及门把手铁艺、房间门等工艺做法	常规做法
	18	窗户外是否有对景、借景？是否在窗下有沙发供人往外看？	大多数房间透过窗户可以看见茶园或竹林
	19	是否有阳台？从阳台上往外看的视线效果和视野感觉如何？	靠湖边的客房有大阳台，并且几个房间的阳台可以打通
	20	屋顶做法？是否层高足够高？有否阁楼？是否是2层复式小楼？	二层客房的空间比较高，基本没有做阁楼
	21	客房室内是否考虑壁炉？是否满足冬季保暖的体验需要？	大多数客房中安装有暖气片
	22	工艺品的使用（如艺术画、藤艺、竹编等，提升品位和气氛）	大多数房间内有艺术画展示，还配合比较有艺术感的台灯、座椅作为装饰
	23	儿童床（高低床、加床的）	大多数房间配置了儿童床，平时作为沙发使用
	24	消防、安保设施的布置	大多数房间配置了灭火器
	25	特色室内亮点、爆点（室内与众不同之处）	客房比较舒适，但整体而言比较简洁、平淡
三		景观设计类	
	26	花园面积大小与效果	整座山谷成为本山居的花园，面积巨大，效果极佳
	27	花园的地域性风格（地域特点、长处）	山谷中的茶园和竹林，以及起伏的山脉是整个山居最美的风景
	28	植物配置状况（一年四季有各种果树开花结果）	梅树、海棠、樱花、法国梧桐、香樟、竹林、桂花、茶田等
	29	游泳池区域是否是无边泳池？（有几个游泳池？室内还是室外？大人池和儿童池如何划分？）	一个室外恒温泳池，山顶有一个小型的儿童泡泡池
	30	餐饮、酒吧区域的景观环境	餐饮、酒吧与泳池结合在一起，非常优美舒适，也是一大亮点
	31	周边整体区域的资源：（能看到什么与众不同的风景？是否能看见名山大川、农田、梯田、大湖等不同的风景。如何利用周边环境来借景？哪些自然与文化方面的影响力？）	整个山谷、茶园、竹林、起伏的山脉，都是该山居的借景，这种自然的特色大大提升其旅游体验

(续)

三		景观设计类	
32	地域性小品、艺术品、古董、雕塑的使用		法式风格的景观小品与地域性工艺品融合使用
33	草坪区观景、婚礼教堂、鲜花布置典礼		无
34	室外跳舞、烧烤、各种活动聚会的区域		室外游泳池区域及山顶平台区域
35	户外电影，给人更多晚上的活动和消费		无
36	自然生态的景观设计＋景观软装装饰效果		乡土风格的毛石挡墙＋木质躺椅、阳伞、白色沙发靠垫等景观软装元素
37	景观所用的材料、细部与空间营造		乡土材料，细部简洁现代，空间偏酒店体验为主，以人为本
38	特色景观亮点、爆点（景观与建筑、室内的关系）		周边山谷、茶园、竹林等自然环境是本山居最大的亮点和爆点
四		其他类	
39	民宿主人的职业经历、背景、目标、情怀		有五星级酒店集团经营经历的法国人
40	大致投入的成本及盈利状况		投入成本及盈利状况不详
41	经营理念及特色		将莫干山的地域风格与法国风情相融合
42	营销宣传方式及口号		口碑营销＋网络营销，如微信朋友圈等
43	普通客房的大致价格		客房按入住人员来计算，每人3000~4000元
44	提供的美食、活动等不同体验		法式大餐等西式美食，各种公司团队建设、聚会、烧烤等活动

基本信息：

地址：浙江省湖州市德清县莫干山镇紫岭村，德清县莫干山里茶园旅游开发有限公司

网址：www.lepassagemoganshan.com.cn

DNA3 用乡建理想变革乡村（设计师民宿1）
——大乐之野○、原舍○。

  这种类型的民宿主人是怀着乡建的理想而来到莫干山的，他们人生的意义和价值就是要来变革乡村，要干一番复兴乡村的大事业的。他们可能是建筑师、城市规划师、景观师等设计师，他们有理想，有情怀，有设计与建造的能力，有可持续经营的盈利实力，最重要的是他们有着强大的执行力，想到就马上去做。

  大乐之野和原舍这两个民宿的主人都是笔者的朋友，大乐之野的创始人吉晓祥和杨默涵是笔者同济大学城市规划系的校友，而原舍的创始人朱胜萱则是笔者认识已久的同行。他们面对如今日益凋敝的乡村，决定通过乡村民宿的理念与实践来复苏乡村土地的记忆，并带给人们回归乡村的生活体验，用乡建理想来变革乡村。他们复兴乡村集市，植入文化元素，提升田园景观空间，促成城乡互动发展，促进乡村文化与经济演进。

  他们把乡建作为事业，也希望把自己在莫干山的经验传授给更多的人，这是他们成立莫干山民宿学院的初衷。他们不断地吸引景观师、建筑师、工研艺术匠人、文化创意人、城市农耕践行者、绿色生活倡导人、绿色幼教工作者、社会公益人士和乡村休闲研究学者等各行各业对乡村有热情的人，把莫干山的乡村民宿变成了乡村的交流平台和建设平台。

  这种类型的设计师行动派真正用他们的行动来建设乡村民宿，真正在用体验设计唤醒乡土中国。

 ○ 大乐之野部分照片由俞昌斌拍摄，其余未署名照片为大乐之野提供。
 ○ 原舍的部分照片由俞昌斌拍摄，其余未署名照片为原舍提供。部分文字为原舍及周凌建筑师团队提供。

大乐之野给游客独一无二的山乡旅居体验

《山海经》中记载,上古传说的"大乐之野"是一片极为繁华的广袤地区,那里森林密布,山水秀美。后因上古众神争夺神位,在大乐之野展开血战。天帝一怒之下,将此地封闭,从此再无人能进入这片极乐之地。故后人称"大乐之野"为被遗忘的美好之地。该乡村民宿引用"大乐之野"作为名字,是为了让人们在匆忙赶路的过程中,不要遗忘身旁美好的地方,要停下脚步,仔细享受生活的美好。

从空中鸟瞰,大乐之野一号楼的雪景,与山村、树林融为一体

本乡村民宿的两位创始人吉晓祥和杨默涵是同济大学城市规划系的同学兼驴友。大学毕业之后,杨默涵去了加拿大,把北美玩了个遍;吉晓祥则留在了上海浦东规划院,把国内玩了个遍。他们俩玩得多了,就想自己开一间民宿,实现他们在乡村民宿方面的想法。于是,他们开始寻找合适的出发点。2013年元旦,他们两人来到了位于浙江莫干山的碧坞村。那天下着雪,正好而立之年的他们俩站在一间旧浙北民居的露台上,望着对面满山的白雪,第一感觉:"对了,就是这里了!"

他们俩马上把这栋房子租了下来,它成了大乐之野乡村民宿的一号楼。时至今日,他们已经在碧坞村翻修或新建了6栋民宿,共19间客房,其中包括一栋开放式餐厅(WILDS BAR & RESTAURANT)及一间咖啡馆(LOST CAFE)。大乐之野所在的莫干山碧坞村掩映在山林竹海之间,中间有一条小溪穿过。早上醒来或夜晚入睡前,这里安静得只能听到鸟鸣声和溪流声。民宿的每一栋楼基本都由四间客房组成,内部自用客厅、餐厅、厨房等设施也一应俱全,每栋配备一位服务管家,为每一位来访的朋友提供独一无二的山乡旅居体验。总之,他们希望通过自己在建筑设计和工程施工方面的专业优势,把一些美好的旅行及住宿体验在这里分享给他人,这是他们不断涌现的设计灵感和为之奋斗的情怀。

大乐之野周边的山村环境——莫干山镇仙潭村碧坞龙潭景区内(拍摄者:俞昌斌)

一号楼

(2013年底建成开业)

从大草坪看大乐之野一号楼的建筑立面

一、建筑设计分析

大乐之野在保留老建筑原先结构的基础上进行了改建,在材质和色彩的搭配上十分简洁,建筑立面设计上运用玻璃、木条、白色粉墙等材料,给游人一种自然洒脱的感觉,与莫干山的安宁氛围融为一体。

在整个乡村民宿设计与建造的过程中,大量使用了当地旧屋拆除下来的原材料,建筑外立面主要使用的材料为旧木料、旧砖以及旧的小瓦,达到修旧如旧、融于环境的设计特色。他们尽可能保留原建筑的石材基础与毛石墙面,并在局部节点凸显当地原材料的特性,这是本民宿建筑设计的特色。

该墙体结构全部是重新做的砖混结构,并特意加了钢结构进行局部支撑,原有木梁柱仅保留作为观赏。其建筑屋顶也都重新翻修过了,顶上的瓦片都换成了新买的小瓦,包括屋顶的防水保温。地面铺装的木板也都重新排过。

新加建的钢结构与原有的白墙立面相结合

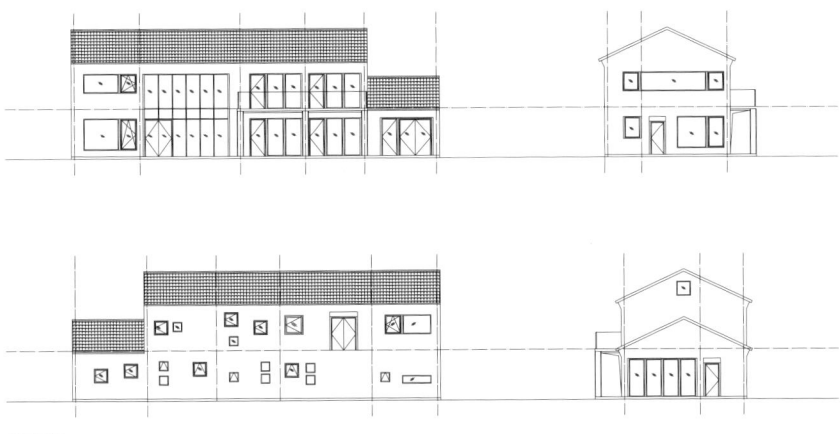

立面图

二、室内设计分析

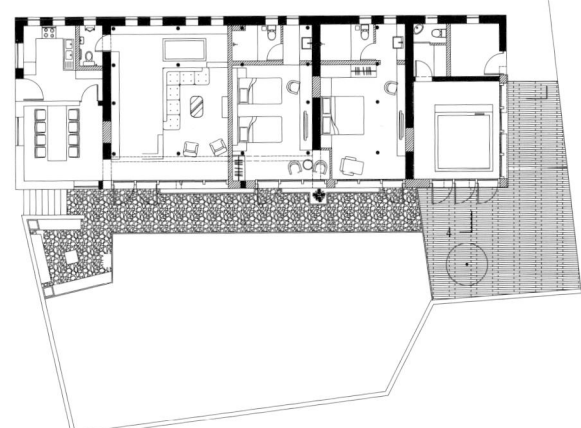

一层平面图

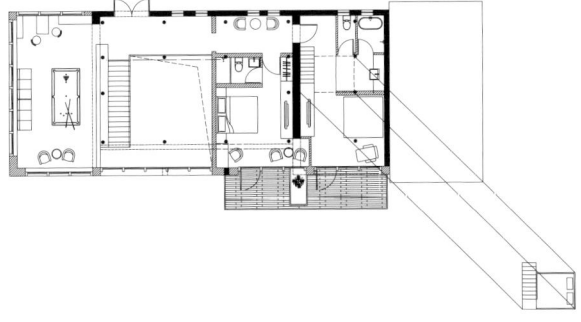

二层平面图

一号楼客厅

一号楼中的一间复式客房

  该乡村民宿的室内设计使用了水泥墙、白色粉墙、裸露的木梁、木质家具等材料，都给人一种轻松惬意的感觉。在施工过程中，他们在当地的旧木市场采购旧木地板作为民宿的主要材料，将旧木地板使用到屋顶、楼面、花园步道等各种可以利用的地方，原房屋的木结构完全保留。比如，该民宿内部的木构架屋顶基本是全部保留下来的，但实际上仅起到装饰作用，而不承重。建筑室内全部重新做了混凝土圈梁。又如，客房里面隔出两层的空间，有一个沙发可以变成给小孩睡觉的沙发床。阁楼上面有一个主卧的大床，用麻绳绑出来，好像床是吊起来的一样。还有，一层到二层的楼梯旁边建造了一大排书架，这也是民宿主人希望做一个乡村图书馆的心愿在此处的表达。总之，通过这些细部，都可以看出这是一个具有设计感和品质感的室内设计。

另外，该民宿的客厅之中比较有特色的是一个巨大的壁炉。因为江浙一带的冬天非常潮湿阴冷，如果没有壁炉或很好的保暖设施，住在里面是很难受的。所以，该民宿主人测算了需要多长的排烟管道，花了两万多元打造了真正可以烧木材的壁炉。这个壁炉选用了一个进口的牌子，嵌在白色的墙体里面，很有特色，客户也觉得很舒适。可以看出来，这个成本还是非常值得花的，它赢得了游客的赞誉。

上面两张照片表现出客房阁楼布置大床的细节，吊绳仅作为装饰使用（拍摄者：俞昌斌）

对原有木结构的保留（拍摄者：俞昌斌）

新的砖混结构与原有木结构的并置（拍摄者：俞昌斌）

三、景观设计分析

这个民宿前面有一片干净而开阔的草坪，客人可以坐在这里烧烤、搞活动。而草坪的端头是一个毛石砌筑的大平台，从该平台上看出去的视野特别宽广，可以看到对面的远山，给人很舒服的感觉。一个好的民宿周边必须要有能借景的优美的自然环境。而这四间客房的窗户全部是朝向远山的，游客坐在屋里往外看去，心情会很愉悦。它上面设有两间客房，下面设有两间客房，一共四间客房。边上的开间上面为两个客房的入口区，下面是厨房和会客区。在会客区里摆有沙发，房客们可以坐在一起聊天、泡茶、自己做饭，非常适合几家人一起的短途旅行。

一号楼前干净而开阔的草坪，可以举办各种活动

在房子右侧的一角是一个用钢结构加建出来的玻璃房子，这是四户人家可以在一起泡温泉SPA的地方。为什么要做温泉呢？又为什么要做成一个玻璃房子呢？原因是民宿主人有泡温泉的情怀，还因为该房子对面有一棵很漂亮的樱桃树，民宿主人希望营造一种坐在温泉SPA池中欣赏不远处的樱桃树的意境，所以他们建了一个浪漫的玻璃小屋，一边泡温泉SPA一边观赏美丽的樱桃树。

加建这个玻璃房子，就是为了看这棵樱桃树
（拍摄者：俞昌斌）

泡温泉SPA的玻璃房子

二号楼

（2014年建成开业）

一、建筑设计分析

二号楼藏在一棵百年树龄的红豆杉后面，整栋楼面积较小，周边景观除了那棵红豆杉之外都是劣势（相对于一号楼的磅礴视野），所以二号楼的整个庭院都围绕着这棵红豆杉展开。不同于一号楼的高地势、高视野，二号楼更如温婉的小家碧玉，简单干净。该楼由于受到老房子的格局所限，形成了当前这种不规则的形状，客厅不是方方正正的，楼梯也是左右分岔的，卧室和洗手间有半个楼层的落差，而正是这些原因却意外造成了二号楼室内的独特性。

山坡地形造就了建筑的立面效果，一棵红豆杉树成为庭院的主景

二、室内设计分析

基于以上现状条件，他们在室内设计方面确定了以下几个细节：①近红豆杉的区域布置为客厅，并且挑空做成大落地玻璃窗，让客人们坐在室内能一览百年红豆杉的气势；②内部空间打破常规三开间南北向排列的传统模式，以增加内部空间的趣味性，弥补户外景观的不足。后来形成了落地的斜向走廊连接四个客房与挑空客厅的方案，内部空间十分有趣（拐角的地方以为是尽头，却意外遇见了起居室）。

二号楼里有着适宜三两好友相聚的小客厅，北欧式清新风格的家具，烟灰色布艺沙发，红砖砌成的柴火壁炉，设计感强烈的餐桌椅。白天暖暖的阳光透过窗户照射进来，游客可以在这里静静地发呆。

立夏、小雪、秋分、芒种四间客房带着简约的北欧风情。房间拥有舒适的挑高空间，洁白的墙面，统一风格的浅色系实木地板和吊顶，家具挑选宜家风格的布艺沙发、落地灯、茶几，体验简单而随性的生活。

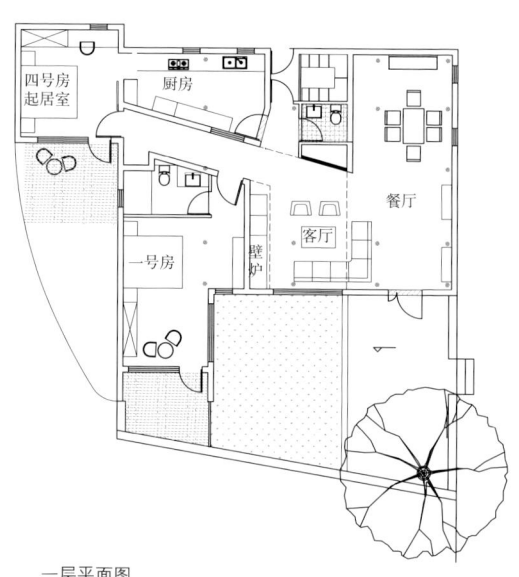

一层平面图

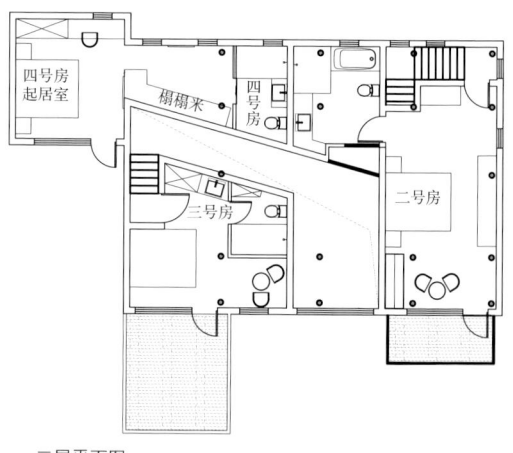

二层平面图

室内斜向的走廊和挑空的客厅

挑空的会客厅，壁炉也是特色之一　　客房卫生间

三、景观设计分析

由于外部露台较小，所以在红豆杉下布置了可以远观的枯山水，来衬托红豆杉。可以说，欣赏红豆杉的最佳位置是在二楼房间的阳台上。

室内的灯光照亮整个花园（露台较小，不适合活动，所以　从庭院的一角看建筑，简洁干净的风格
采用枯山水衬托红豆杉和室内客厅）

三号楼

（2015年建成开业）

一、建筑设计分析

三号楼南向有一栋宅基地，遮挡了大部分的景观视野，而三号楼的东向有一条小溪流过，小溪两旁有各种各样的大树，其中两棵榉树每到秋天红色、黄色相间，十分美丽。

基于上述的现状条件，他们将三号楼的房间布局改成东西向，四间客房及客厅皆朝东而坐，大面积的落地玻璃窗朝东而开，南立面以红砖墙为主，形成虚实对比。主要入口放在东侧的小溪边，沿着小溪边筑梯而上，并巧妙地结合小溪边的树林。

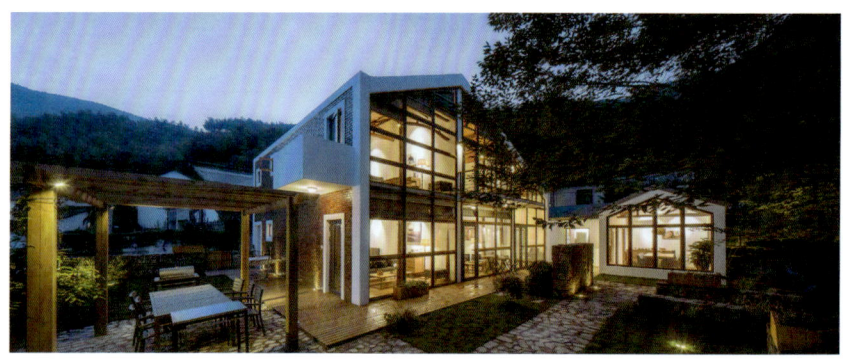

三号楼建筑立面，黄昏时室内的光照亮室外的环境

清晨的建筑与花园

灯光照亮整个三号楼的室内空间

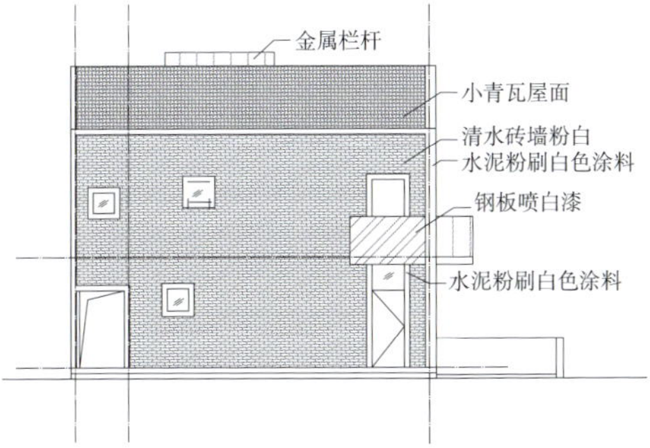

第四章 莫干山之乡村民宿实践范本

主房南立面
- 金属栏杆
- 小青瓦屋面
- 清水砖墙粉白
- 水泥粉刷白色涂料
- 钢板喷白漆
- 水泥粉刷白色涂料

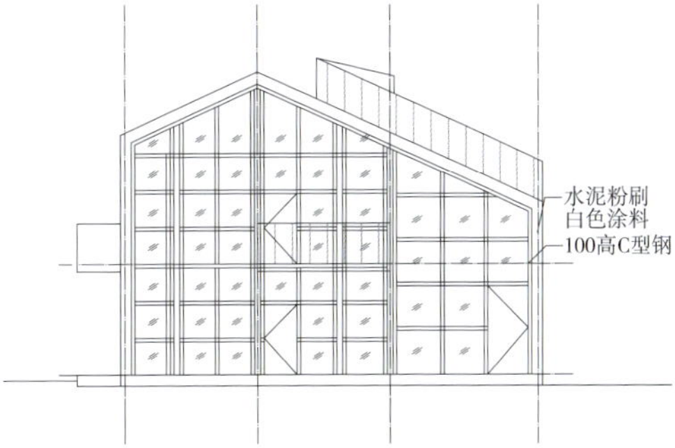

主房东立面
- 水泥粉刷白色涂料
- 100高C型钢

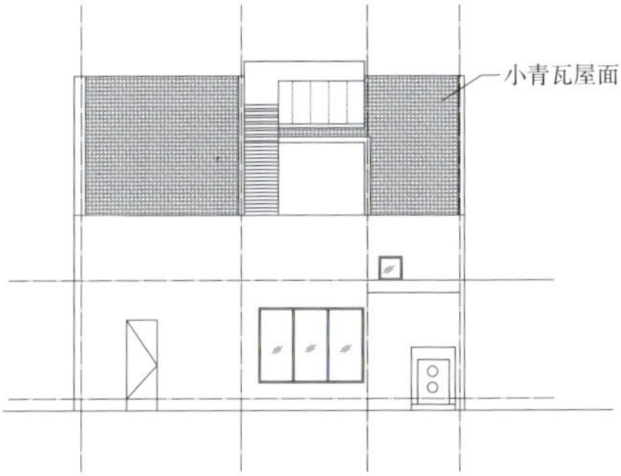

主房北立面
- 小青瓦屋面

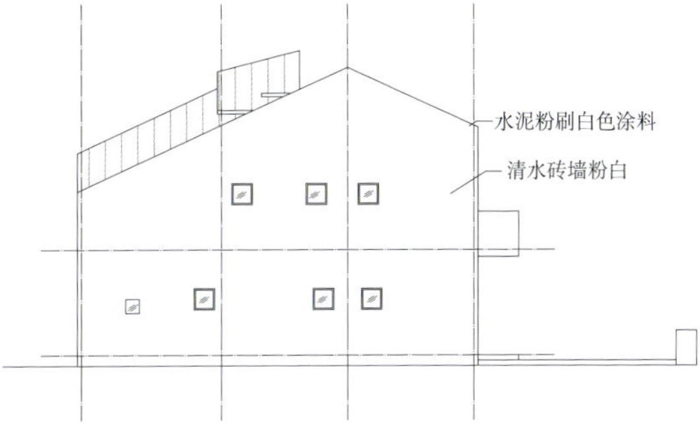

主房西立面
- 水泥粉刷白色涂料
- 清水砖墙粉白

主房立面图

透视图

177

二、室内设计分析：

三号楼的室内设计很重视适合三两个好友相聚的小客厅。白天阳光从窗户中照射进来，客人可以在这里安静地发呆。客厅中的壁炉旁边堆满了干柴，冬日里围炉夜话，也是一番很浪漫的事。同时，为了保证住宿的舒适性，会修补一些老建筑中影响客人的体验。比如在普通的老房子中，走廊上老木头会发出"咯吱咯吱"的声响，但是在这里会完全避免，不会出现这种情况。

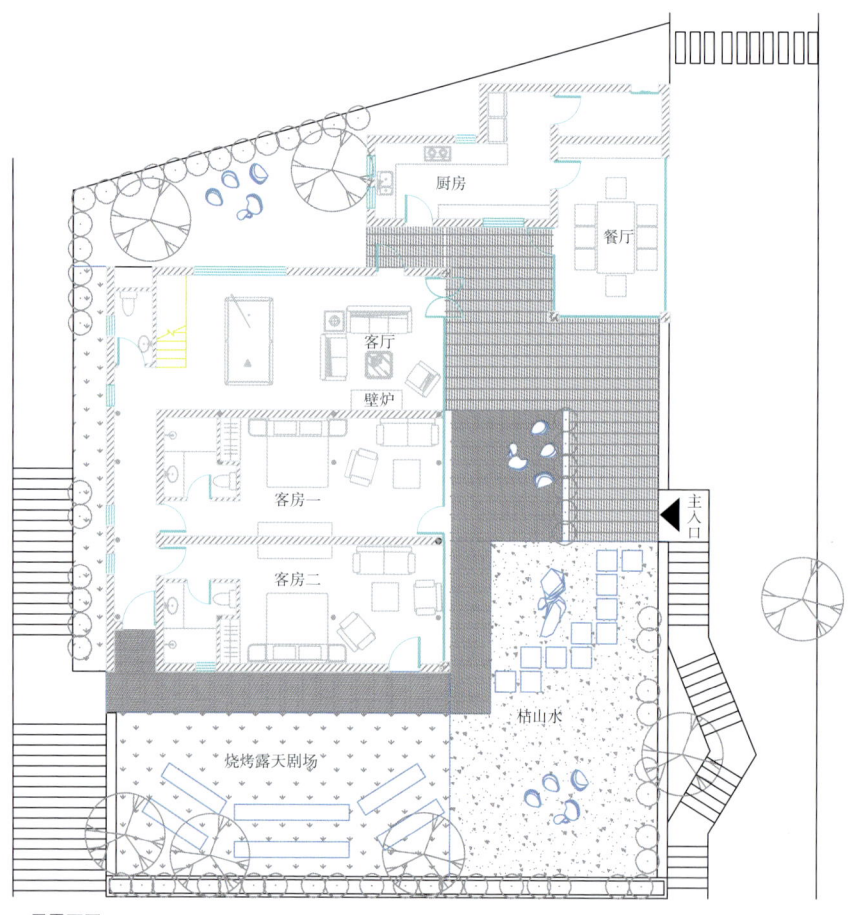

一层平面图

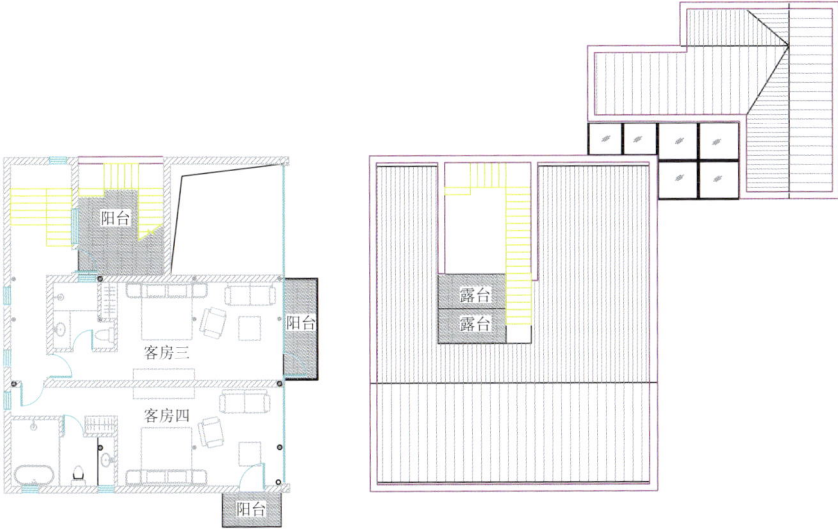

二层平面图及屋顶平面图

起居室，壁炉也是亮点之一

三、景观设计分析

三号楼主要结合东侧的小溪与树林，设计户外的活动区域。楼顶上还有一个可以看星星的露台，这也是景观设计的亮点所在。而民宿主人对现场植物的保护也体现了他们在景观设计方面的原则。进入三号楼要沿着溪水溯溪而上，民宿主人原想做一个"流水别墅"，后来发现一棵树挡住了前路，于是他们就把树留下，绕道而行。在做每一栋房子的设计时，他们都遵循这样一个尊重自然的方式。

大面积玻璃墙面可以借花园的景观

玻璃墙面没有分隔花园与室内，而是使两者更加融为一体

黄昏下花园的雪景，树梢带着雪花，墙体顶着积雪，一派宁静清幽的氛围

五号楼

（2016年3月建成开业）

2016年3月，五号楼正式对外公开，这栋融"客房"与"有爱员工房"为一体的民宿将带给游客们不一样的室内外氛围。这里讲究"链接"，通过五号楼的室内设计将人与人的关系拉近，父母与孩子、自家的孩子与朋友家的孩子等，他们都可以在这个空间场所里相互对话交流。

第四章 莫干山之乡村民宿实践范本

夜幕下的五号楼建筑外观

一层小花园，通过室外楼梯到达二层客房

简洁干净的客厅装饰，有着无印良品的风格

从花园到达二层建筑的楼梯处可以远眺莫干山山脉

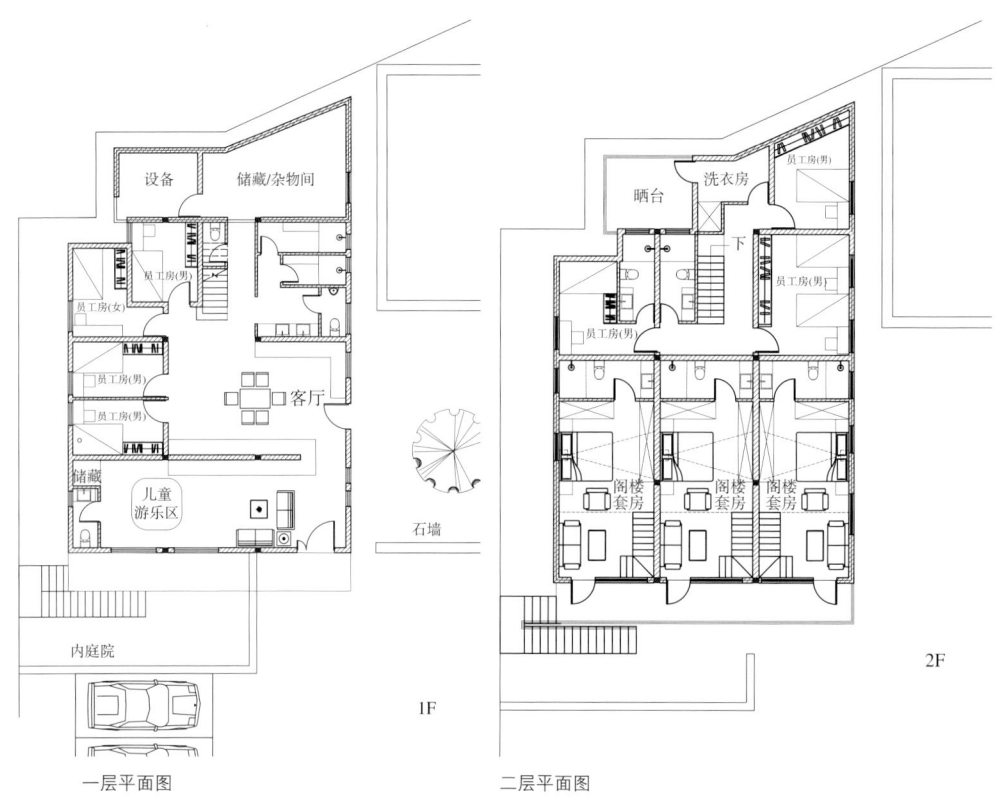

一层平面图　　　　二层平面图

咖啡馆

（2013年建成，与一号楼同时开业）

  这个咖啡馆原来是一个猪圈。该民宿主人把它租赁下来，墙面涂白，改造了门窗，把猪圈改造成了一个很好的咖啡馆，有许多客人在此喝咖啡、聊天，气氛很不错。这个咖啡馆在上山处很明显的位置，地段非常好，游客可以坐在里面，透过一大片落地玻璃窗看到整个山体的自然环境。它是由陈悦女士（当地德清武康人）来管理的，她热爱这个事业，她理想中的咖啡馆就是在这满山的绿色包围之中的一间小屋，有咖啡的香气传出来，每个人都会走进来点一杯热气腾腾的咖啡。总之，乡村民宿需要有很多这样热爱乡村的民宿主人，他们有一种情怀和奉献精神，愿意坚持做一件有意义的事业。

第四章 莫干山之乡村民宿实践范本

隐藏在森林中的小咖啡馆,气质非凡

黄昏,山乡半山腰中的咖啡馆。一缕温馨的灯光从室内映射出来,让人感觉这是一个精心设计的山村

黄昏,雪景中的咖啡馆,让人好想进去喝一杯热乎乎的咖啡

咖啡馆室内布局,很难相信这里原来是一个猪圈

"WILDS BAR & RESTAURANT" 餐厅及酒吧
(2015年建成开业)

建筑外表是莫干山非常普通的民居建筑,但是内部空间却改造成现代工业风格与乡土融合的格调

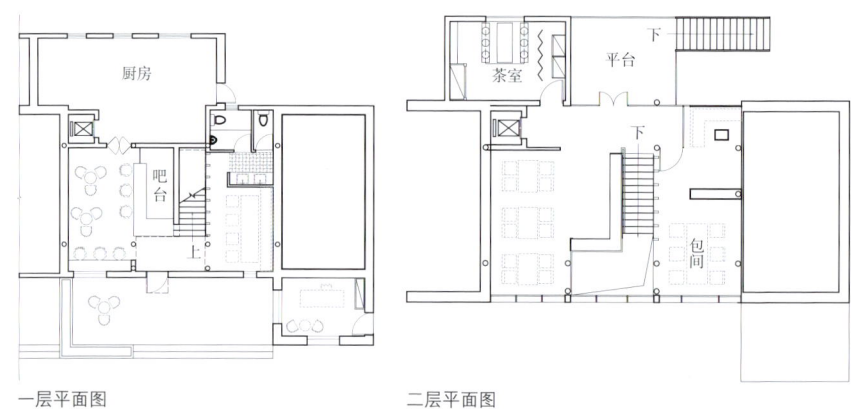

一层平面图　　　　二层平面图

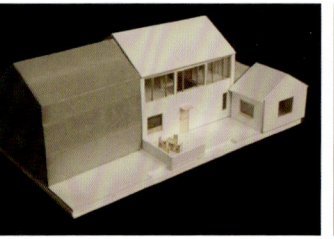

建筑模型南立面　　　建筑模型北立面　　　二层茶室内景模型

该民宿主人最新改造了一个酒吧及餐厅，叫作"Wilds Bar & Restaurant"。由于该酒吧没有客房，所以上下两层只花了不到一百万元做好了，而且建造的速度也很快。一层的空间不大，主要是二层空间。一层就是一个接待区，二层是一个比较大的空间，有一个包房。二层室内设计用了很多木质材料。木质的梁架结构都露出来，并通过结构加固了一下，其管线都露在外面，有工业风格的效果。这些管线还包括一些消防、报警的设备。该共享的中庭空间面积不大，比较有趣的是从屋顶的梁架上垂下一个特色的灯具。这个灯具不贵，但是很有设计感。总之，这个餐厅及酒吧是比较简单的，可以作为他们几间客房共同使用的服务设施。他们这里的食材就是取自于莫干山本地的食材，如山中新鲜的竹笋，溪流中野生的鱼虾等。这些食材只需要简单的烹饪就会有很鲜美的味道，甚至连调味料都不用放。

屋顶结构及照明设备房细部做法
（拍摄者：俞昌斌）

内部空间保留原有的木结构屋顶及支撑梁柱结构,增加木格栅屏风、黑色铁艺栏杆加木扶手、木质餐桌匹配木座椅及布艺座椅(拍摄者:俞昌斌)

大乐之野价值点分析

一		建筑设计类
1	建筑外形(新风格、传统风格、洋楼风格等)	保留部分传统元素,但是偏现代主义建筑风格
2	是否是历史保护建筑?是推掉重新修建,还是在原来基础上改建?	在原有建筑基础上改建及加建
3	民宿建筑的风格,地域性特色风格(如云南丽江、大理等纳西族风格等)	现代主义+乡土地域性风格
4	建筑层数(是1层,还是3层,还是7~8层高楼?)	基本为2层小楼(咖啡馆为1层)
5	建筑外立面使用的材料(木头、玻璃、铁艺、钢结构等)	白色涂料墙面、玻璃、木条、钢结构等材料
6	特色建筑亮度、爆点(设计的重要性?有设计与没有设计的区别?)	专业建筑师设计及施工,非常舒适、时尚、有品位
二		室内设计类
●	公共空间的室内设计:材质、风格、面积大小、使用功能、分区、配置设施?	
7	接待区域的室内设计	餐厅的大堂目前就是接待区。在民宿项目中,混合利用综合空间是比较合适的
8	餐饮区域——餐厅、厨房、酒吧、备餐区域	餐厅建筑大气、舒适,能同时容纳近50人;咖啡馆比较有情调
9	娱乐活动区域——棋牌室、KTV室、球类运动室等区域	不同的客房楼有不同配置,如一号楼的阳光SPA区比较有新意
●	客房的室内设计	
10	客房的面积大小、功能布局、舒适度情况、室内设计风格、地域性特色风格	客房面积较大,部分房型有二层,布局合理,舒适度高,风格有地域特色
11	床品(床垫舒适度、被子舒适度),床的大小:大床还是双床标间?	床品舒适度高,大多数房间为大床房
12	卫浴房间的大小?是否有干湿分离?	卫浴房间适中略小,基本做到干湿分离

(续)

二	室内设计类	
13	洗浴设施（毛巾、冲淋洗浴品牌，如科勒水龙头、浴缸等）	毛巾品质好，洗浴设施较高级，设有玻璃围合的淋浴房
14	按摩浴缸（放在户外观赏景观的浴缸，甚至考虑温泉接入）	基本以淋浴器为主，没有浴缸（部分客房有浴缸）
15	电器配置（电视机、电吹风等）	客房中电视机等电器都有配置，每栋楼的共享客厅没有配置电视，但是配置壁炉
16	部分提供自助厨房服务的配置，简易冷餐还是火炉可以做饭做菜的厨房设施？	每栋楼有厨房，提供自助烹饪设施
17	入户门及门把手铁艺、房间门等工艺做法	常规做法，略带有莫干山地域风格
18	窗户外是否有对景、借景？是否在窗下有沙发供人往外看？	客房透过窗户可以看见对面的山脉和乡村民居
19	是否有阳台？从阳台上往外看的视线效果和视野感觉如何？	不同楼有不同特色，二层局部有阳台可观赏远景，或有天台可观看繁星
20	屋顶做法？是否层高足够高？有否阁楼？是否是两层复式小楼？	二层客房的楼层空间比较高，局部做复式，大床摆在上层
21	客房室内是否考虑壁炉？是否满足冬季保暖的体验需要？	每栋楼的客厅都有造型各异的壁炉，客房中安装有暖气片
22	工艺品的使用（如艺术画、藤艺、竹编等，提升品位和气氛）	大多数房间内有艺术画展示，还配合比较有乡土感的工艺品装饰
23	儿童床（高低床、加床的）	大多数房间配置了儿童床，平时作为沙发使用
24	消防、安保设施的布置	大多数房间配置了灭火器
25	特色室内亮点、爆点（室内与众不同之处）	客房由专业室内设计师设计，各具特色，给人惊喜
三	景观设计类	
26	花园面积大小与效果	每栋楼都有不同的花园，如看山的草坪、被红豆杉树围合的花园等
27	花园的地域性风格（地域特点、长处）	结合客房楼建筑因地制宜设计景观，并融合周边山村环境及风景
28	植物配置状况（一年四季有各种果树开花结果）	竹林、水杉、樱桃、香樟、桂花、红豆杉等
29	游泳池区域是否是无边泳池？（有几个游泳池？室内还是室外？大人池和儿童池如何划分？）	没有游泳池
30	餐饮、酒吧区域的景观环境	餐饮、酒吧是一栋老楼改建而成的，周边环境很优美；咖啡馆是猪圈改造而成的，立于村头，也是一大亮点
31	周边整体区域的资源：能看到什么与众不同的风景？是否能看见名山大川、农田、梯田、大湖等不同的风景。如何利用周边环境来借景？有哪些自然与文化方面的影响力？	整个山村的村舍、村民、山脉及树林都是景观资源

(续)

三	景观设计类	
32	地域性小品、艺术品、古董、雕塑的使用	现代主义的景观小品与地域性工艺品融合使用
33	草坪区观景、婚礼教堂、鲜花布置典礼	一号楼前的大草坪可以远眺山村及山脉,并可以开各种户外活动聚会
34	室外跳舞、烧烤、各种活动聚会的区域	一号楼前的大草坪及其他各楼的公共客厅与花园
35	户外电影,给人更多晚上的活动和消费	一号楼前的大草坪及三号楼的观星平台
36	自然生态的景观设计+景观软装装饰效果	乡土风格的毛石挡墙+木质躺椅、阳伞、沙发等景观软装元素
37	景观所用的材料、细部与空间营造	乡土材料,细部简洁现代,空间偏酒店体验为主,以人为本
38	特色景观亮点、爆点(景观与建筑、室内的关系)	本民宿的几个建筑就隐藏于整个山村之中,山村、村民、山脉及树林都成为游客的体验点,大大提升游客旅居的体验效果
四	其他类	
39	民宿主人的职业经历、背景、目标、情怀	专业的同济大学城市规划系毕业,建筑设计院等工作经历
40	大致投入的成本及盈利状况	已大致投入约1800万元,计划5年后收回成本
41	经营理念及特色	大乐之野——不要遗忘身旁美好的地方,仔细享受生活的美好
42	营销宣传方式及口号	网络营销,如微信朋友圈等
43	普通客房的大致价格	每间客房1500元左右,整栋楼6000元左右
44	提供的美食、活动等不同体验	土鸡、河鲜、山鲜等美食,聚会、烧烤、观星等活动

与民宿主人吉晓祥问与答

1. 你做这个民宿的目标和愿景是什么?你为什么做民宿?你的情怀是什么?

答:我和默涵是大学同窗五年的同学,同济大学城市规划专业,一个是海归、一个是事业单位朝九晚五的公务人员,我们曾经都做过很多城市的规划设计,但始终觉得城市规划所做的设计太过宏观和战略了。一方面,想要做一些更接地气的设计,造几栋真正属于自己的小房子;另一方面,也着实喜欢无拘无束、自由自在的生活。于是,就到莫干山,盖了个自己的民宿。

我分享两个小故事，这两个小故事恰好促成了我们大乐之野一号楼的一些空间特色，后来也常会被客人津津乐道。

当时寻思着想要做一个怎样的民宿的时候，我受了《海边的卡夫卡》影响很大，在那个寂静的山林里，有一个私立的图书馆，一个年轻姑娘在这里兼职管理，一个年长色未衰的少妇是馆长。这图书馆充满着画面感，我闭上眼睛仿佛就能看到村上给我指出的天堂的模样。这是一个洗涤尘世俗物的秘境，是陶渊明的桃花源，是村上的图书馆，是我们的大乐之野。

那就做一个有图书馆的酒店吧，当时我是这么决定的。但是在之后的设计改造中，能够与当初想象的图书馆有千丝万缕联系的，也只剩下那一整墙的书架（一号楼挑空客厅的书架）。书架上仅有的一些书，时刻都在向我控诉，说好的图书馆呢？说好的美丽管理员呢？理想和现实有时候真的还是很有差距的，哪怕你看到我们已经做了这么理想和冲动的一个行为，但还是距离我们的理想有很大差异。为何做不了图书馆呢？其实原因特别庸俗，就是这么小一个民宿，不允许我们太任性地去做一个图书馆来做配套。

第二个故事，是我们一起去新西兰，有一晚住的是wanaka小镇的一家民宿。它有一个露天的温泉，我们拿了一瓶红酒，躺在池子里面，抬头是漫天的繁星。我们讲故事、谈感情，聊到一个姑娘，就喝一杯红酒，等到默涵把他心中的沈佳宜数完一遍之后，红酒见底了，我抬头看到的不再是繁星，而是漫天的星座，那个是天蝎，这个是双子，正北方向还有默涵的沈佳宜在向我们微笑。

于是，我们决定，要做一个有温泉的酒店。我们累了、困了、烦了，客人累了、困了、烦了，都可以躺进去，让红酒见底，让天空出现沈佳宜。

所以，2013年，我们迫不及待地想要建造这样一个民宿酒店，希望她能有知性的图书馆，有感性香艳的温泉池。现在看来，我们完成了既定目标的一部分，希望这个温泉，这个书架，能带给我们和大家一点理想的火花。

2. 请用一句话来说明，你的民宿主题是什么？再用一句话来说明，你的民宿在建筑设计、室内设计及景观设计三个方面各有什么亮点？

答：山居生活。

建筑设计：以现代建筑设计形式改造并保留传统浙北民居的木框架结构。

室内设计：以简约的北欧风格为主。

景观设计：与自然景观相结合，注重建筑与环境结合，使用者的步行流线、观景视野以及具体空间的使用与每栋楼最亮点的景观之间的关系。

3. 如何在中国（甚至世界范围）推广你的民宿？

答：我们强调人与民宿之间的互动，包括我们的团队与当地村庄、乡村生活的关系、我们团队与客人的关系、客人与乡村生活的关系。把这些关系做好，我们并不需要太多的推广。

4. 你的民宿如何来盈利？如果现在不盈利，你预计多久会盈利？如果一直都无法盈利，你有新的计划吗？

答：主要通过客房收入盈利，一直都在盈利。

5. 你如何经营你的民宿？在经营过程中，你遇到哪些问题并如何去克服？比如说有哪些个性化的问题？

答：我们投入一栋老宅改造出四间客房的成本大概是两百万元。每天的房价差不多1200元。入住率大概65%~75%，每周五、周六的晚上相对爆满，周日白天游客基本都回去了。而周一到周四的时间段，入住率是比较低的。所以节假日加周末大概有一百多天吧。我们节假日的价格略贵一点。一天约1000元一间客房，4间，乘以365天，乘以65%的入住率，我们的利润率约在40%。如果控制好成本的话，利润率可以达到更高，40%~45%。但是我们这个模式很难复制，其他地区很难复制出这么好的效果。最后，我们比较保守的估计是大概要五年收回投资，这是比较客观的判断。当然，说到五年收回成本，是指老板自己来管理这个店，再找几个阿姨做饭、收拾民宿的房间，最多再请一个管家，这样相对来说管理成本是比较低的。还有，民宿可以作为一个资产沉淀下来，还可以在乡村里面找到很多的商机。这是当前做民宿的价值和意义所在。

基本信息：

地址：浙江省德清县莫干山镇仙潭村碧坞龙潭景区内

网站：www.lostvilla.cn

原舍 ORIGINAL HOUSE

山谷、茶田、薄雾、原舍,共同构成一幅美丽乡村的图画

2012年一次莫干山的旅行,让原舍的主人朱胜萱先生发现了溪北村(2010年更名为南路村)这片近60亩藏匿于山腰之中的荒芜之地,陈旧的乡公所、萧条的小学堂,背景却是郁郁葱葱与恬淡安详的竹海茶田。作为一名景观设计师兼狂热的"乡土知识分子",他在这片无人问津的土地上看到的是对于乡村重生的渴望和内心深处乡愁的呼喊,因此他意识到这里可以成为他梦想已久的实践之地,最终在2012年末第一家原舍正式对外营业。

朱胜萱先生认为:中国的乡村有独特的美,它是从历史和土地中演变出来的。面对如今日益凋敝的乡村,朱先生决定通过原舍的理念与实践来复苏这片土地的记忆,带给人们一种回归本原的生活体验。

"原",是"本原",在古汉语中为"探究"的意思。用探究的态度追溯生活的本原,是原舍想要带给每个旅居者的启示。它把游客从城市带入淳朴自然的村庄,当游客离开时又能把原舍的生活方式带走,并给予更多人心灵上的指引。

本着"原色乡土,原本生活"的理念,原舍提出如下倡导:

1) 老物件是记忆的索引,原舍会不断收藏属于本土记忆的老物件。
2) 尊重乡土历史方物,原舍的每一间房间名称都来源于周边山水地名。
3) 为了环保与体现在地性,原舍坚持地板与家具不上漆。

4)为保证最佳的居住品质,房间使用砖混石墙,一律不采用夹板隔断。

5)保证健康生活体验,原舍倡导有机蔬果种植,重视原乡体验互动。

人情味带来的土地复苏——屋舍留得住人,而真正留得住心的是人情味。主人式服务是原舍人情味的起点。原舍以主人模式进行管理运营,既亲切又极富特色。简单而言,原舍作为一个倡导原本生活的平台,每一家原舍民宿在大品牌统一的主旨与理念下,又各具不同的主人自身特色、周边配套特色、地域文化特色等。所以,游客可以体验到不同的原乡归家之感。

朝气蓬勃的原舍管理团队,主人式服务是人情味的体现　　原舍中闲适的狗,也是人情味的体现

"在乡村的家"是许多游客反复选择原舍的理由。不同于传统酒店系统化的管理与服务,原舍更强调的是人情温度的打造。原舍不是一个酒店,这就是莫干山人的家,而主人式的服务让人仿佛再与旧友相会,而不是与陌生人初次见面。在原舍内,常常能品尝到新鲜的本地饭菜,并参加根据节气及当地民俗所举办的各种活动。总之,原舍中丰富多彩的原乡生活,让这片土地重新找到了存在的价值与原有的生命力。

原舍一期·望山

一、建筑设计分析

原舍一期·望山的建筑物实际上是推倒重建的,但是看上去就感觉像一个老房子。它的外立面是青砖结合素混凝土材料,局部点缀玻璃门窗。由于这个项目实施得比较早,所以他们大概花了800万元的成本费用,应该来说成本控制是比较成功的。原舍在建筑设计上，定位为对"回归"与"融合"这一课题的研究。回归是重拾乡土的情怀，融合是尊重与坚持自然原生态。比如说，望山用建筑群的密度与院落营造紧密亲切的微型社区，用户外院落象征乡村农民田间收工归来闲话交流的场所，用熟稔的氛围使居住者感觉到回归乡村的认同感，用乡宅示范出乡村建筑与环境的关系，用加厚的墙体营造坚实的安全感，用每一面打开的窗户借景户外山林的风景。因此，民宿主人在具体建筑设计手法上从保留这片土地原本的格局记忆开始，一步步还原浙北民居朴素的建筑风格，建筑屋顶设计的坡度沿着山脊本身的起势，选用本地石匠的工法来打造挡墙，在本地所剩无几的窑厂中寻找耐用的手工砖瓦等。总之，该乡村民宿的建筑、室内及景观这一系列的体验设计都体现出对原乡的尊重和在地性的表达。

民宿建筑隐于周边的茶田及群山之间　　　从道路上仰望该民宿建筑

二、室内设计分析

望山客房的室内设计中，最有特色的是大床的床头有一扇玻璃窗可看到茶园，大床的床尾则面对着大落地玻璃窗门及阳台，游客可以躺在床上远眺山峦起伏与绵延不绝的森林。它的卫浴空间是开放式的，而且也是可以远眺群山的，所以给人感觉整体空间很简洁，体验感很大气温馨。

在望山之中，民宿主人对细节的呈现更是近乎偏执的。比如说，当地淘得的老古董家具，那或许是你儿时记忆里才有的印象；由当地民间手艺人亲手打造的床和柜子，其精致、严谨的榫卯结构体现出主人对于工艺的苛刻要求；室内木地板选用当地旧地板，不上漆，粗糙的表面呈现出的是岁月真实的凹痕；所有室外的楼梯与阳台的木地板，更是由日本工匠亲手铺就，连一个螺丝钉都数次确认。总之，其室内设计在乡村老物的独特质感和民间工艺的精雕细琢之下，表达出了深刻的乡愁情怀与乡村生活美学。

公共区域

底层客厅和餐厅的布置

一层公共空间为会客室

一层公共空间中有售卖茶具及莫干黄茶的区域

儿童在原舍参加各种活动

客房区域

客房室内由素混凝土、青砖、青色栏杆扶手及木地板等共同构成了室内的色彩搭配与格调效果

上面五张图片，表达了
客房内部的细节设计

客房内的大床床头与床尾都有观赏风景的玻璃窗　　客房内的大床两侧灯具及楼梯间上部从屋顶悬挂下来的灯具,以暖色调的灯光效果为主

客房一层到二层的楼梯　　客房内有部分大床是配床架的,可透过床边的大落地玻璃窗看远山风景

客房内开放式卫浴,浴缸周边是长条形玻璃窗

客房内从二层俯瞰一层的会客区域　　客房内的楼梯间用木质踏板及支撑结构,搭配白色的钢扶手,风格简洁而温暖

三、景观设计分析

面朝茶田,背倚竹海,在漫山的绿意之中原舍一期·望山宛如点点墨迹,就这样在山林之间晕染出一道居尘而出尘的风景。该民宿的旁边有一片茶田,所以它客房朝着茶田的方向都是大玻璃面,人躺在床上看远山与茶田,非常唯美。这些自然景观都是本民宿的借景,这样的空间带来与众不同的旅居体验感,这也是"望山"起名的来源。

它一层客房有小花园,外面有竹格栅小院门,游人可以坐在花园里观赏花草、喝茶聊天。二层客房则有一个小阳台,游人可以坐在阳台上看远山。这样的景观设计做得非常简单而得体,给人感觉很有乡村的氛围。

本民宿的案名标识牌

景观小径、绿化,与建筑自然的衔接过渡

景观与建筑的互相借景

建筑室内的灯光亮起来,与室外空间融为一体

望山室外的烧烤活动

二层俯瞰该民宿的景观布局,有草坪、道路和植物相互搭配

上面两张图片,表达出在望山的庭院中闲坐发呆的快乐(白天与傍晚的对比)

在望山的庭院中看星轨

闲坐在二楼的阳台上,品着茶,看远山云淡风轻

从二层楼梯正对着的洞口处眺望远山风景,这是"框景"所营造的效果

庭院中竹篱笆上的小花盆,小小细节体现出乡村生活的乐趣

清境农园

如今,青山与原舍相融相映,其间隐藏着一条缓缓流过的小溪。在这个良好的山乡生态环境之中,游人可以看到晨间小动物溪边饮水,夏季萤火虫在花丛中飞舞等一系列原始的山乡自然环境。而原舍旁那一片早就荒弃的60亩土地,在休耕了近两年并已确定恢复到有机标准之后,由原舍的工作人员重新开始播种、施肥,这样清境农园随之诞生。

清境农园,有农民在耕种田地

当前，原舍旁的清境农园同步进行有机种植与农趣体验规划设计。将来，这里将复苏山间记忆：原舍带来了山谷间的原乡旅居体验，而农园则带来农耕体验、品茶摘果、野炊露营等原乡活动体验。特别是其中将建造一个最美田野餐厅，实现零碳排放的蔬菜供给，不仅能够让客人体验到农业生产的劳作过程，也将大大提升清境农园在农业观光上的发展潜能。

游客参与采摘活动

小朋友参与农园中各种采摘活动

2015年原舍二期·依田建成，它紧邻一期·望山，因靠田而立，得名"依田"。二期的现场位于乡村内乡公所旧址，仅有着破败的房屋、默默无闻的竹编厂与一间小小的茶场。如今，依田以新生的姿态昂然立于山间，替代了原本寂寥的荒芜，在保留了原有格局之下注重在地风物的重组与运用、在地文化的延续与继承，展现出蓬勃的活力。

依田承载着远远超过一家民宿所定义的价值与使命，它在乡村集体经济活力的复苏、乡村农业观光与生产的深度结合，以及民宿与集体经济的共同发展等各方面做出了自己的努力与尝试。它用极致简朴的设计还原生活最简单美好的模样，用原乡生活的体验打通城市与乡村之间的隔阂。它不仅是一间民宿，更是一条让生活、让心灵、让你我再回去的路。

原舍二期·依田

建筑群体形成聚落感

依田建筑群与群山、田园融为一体

一、建筑设计分析

依田这块基地原本是乡公所、竹编厂与茶厂的集中地，怎样让这片废弃的老宅得到利用？怎样在保护这片土地原本传统资源的同时发挥乡村的魅力与价值？怎样真正复苏土地的记忆？这些都是民宿主人朱胜萱先生和建筑师周凌先生（南京大学建筑与城市规划学院教授、建筑系副系主任）在设计过程之中所面临的问题。

最终，他们确定了建筑设计的目标是：尽量保留历史的信息，保留老村舍的材料质感，保留所能利用的建筑，拆除难以利用和结构不安全的建筑，再加入新的小体量建筑物组成群落，获得新与旧、历史与现实、建筑与景观的对话。具体的设计措施是：原本的竹编厂搬迁，所在的一个五开间青砖老房保留下来，打造成餐厅、放映厅、民艺展厅；另一个50平方米的拖拉机车库也会保留下来，作为书屋。这片土地上的老房屋都将尽量保留利用，赋予它们新的意义与活力。同时，原有的墙基、道路、树木等各种材质，均保留乡间自身淳朴的风貌。

第四章 莫干山之乡村民宿实践范本

民宿改造前的原状照片

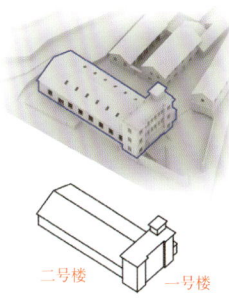

1. 场地原状
一号楼为当地村委办公楼，二号楼为村礼堂

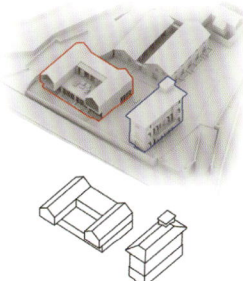

2. 方案一
改造一号楼，拆除二号楼进行新建。对体积庞大的二号楼进行化解，融入周边肌理环境

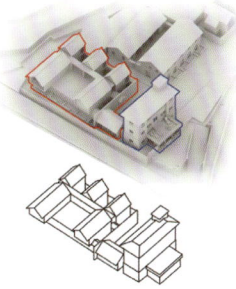

3. 方案二
改造一号楼，拆除二号楼进行新建。二号楼空间组织上，借鉴民宿传统院落空间和开间进制

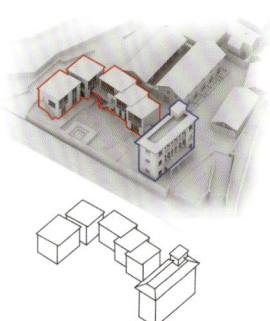

4. 方案三
改造一号楼，拆除二号楼进行新建。一号楼与新建的二号楼形成新的空间，给人以村落与院落相互糅合的感觉

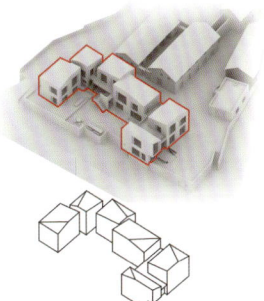

5. 方案四
一二号楼均为新建。空间重新整合，既有传统屋顶形态，又有别于传统。有传统村落院落感受，但又满足当前对村落院落空间功能新的希望与要求

通过四个对比方案的推敲，确定最终设计方案

依田建筑群的总平面图

依田建筑群的模型鸟瞰效果

该建筑群采用聚落的形式，如同一个小村落，目的是减小建筑体量，让视线通透，减少建筑对自然的遮挡和屏蔽；起伏的坡屋顶呼应山体的天际线，使建筑融入环境；转折切割的体量轮廓，使建筑扎根土地，如同从大地中破土而出。从各个角度看这个聚落，都会透出远山翠绿，画面呈现房屋和景观编织而成的美好图景，屋顶天际线顺山势转折起伏，融山聚水。在这个聚落中，景观与建筑物互为对景。

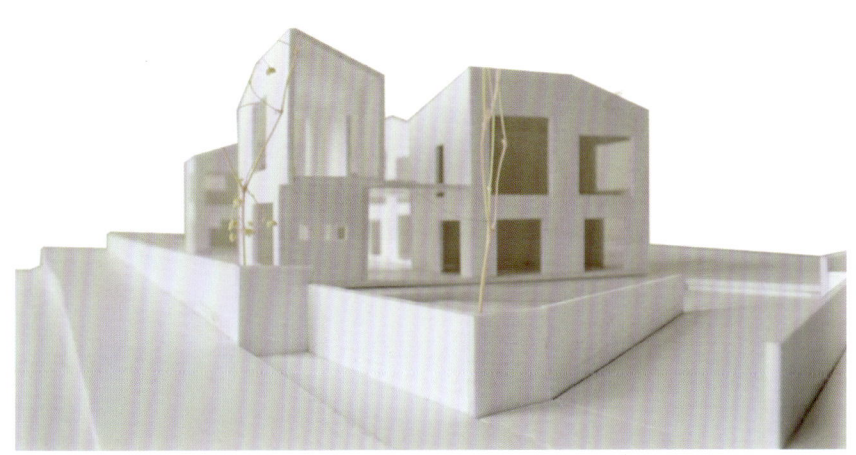

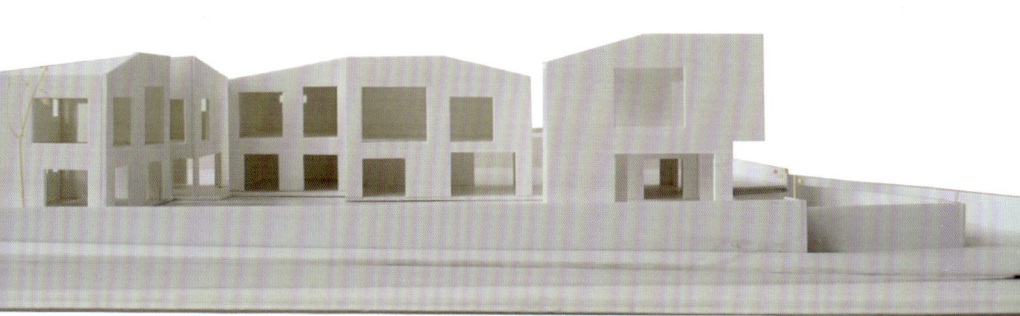

依田建筑的模型推敲

建筑形体的实墙面、玻璃面、毛石挡墙及周边老宅的对比

建筑的夜景灯光效果

如雕塑一般的现代建筑形态,灯光从玻璃中透出来　　现代建筑形态体现聚落感(拍摄者:俞昌斌)

二、室内设计分析

在室内设计上,每间客房都会面对风景,形态尺度各异的窗口面对不同的山溪景色,形成游客观赏的取景框。每个房间的窗口位置和室内布置,不论朝西朝南,也不限一层二层,每间房屋都有自己的风景。

为了捕捉到最佳的角度与风景,建筑师团队将建筑施工图整整改了三遍。而这并不算工作的结束,真正现场施工到了二层楼面的时候,因为取景的不完整,他们又临时决定修改窗洞的大小和位置;而门窗洞口完工之后,又根据窗外对景的效果,修改室内床和卫生间的位置。这些反复修改都是为了呈现最佳的视觉效果,这展现出建筑师对乡村民宿的理解。

另外,建筑师团队还亲自设计了系列家具,如床、休闲椅、衣架、落地灯、台灯等,均采用环保的回收木板等乡土材料制作,不上油漆。客房木地板也是回收的老木板,用进口水性漆做哑光处理。二层室外平台也采用回收木板,水性防腐漆,不用防腐木,减少甲醛污染。为保持冬天舒适度,针对莫干山冬天阴冷潮湿的气候特点,设置壁炉和暖气。同时,坚持原舍的一贯风格,室内家具都尽量简洁,但功能保证完善。陈设强调朴实的日常之美,减少一切奢华多余的装饰。

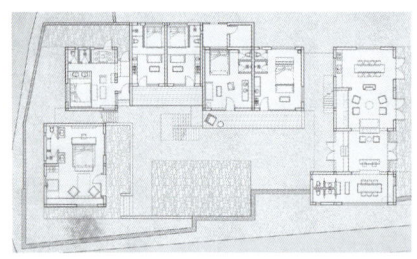 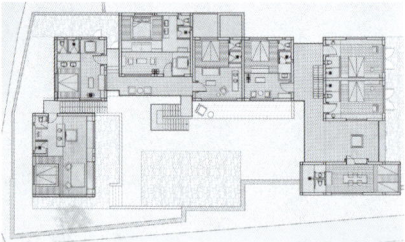

一层平面图　　　　　　　　二层平面图

剖面图

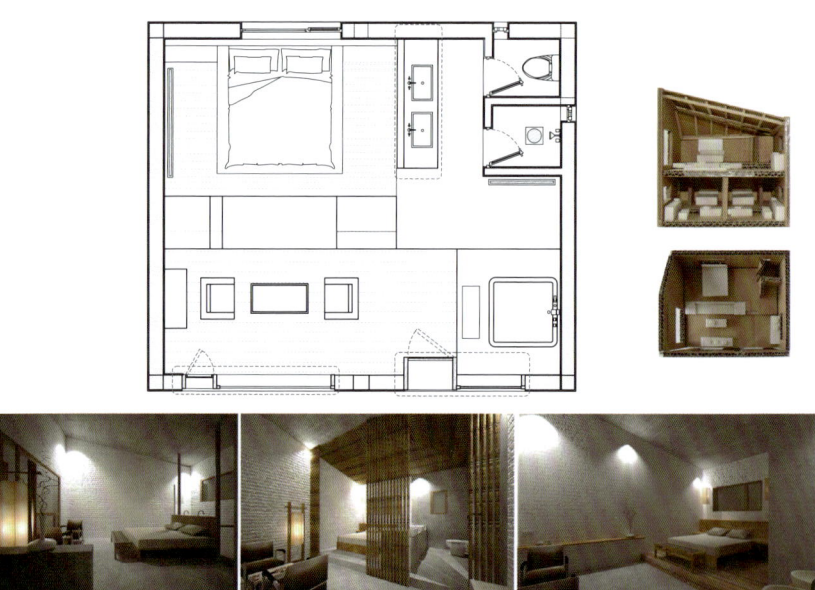

室内装饰平面图、模型及效果图

第四章 莫干山之乡村民宿实践范本

客房为素混凝土墙体搭配木质家具

客房通过大玻璃窗观赏远处的自然山景

209

客房的沙发会客区与餐厅区，背后是一整片落地大玻璃窗，观赏远处的自然山景

客房的沙发区，通过两侧的大玻璃窗，观赏远处的自然山景

客房中大床与沙发会客区有机融合，整体空间比较舒适

客房中的开放式卫浴，浴缸对着大玻璃窗，可以躺着看远处的风景

三、景观设计分析

第一，原舍二期·依田地处山腰，紧靠清境农园的60亩农田，田边远山溪水环绕，西南隔溪对岸是翠竹覆盖的青山，就景观来说视野绝佳。这极好的借景元素，就是该民宿最大的亮点。第二，景观设计的重点是要体现出乡村生活中该有的聚落感。乡村生活不该是孤立的，而应该是有左邻右舍、阡陌纵横、鸡犬相闻和炊烟灯火的生活氛围的。因此，在景观设计上依田更加

注重村落的打造。比如说，景观通过毛石挡墙结合地面灰色砂砾石铺装，再加上一两棵造型飘逸的大树，所营造的整体空间简洁纯粹，既与建筑的风格比较搭配，又能运用于村落聚会交流的活动，体现聚落感。

建筑群实墙面和大玻璃虚实对比，大玻璃窗有灯光透出来，围合出静谧高雅的庭院空间

建筑群围合出院落感，游人可以很好地使用该庭院

简洁的院落设计,砾石、毛石挡墙、汀步及一棵老树(拍摄者:俞昌斌)

可以从建筑物的二层平台处遥望远山,这是两间客房的交流及共享空间

民宿周边环境优美,有水塘、农田,外围群山环绕(拍摄者:俞昌斌)

建筑周边布置简洁的砾石与竹林(拍摄者:俞昌斌)

总之,原舍从一期望山、清境农园到二期依田,建筑、室内及景观设计都在改变,但是它核心的精神却是不变的。朱胜萱先生选择用更极致的设计与更简朴的生活方式来升华属于原舍的价值理念。这不仅是格调上的把控,更是对于"原乡生活"真正意义的践行。而他提出的三部曲:山腰原舍住(原舍),山间农田耕(清境农园),山脚市集游(庚村1932文创集市)则是已经部分实现的宏伟的乡村复兴蓝图。这种归于原本的生活方式,让人在

返璞归真的同时，享受到城乡互动的乐趣。而设计师们实现梦想的地方，这里只是一个起点。它将存在于不经意爬过的一座山间、路经的一座小镇，或许就一直藏在你我的心头。

原舍价值点分析

一	建筑设计类	
1	建筑外形（新风格、传统风格、洋楼风格等）	一期为传统乡土建筑，二期为素混凝土建筑
2	是否是历史保护建筑？是推掉重新修建，还是在原来基础上改建？	推倒重建
3	民宿建筑的风格，地域性特色风格（如云南丽江、大理等纳西族风格等）	现代主义+乡土地域性风格
4	建筑层数（是1层，还是3层，还是7~8层高楼？）	基本为2层小楼
5	建筑外立面使用的材料（木头、玻璃、铁艺、钢结构等）	一期以青砖墙面为主，二期以混凝土墙面为主，结合玻璃
6	特色建筑亮度、爆点（设计的重要性？有设计与没有设计的区别？）	专业建筑师设计及施工，非常时尚、有品位
二	室内设计类	
●	公共空间的室内设计：材质、风格、面积大小、使用功能、分区、配置设施	
7	接待（CHECK-IN）区域的室内设计	一期有大堂、餐厅，目前就是接待处。二期没有专门的接待空间
8	餐饮区域——餐厅、厨房、酒吧、备餐区域	餐厅及大堂适合多人聚会，搞活动，在室外聚餐也非常有特色
9	娱乐活动区域——棋牌室、KTV室、球类运动室等区域	不同的客房楼有不同配置
●	客房的室内设计	
10	客房的面积大小、功能布局、舒适度情况、室内设计风格、地域性特色风格	一期客房面积较大，部分房型有二层，二期客房面积比较紧凑，舒适度都较高
11	床品（床垫舒适度、被子舒适度），床的大小：大床还是双床标间？	床品舒适度高，大多数房间为大床房
12	卫浴房间的大小？是否有干湿分离？	一期部分房型卫浴空间为开放式，较大，二期适中略小，基本都做到干湿分离
13	洗浴设施（毛巾、冲淋洗浴品牌，如科勒水龙头、浴缸等）	毛巾品质好，洗浴设施较高级，设有玻璃围合的淋浴房
14	按摩浴缸（放在户外观赏景观的浴缸，甚至考虑温泉接入）	基本以淋浴器为主，部分客房有观景式浴缸，可以隔着玻璃窗远眺群山

(续)

二		室内设计类	
	15	电器配置（电视机、电吹风等）	客房中电视机等电器都有配置
	16	部分提供自助厨房服务的配置，简易冷餐还是火炉可以做饭做菜的厨房设施？	大多数客房没有厨房，不提供自炊服务
	17	入户门及门手铁艺、房间门等工艺做法	常规做法，略带有莫干山地域风格
	18	窗户外是否有对景、借景？是否在窗下有沙发供人往外看？	客房透过窗户可以看见对面的山脉和农田
	19	是否有阳台？从阳台上往外看的视线效果和视野感觉如何？	不同楼有不同特色，二层局部有阳台可观赏远景
	20	屋顶做法？是否层高足够高？有否阁楼？是否是2层复式小楼？	一期层高较高，但是没有做成复式，二期也没有复式客房
	21	客房室内是否考虑壁炉？是否满足冬季保暖的体验需要？	客房安装空调
	22	工艺品的使用（如艺术画、藤艺、竹编等，提升品位和气氛）	适当设置比较有乡土感的工艺品装饰
	23	儿童床（高低床、加床的）	大多数房间配置了儿童床，平时作为沙发使用
	24	消防、安保设施的布置	大多数房间配置了灭火器
	25	特色室内亮点、爆点（室内与众不同之处）	客房由专业建筑师及室内设计师设计，室内空间很大气
三		景观设计类	
	26	花园面积大小与效果	一期建筑周边有丰富的花园，二期以围合的广场为主
	27	花园的地域性风格（地域特点、长处）	结合客房楼建筑因地制宜设计景观，并融合周边山村环境及风景
	28	植物配置状况（一年四季有各种果树开花结果）	香樟、朴树、桂花、红枫、黄杨等
	29	游泳池区域是否是无边泳池？（有几个游泳池？室内还是室外？大人池和儿童池如何划分？）	没有游泳池
	30	餐饮、酒吧区域的景观环境	有舒朗的草坪，可以在室外就餐喝酒，并在草坪背景处密植大树围合
	31	周边整体区域的资源：（能看到什么与众不同的风景？是否能看见名山大川、农田、梯田、大湖等不同的风景。如何利用周边环境来借景？有哪些自然与文化方面的影响力？）	背后的茶田、远处的农田及山脉，都是可以借景的资源，非常漂亮
	32	地域性小品、艺术品、古董、雕塑的使用	现代主义的景观小品与地域性工艺品融合使用

(续)

三	景观设计类	
33	草坪区观景、婚礼教堂、鲜花布置典礼	一期的草坪及二期的广场可以远眺农田及山脉,并可以开各种户外活动聚会
34	室外跳舞、烧烤、各种活动聚会的区域	一期的草坪及二期的广场
35	户外电影,给人更多晚上的活动和消费	一期的草坪及二期的广场
36	自然生态的景观设计+景观软装装饰效果	乡土风格的毛石挡墙+木质躺椅、阳伞、沙发等景观软装元素
37	景观所用的材料、细部与空间营造	乡土材料,细部简洁现代,空间偏酒店体验为主,以人为本
38	特色景观亮点、爆点(景观与建筑、室内的关系)	建筑掩映于茶田之中,周边环境都成为游客的体验点,大大提升体验效果
四	其他类	
39	民宿主人的职业经历、背景、目标、情怀	著名的景观设计师,民宿圈的网红
40	大致投入的成本及盈利状况	已大致投入约1300万元,计划5年后收回成本
41	经营理念及特色	山腰原舍住(原舍),山间农田耕(清境农园),山脚市集游(庾村1932文创集市)
42	营销宣传方式及口号	口碑宣传及网络营销,如微信朋友圈等
43	普通客房的大致价格	每间客房1500元左右
44	提供的美食、活动等不同体验	土鸡、河鲜、山鲜等美食,聚会、烧烤、交流会等活动

与民宿主人朱胜萱的问与答

1. 你做这个民宿的目标和愿景是什么?你为什么做民宿?你的情怀是什么?

答:2011年,一次偶然的机会下,我和那时还并未炙手可热的莫干山的相遇,让我的乡土梦彻底萌了芽。那个时候的我认为,民宿代表我们想回去的念想,不管是从物质空间回到那里,还是内心想要回到那里。

与我一样,景观设计师贾少杰夫妇、建筑师孔锐,都有着一腔复苏土地的记忆的情怀。历时两年,我们一行人在茶园梯田间,不使用任何涂料、油漆以及人工合成的材料,只用原生回收木材等,一砖一瓦搭建出连排烟灰色民宿,住宿建筑保持了小学堂相似的结构记忆,和谐地融于周边环境与农园山景中。

这就是如今莫干山上的原舍·望山。原本，我只是为了退休之后能与一众老友过过山间隐逸的乡居生活。而如今的原舍，却已经成为莫干山一房难求的代表作。

2012年末，首家原舍在莫干山开启，一跃成为小有名气的民宿。

而在原舍建造的过程中，我却更加意识到，中国的乡村面临着制度、经济、资源重新开发与利用各种问题，作为设计师，空有一腔情怀却根本无法凭借以个体的力量去设计改造，并复活这些乡村。于是，我决定对自身拥有的资源和渠道进行整合，借助各方力量形成合力来解决乡村问题，让城乡之间的关系，从对立变为共生。

到了2016年，原舍在苏州的城乡之界树山村落户，得名云泉与翕厢。我对于民宿的理解也愈发深刻。

当一家民宿徘徊在土地与柏油大道之间的时候，所面临的质疑与叩问愈发犀利。而当把每一个决定都勇敢地付诸行动的时候，一场关于姑苏城外的遗梦拾捡也就此开启。

第一次来到苏州树山村时，我发现了如今原舍·云泉的前身：云泉山庄。这是一家传统温泉酒店，拥有50间客房，在城乡交界的边缘地带，略显萧瑟与凋敝。

至今，云泉山庄摇身一变成为原舍·云泉，让很多人看不懂其缘由。因为体量对于民宿来说有着严格的要求，50间房，似乎是不满足这个"标准"的。

仅一条马路之隔，城乡被鲜明地标记与划分了——这是让我真正动容的地方。在树山村里，原先的云泉山庄就像是个分隔地标，一边是城，一边是乡。但我有个大胆的想法，希望原舍的品牌文化可以彻底打破这个边界。用最柔软的方式与生活状态去软化一个叫作城乡分割的无形界线。即使，它是一间拥有50间房间的民宿。

从莫干山到苏州树山，一路走开，我一直说着那句话"民宿只是一个锚"，是那艘回归乡村与实现乡村产业升级巨轮的锚。这个时代的多元化发展决定着未来民宿会有更多的可能性，而原舍选择独辟蹊径，它或许荆棘满布，或许风雨兼程，却毅然前行着。每一次抛下锚的地方，都是原舍的脚步,每一步都是突破,每一步都是全新的尝试。

2. 请用一句话来说明,你的民宿主题是什么?再各自用一句话来说明,你的民宿在建筑设计、室内设计及景观设计三个方面各有什么亮点?

答:原舍始终围绕着那句话"原色乡土,原本生活"在践行自己对于空间、土地、人这三者关系之间的理解。

莫干山的原舍自2011年底从十几稿建筑方案中,我们就认定了"质朴当代乡村建筑"这一主导概念来建造一个可以和周围村民、土地、自然一起成长的简单房子。

我们用建筑群的密度与院落营造紧密亲切的微型社区,户外院落提供人们仿佛田间收工归来闲话交流的场所;用熟稔的氛围使居住者感觉到归来返家的认同感而安土重迁;用乡宅示范出了乡村建筑与环境的关系;用加厚墙体营造壁垒般坚实的安全感;用每一面开窗关心户外山林风景细节。

在原舍·望山内,对细节的呈现更是近乎偏执。当地淘得的老古董家具,那或许是你儿时记忆里才有的剪影;床和柜子,由当地民间手艺人亲手打造,精致的榫卯结构与严谨的密接连合,在看不见的原木内里,却满是对于工艺的苛刻要求;室内木地板选用当地旧地板,不上漆,粗糙的表面呈现出的是岁月真实的凹痕;所有室外的楼梯与阳台的木地板,更是远道而来的日本工艺大师亲手铺就,连一个螺丝钉都确认再三。在乡野老物的独特质感和民间工艺的精雕细琢之下,极简主义风格却表达出了最深刻的乡愁情怀与乡村生活美学。

在苏州的原舍·云泉,我们坚持着寻找当地老物的记忆索引,在每一间房内,都有着由苏州非物质文化遗产木桶匠人制作的木浴桶。在原舍·翕厢,苏绣国家级传承人姚建萍女士的苏绣作品融入所有房间的设计之中,原舍·翕厢将成为中国首家苏绣艺术美宿。另外,原舍·翕厢会还特别聘请了当地顶级苏州私厨,用美食牵引人们品味地道的姑苏生活。

其实,不论原舍落脚何处,都在每一处细节之中呈现着它对于在地文化的传承与延续。

3. 如何在中国（甚至世界范围）推广你的民宿？

答：其实，我自己没有对原舍进行太多的推广计划与安排，从最初朋友的入住逐渐口口相传，到如今越来越多的媒体通过各种形式来报道介绍原舍，从而有了更加多的人群来关注原舍。一切可以说是自然而然发生的。

伴随着原舍在莫干山的成功，之后落户苏州、昆山等十个村落都获得了极高的关注度。很多人都好奇原舍会怎么做下去，原舍会给人们带来怎么样新的惊喜。

4. 你的民宿如何来盈利？如果现在不盈利，你预计多久会盈利？如果一直都无法盈利，你有新的计划吗？

答：原舍之于我对于乡村的意义我已经在上文中提及，我对于原舍的定位不仅是一家民宿，而是一个锚，是那艘回归乡村与实现乡村产业升级巨轮的锚。因此，相对于盈利的问题，我更专注整个村落的生态圈是否成功。

比如在莫干山，依托原舍，我带领着我的团队，做了"莫干山计划"初涉乡村建设工程。莫干山计划包括了原乡民宿"原舍""清境农园"和"庚村1932文创园"。

莫干山计划试图打造乡村生态圈的概念，将生产、生活、生意形成一种可良性循环。但这其实只是乡村综合体1.0形式的雏形，虽然植入了不同业态，但功能分散，没有牢牢粘黏在一起。所以，我之后又做了2.0版本的无锡"田园东方"项目，此时已经将关注重点，放置在如何发挥产业综合效应之上。

随后，我和我的团队一直在探索并优化乡村综合体。目前，已经以"乡伴"为品牌布局了一些系列城乡统筹计划，已经着手建立了乡伴·莫干山、乡伴·树山、乡伴·计家墩、乡伴·云谷、乡伴·南京、乡伴·阿者科、乡伴·松阳、乡伴·余姚、乡伴·阳山、乡伴·绿乐园十个新乡村综合开发村落。

5. 你如何经营你的民宿？在经营过程中，你遇到哪些问题并如何去克服？比如说有哪些个性化的问题？

答：如上所述，我将原舍进行了品牌化建设和连锁化经营，注入部分乡村综合体中。而从一间民宿，发展到十个乡村的建设路径。这其实在民宿行业引起了不小的争议。

民宿行业强调"小而美",推崇有温度的主人文化与个性化特质。而我的"原舍"系列推动着我的乡村建设项目,以连锁的形式拓展"原舍"版图,这在民宿行业内也遭受质疑。

那么,到底应该如何进行连锁化与差异化经营的呢?这可以说是遇到的最大的问题了。

我认为,原舍所做的连锁,只是品牌、团队和渠道的连锁。连锁的方式有很多,如传统连锁酒店般的复制形式,只是连锁的一种方式。并非单店地去做,非得保持个体的独立性才叫品牌。我调用了自身的优秀的团队进入每一个原舍项目中,人是连锁;已经打通的渠道,再进行同样的合作,渠道是连锁的。

但原舍的产品并不是连锁的,莫干山原舍、苏州原舍、昆山原舍等连锁,虽然不以主人文化为出发点,但都是与当地在地文化的结合,差异性在原舍的各个连锁店之间已经产生。而原舍与所在地具有地缘上和文化上接近性的其他旅游目的地之间的差异化,我主张通过创新的形式来实现。

以昆山的锦溪项目为例,毗邻周庄等早已声名在外的旅游景区,受孕于同样的江南水乡文化。而我却弃用了江南古镇的文化来对昆山进行复苏,做的是砖窑改造。通过对中国古代砖的文化研究,我收集了各种各样的有关于砖的物件,通过锦溪的民宿,对长三角所有古砖进行搜集和研究的人进行了聚合。所以,创新选择在地文化的不同切入点,并且重新植入现代人需求的东西,这在差异化的打造上也十分重要。

在地文化并不在于老屋和老文化,而更多地在于现在这群人回去以后从那块土地重新长出来的文化。所以,在没有深厚在地文化可以嫁接的时候,也可以选择创新出新的、属于我们当代人的文化。

基本信息:
地址:浙江省湖州市德清县莫干山镇南路村
网站:www.qingjingsh.com

DNA4 用情怀联结自我与乡村（设计师民宿2）
——遥远的山[一]、云溪上[二]

一个好的民宿主人就是好的管理者，他的情怀就是客人要来听的故事。乡村、民宿、主人、设计师、情怀，是一系列结合在一起的关键词。民宿的设计与开发作为设计师的转型方式，大有可为。如今，城市的房地产开发走到高度商业化、系统化、金融化之后，结构体系趋于稳定。乡村作为城市的互补，随着国家政策的不断放开和鼓励，必然要有所发展和演变。设计师原来在房地产产业链的最底层，收取一点点少得可怜的设计费，十多年设计费不升反降。而如今设计院产能过剩，纷纷裁员降薪倒闭，许许多多的设计师需要寻找新的方向。

而如下这两个案例的主人都在设计行业很有名气，设计事业蒸蒸日上，发展越来越好。所以，他们用情怀连接自我与乡村，用他们的财富建设他们心中的乡村民宿的模样，这是非常有成就感和开心的事。可以看出，乡村民宿业的发展，设计师完全能掌控全流程。这时候能抓住机遇的人应该因时而上，迅速转型，这样既有可能赚到真金白银，又展现了情怀。本节就是要探索有志于开发乡村民宿事业的设计师如何借此机会破局和突围，在今后的五到十年之中掌握自己的命运。

[一] 遥远的山的部分照片由俞昌斌拍摄，其余未署名照片为遥远的山提供。
[二] 云溪上的部分照片由俞昌斌拍摄，其余未署名照片为云溪上提供。

遥远的山
FARAWAY MOUNTAIN

远山脚下的民宿"遥远的山"

很多人的心中都有一座遥远的山,找那么个远离城市的大山,开三分地,盖一间房,最好能符合这些桃源般的想象:云涤荡、鸟飞翔、虫低语、树婆娑……莫干·遥远的山,便是酒店主人按照这样的意向建造的,这是他们的梦想。

该民宿的主人是王胡子(王喆仡)和Jane(姜静波)夫妇。他们爱山,爱旅行,更热爱书和音乐。王胡子做了20年的设计师,帮别人设计了无数的酒店。这一次,他想为自己做一个无拘无束的乡村民宿,可以任意妄为,就为了好玩。女主人Jane是美籍华人,2013年初来莫干山度假一眼就看中了现在的这块地方,于是便有了遥远的山,他们在山里的家。

原有的民房及基地现状

遥远的山由男主人亲自动手设计,是乡土文化与度假享乐的完美结合。土墙、老石板、老木头、老竹竿的大量使用,便是向乡土致敬,甚至每一扇木门都蕴含着数十年的沉淀。泳池和法国Desjoyaux的循环设备、西班牙Roca的独立浴缸、法国L'OCCITANE的洗浴用品、乳胶床垫枕头……这些则是度假享乐的必需品。至于到了冬天,壁炉和无处不在的地暖设备,更是山里冬日不可或缺的温暖保证。加拿大民谣歌手行吟诗人Leonard Cohen的全套CD,本土民谣歌者赵雷、大冰、纣王、小娟等人的音乐,金庸、张爱玲、余华、三毛、莫言、路遥、大冰、张嘉佳等人的文字,是这个民宿的情怀。也许每个人的心中都有一座遥远的山,也许天下根本就没有远方,哪里都是故乡。

上面三张图片,反映了本民宿的施工过程

一、建筑设计分析:

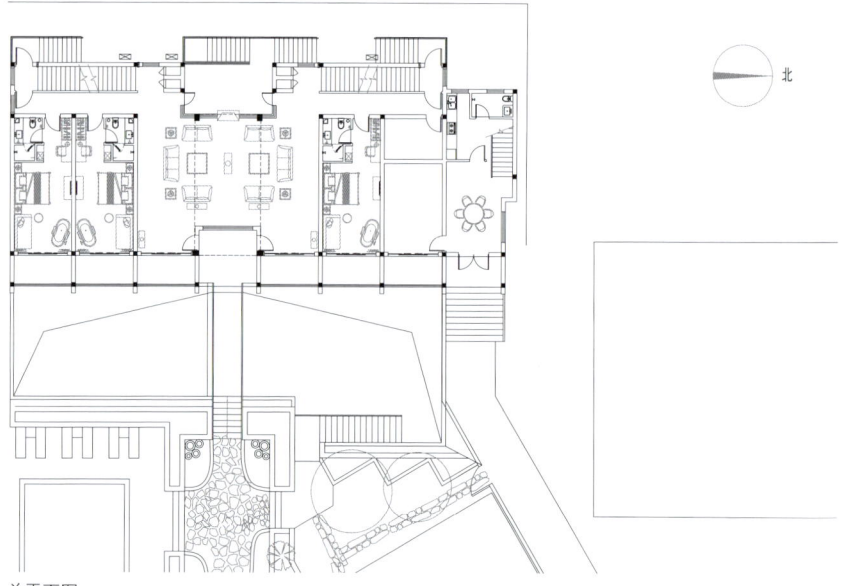

总平面图

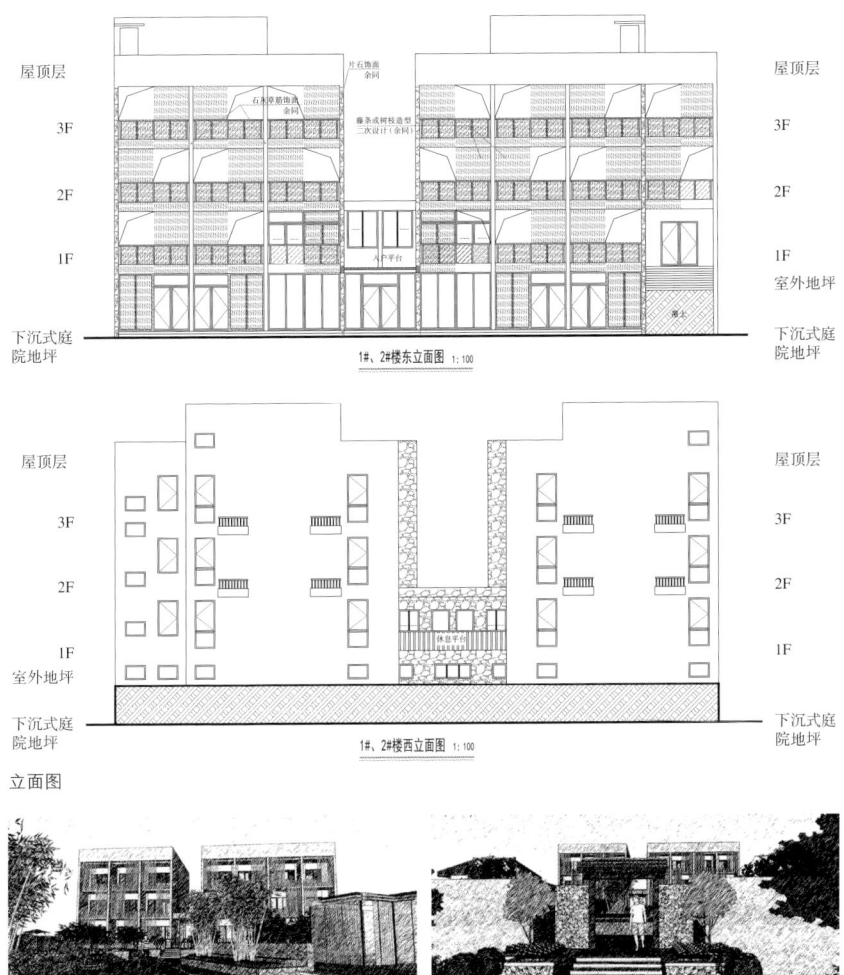

立面图

建筑设计系列透视图

遥远的山处于进入莫干山洋家乐区域的必经之路，而且就在大道的边上，非常好找，地标性也非常明显。可以说，选址非常成功，选对好地方就等于成功了一大半。其建筑面积约为1200平方米，有16间客房，每间客房的售价1300~1800元不等。它建筑的造价是180万元，装修的造价约为950万元。所以这个民宿的成本差不多1100万元左右，一个房间50万~70万元的成本投入。它的工作人员是1:1配比的，大概有20个工作人员。

在建筑的空间布局上，民宿主人提出把建筑退在最后面，把前场全部作为景观用地，布置游泳池、茶室等，通过景观园路联系起来，游人走过景观区最后进入民宿建筑。该空间布置明确合理，建筑的观赏视距足够长，游人的心理体验非常丰富，能感受到与众不同的乡村景观环境。

建筑立面没有很复杂的形体，是非常简洁纯粹的两个方盒子，每个方盒子里面套着几个小盒子（客房）。外墙面是杭州传统的夯土墙做法，每个房间的外立面用竹子来做部分的围挡及立面装饰。竹墙外立面是莫干山的地域性符号。两个方盒子的中部用一层的构筑物连接，作为大堂等休息、交流的空间。该建筑立面的夜景很有感觉，晚上灯光从室内射出来照亮了整个花园，体现了该乡村民宿的精细度和民宿主人的设计把控能力。

总而言之，该乡村民宿的建筑风格要体现"在地性"，即莫干山的乡土地域风格，主要有以下三点来体现：

1) 外墙面用黄色的夯土材料来做，体现江浙地区的乡土地域性语言。

2) 竹材作为建筑外立面的主要元素，由不同的长度组合在一起，形成几个类似"黑洞"的虚空间。阳台作为虚空间，躲藏在竹墙背后，游客可以坐在里面观看楼下的景观区域，显得私密性很好。

3) 入口处与茶室使用了茅草屋顶，体现出莫干山的乡土地域性。

黄色夯土的建筑立面与高低错落的竹格栅所形成的虚实对比

雪后，建筑立面的夜景效果

建筑夜景灯光效果,前景是非常唯美的游泳池

二、室内设计分析

遥远的山的公共区域把室内设计主要集中在大厅等候及会客区域,其沙发的色彩经过精心的选择,茶几用当地的木板装订整合而成,上铺一张当地的麻布,给人很乡土又很温馨的效果。沙发周边的展示柜及小圆桌都极富装饰趣味,木板结合铁艺构件展示出工业感。该区域的吊顶使用了宽大的木板装饰,体现出乡村的情调。墙面为黄色碎拼石材,地面是暖黄色的混凝土地面,整体色调为暖色系、温馨、高雅,与木色的乡村感觉相互呼应。另外,灯光布置也使得整体空间更为柔和。

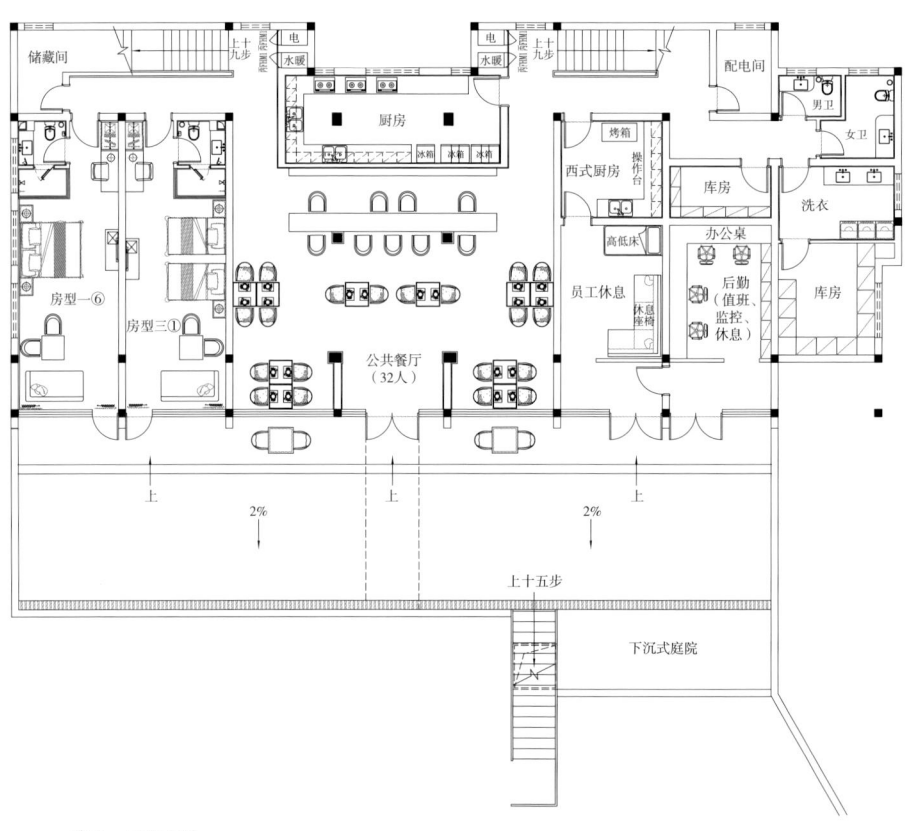

地下一层平面图

下十步
上十步
下十步
下十九步
上十九步
乙FM1
电
水暖
休息平台
房东卫1
布草库
房东厨房
客厅
房东卧室1
房东客厅餐厅
房型一⑤
房型三②
房型三③
入户平台
阳台
阳台
阳台
阳台
阳台
房东阳台
上桥
桥
下沉式庭院上空
下沉式庭院上空
上桥
下十五步

一层平面图

下十步
上十步
下十九步
上十九步
电
水暖
淋浴
房东卫2
房型一③
房型三⑤
房型二①
房型一④
房型三④
房型二②
房东卧室2
阳台
阳台
阳台
阳台
阳台
阳台
房东阳台

二层平面图

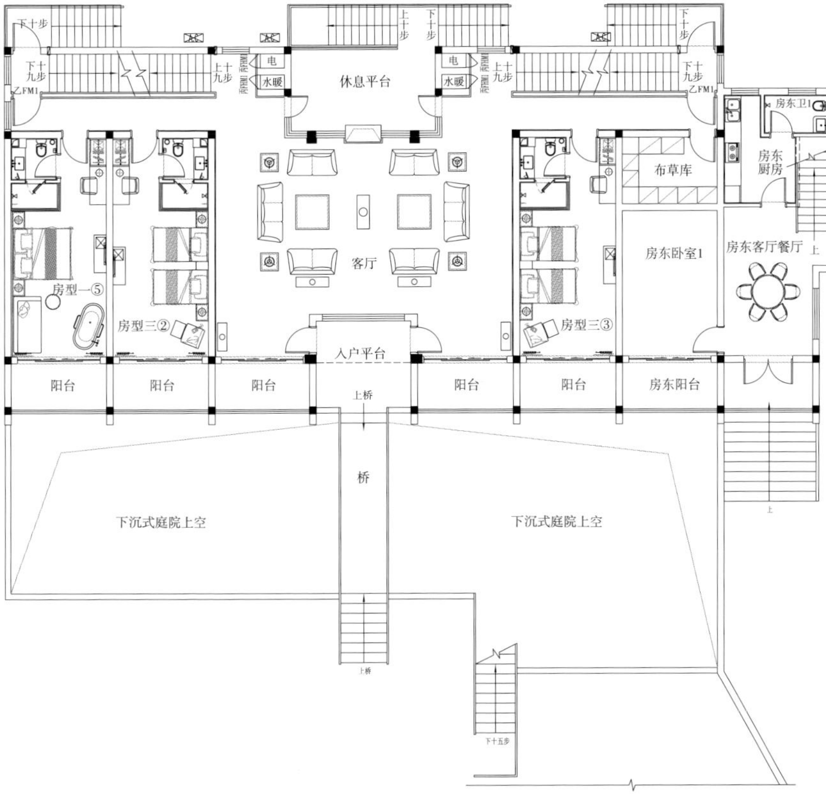

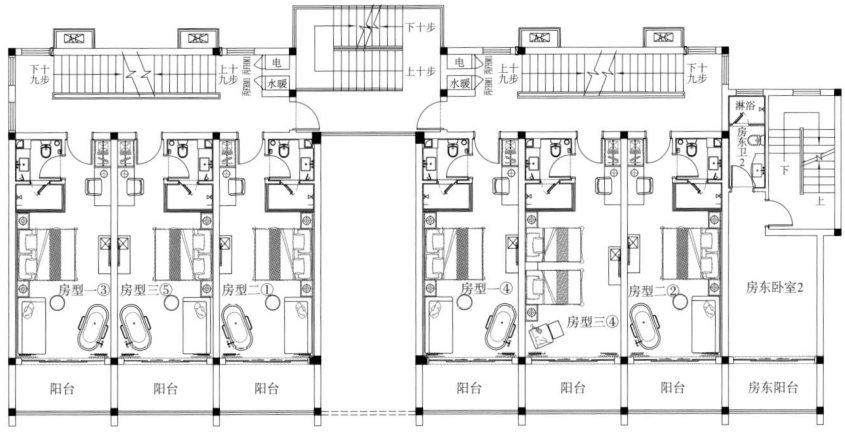

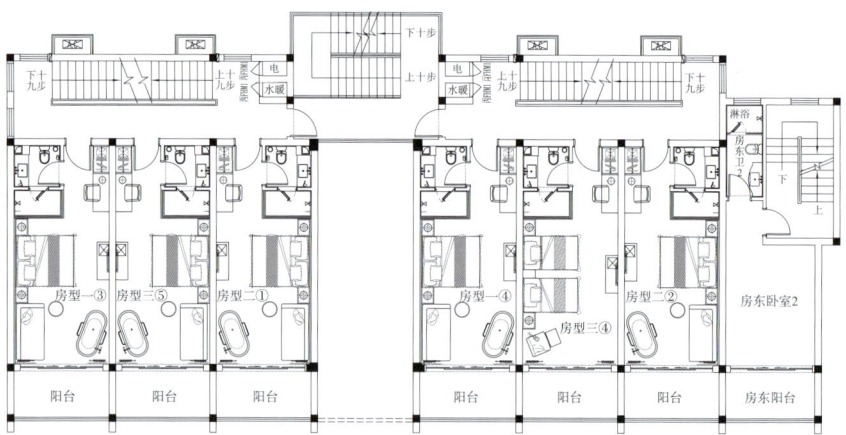

三层平面图

室内设计系列效果图

大厅等候及会客区域的室内设计与软装布景

沙发围合的茶几，摆放陶罐及插花的花艺作品　　酒吧台的背景橱柜，摆放各种酒类及饮料，顶部摆放各式人工编织的竹篓子

陶土罐结合插花等花艺作品是莫干山民宿之中不可或缺的展示符号，已在多个民宿中看到了。而该民宿室内的花艺作品处处体现出女性化的符号色彩，也使整体空间充满了乡土的情调，沙发靠垫的丰富色彩也颇显生活化的设计语言。

客房室内的设计亮点有如下几点：

墙体是黄色的夯土墙，表面为粗糙的植物纤维填充物的效果。虽然是非常传统的建筑做法，但是其保温、隔音的效果非常好。

大床非常舒适，床品经过了精心的挑选。而大床背后的墙体不再是夯土墙体（这种粗糙的墙体材质，人靠在上面体感非常不舒适），而是由多块长条形状的老旧木头拼接而成的大木板，这是在立面材质上的转换。床架也极有腔调，用原木制作而成，并用麻绳在交接口处进行绑扎，其怪异的造型让该大床很有特色。床上悬挂布幔或蚊帐，都使之成为客房之中的视觉焦点。

客房中灯具（如床头灯、沙发处悬垂灯具等）的造型非常与众不同，这也是民宿主人在软装设计上的用心之处。

其浴缸是开放式的，就摆在大床边上，彰显出非常现代的生活情调。同时，在浴缸的角落之中摆放着莫干山地区常见的手工竹编的小竹篓子，让人感觉爱不释手。而其卫浴空间是一个玻璃隔起来的区域，内部有坐便器和淋浴器，也是干湿分离的做法。因为该民宿主人通过大量数据的分析，判断出在民宿中使用浴缸的游客非常少，所以他把浴缸作为一个时尚的家具摆在客厅之中，作为一个装饰品，而不是常用的生活器具。

其阳台上摆放着两张竹椅和一张木圆桌，非常温馨浪漫。游客可以透过竹格栅远眺风景，非常闲适。竹格栅作为立面元素，由于其天然的弯曲度使该立面的效果多了几分乡土情趣，这就是设计师主人想要表达的设计语言。

总体而言，该民宿的客房空间略显紧凑，这是该民宿主人通过对客房数量、面积与投资回报率的计算而得出的设计面积指标。其实，游客在民宿客房的停留时间非常少，除了睡觉之外，更多的时间是在公共空间、庭院花园及山地森林大自然中度过的，所以适当紧凑的客房面积可以带来更高的投资回报率以及更精细化的空间布局设计，而不至于客房空间太空旷。

客房室内的床架、竹竿及绑扎的布幔，成为客房之中的视觉焦点

舒适的床品

浴缸作为时尚家具，摆在客厅之中

大床背后的墙体是由多块长条形状的老旧木头拼接而成的大木板

客房沙发旁悬垂的灯具,造型与众不同

阳台上摆放着两张竹椅和一张木圆桌,非常温馨浪漫。游客可以透过竹格栅远眺风景,非常闲适

三、景观设计分析

景观设计效果图表达景观细部

景观设计中的第一个亮点就是它的游泳池。游泳池是非常简洁的长方形,直角而没有任何弧线,池底满铺蓝色的马赛克,便于游泳,也可兼顾儿童戏水使用。泳池长边两侧一侧是一个休息亭,亭内可以坐下约十个人聊天交流,另一侧布置阳伞与躺椅,满足游泳者休息的需要。这是非常实用、安静、舒适的游泳池,也是莫干山民宿之中少有的高端配置。

安静、精致的游泳池，一侧是茅草亭，另一侧是阳伞躺椅

烟雾空濛的时候，泳池在灯光的照射下十分唯美

第二个亮点是关于书吧兼茶室。这是在景观中的一个茅草屋小建筑，游人可以在里面喝茶休息。茅草屋给游人的感觉是整体融于山乡，又与周边竹林结合于一体。茶室内部可同时容纳两组不同的客人，一组在大茶桌喝茶，另一组人在旁边的沙发处休息聊天。其室内空间挑高很高，所以空间很舒适，用老木头装饰得非常温馨，又有乡土地域性。

书吧兼茶室的茅草屋造型，低调优雅（拍摄者：俞昌斌）

喝茶的长桌、10人座椅及茶具（拍摄者：俞昌斌）

第三个亮点是室外的壁炉烧烤聊天区域,这是一个游客露天交流的场所。大家傍晚在室外烧烤、喝酒、聊天,旁边有壁炉就不会觉得冷,可以更好地交流。一般来说,到莫干山旅游的人都喜欢一边坐在室外看群山和森林,一边聊天,这样更放松,也更有情趣。

室外壁炉烧烤聊天区

碎拼的毛石挡墙既自然纯朴,又粗犷乡土,很好地体现了该民宿的品质感

壁炉烧烤区的雪景

在景观的细部设计上有以下几个亮点:

碎拼的毛石挡墙也是江浙一带的乡土做法,体现出独特的在地性。该毛石挡墙既自然纯朴,又粗犷乡土,做工非常到位,很好地体现了该民宿的品质感。毛石挡墙上摆放一些黑色的特色陶罐,这彰显了莫干山村的地域性,也是很好的装饰物,我们在多个乡村民宿都看到过。

洗手池是一个亮点,用老木头包住水龙头管道,下面一个旧石容器摆放在草地上,背面靠着毛石挡墙,整个空间及材质都非常舒适,乡土、自然。

植物种植颇为野趣,适当点缀几棵大树,其余基本是各种灌木。民宿主人希望通过少量种植,使花园的空间更加开敞。而整个民宿的背景就是后面的山体和森林,特别是一大片竹林随风摇曳的效果非常唯美。所以,民宿主人希望少用人造的景观,而多引导游客看看自然的山水。

其民宿周边的围墙也是与建筑一致的黄色夯土墙,入口是一个茅草屋顶的建筑入口。相信该民宿主人是喜欢低调、沉稳、有内涵的景观,而不是张扬、高调的装饰。

　　游泳池、茶室周边及花坛中的灯光照明也是夜景的亮点。当天黑下来或山雾空濛的时候，游泳池、茶室、烧烤区及周边的花园就会泛起昏黄柔和的光晕，让游客流连忘返。总之，该花园中的夜景灯光的布置是非常用心的，体现出这是莫干山中一个以优美景观花园为亮点的高端乡村民宿。

主人那只喜欢趴在门口迎宾的狗

夜晚，花园会泛起昏黄柔和的光晕，让游客流连忘返

从酒店建筑往外走，看到两侧的景观庭院

从酒店建筑往外走，看到两侧的雪景

毛石挡墙上摆放一些黑色陶罐，彰显了莫干山民宿的在地性

遥远的山价值点分析

一	建筑设计类	
1	建筑外形(新风格、传统风格、洋楼风格等)	现代主义建筑风格
2	是否是历史保护建筑?是推倒重新修建,还是在原来基础上改建?	推倒重建
3	民宿建筑的风格,地域性特色风格(如云南丽江、大理等纳西族风格等)	现代主义+乡土地域性风格
4	建筑层数(是1层,还是3层,还是7~8层高楼?)	3层小楼
5	建筑外立面使用的材料(木头、玻璃、铁艺、钢结构等)	夯土墙、石块、竹、木头等材料
6	特色建筑亮度、爆点(设计的重要性?有设计与没有设计的区别?)	专业建筑师设计及施工,非常舒适、乡土、有品位
二	室内设计类	
●	公共空间的室内设计:材质、风格、面积大小、使用功能、分区、配置设施	
7	接待(CHECK-IN)区域的室内设计	一层有接待区域,依靠网上预订系统
8	餐饮区域——餐厅、厨房、酒吧、备餐区域	餐厅大气、舒适,能同时容纳近40人;比较有情调
9	娱乐活动区域——棋牌室、KTV室、球类运动室等区域	刻意回避闹的娱乐活动,设置静态的书房、茶亭等
●	客房的室内设计	
10	客房的面积大小、功能布局、舒适度情况、室内设计风格、地域性特色风格	客房面积较大,中国南方乡土风格结合美式乡村风格,舒适度极高
11	床品(床垫舒适度、被子舒适度),床的大小:大床还是双床标间?	床品舒适度极高,大多数房间为大床房
12	卫浴房间的大小?是否有干湿分离?	卫浴空间适中,全部干湿分离
13	洗浴设施(毛巾、冲淋洗浴品牌,如科勒水龙头、浴缸等)	毛巾品质好,洗浴设施西班牙Roca,设有玻璃围合的淋浴房,没有独立浴缸
14	按摩浴缸(放在户外观赏景观的浴缸,甚至考虑温泉接入)	无温泉,户外没有按摩浴缸
15	电器配置(电视机、电吹风等)	客房中电视机、电吹风等电器都有配置,客厅、书房等公共区域设有壁炉
16	部分提供自助厨房服务的配置,简易冷餐还是火炉可以做饭做菜的厨房设施?	设有专业厨房设施,无自助厨房
17	入户门及门把手铁艺、房间门等工艺做法	常规做法,略带有莫干山地域风格和美式乡村风格
18	窗户外是否有对景、借景?是否在窗下有沙发供人往外看?	客房透过落地窗可以看见对面的山脉,窗旁有沙发
19	是否有阳台?从阳台上往外看的视线效果和视野感觉如何?	全部有阳台可观赏远景,有天台可观看繁星
20	屋顶做法?是否层高足够高?有否阁楼?是否是2层复式小楼?	屋顶为混凝土楼面,层高3米,无复式小楼
21	客房室内是否考虑壁炉?是否满足冬季保暖的体验需要?	客厅有壁炉和地暖,客房中安装地暖
22	工艺品的使用(如艺术画、藤艺、竹编等,提升品位和气氛)	所有房间内有艺术画展示,还配合比较有乡土感的工艺品装饰

(续)

二	室内设计类	
23	儿童床（高低床、加床的）	大多数房间配置了儿童床，平时作为沙发使用
24	消防、安保设施的布置	消防按国家消防法规严格设计、施工
25	特色室内亮点、爆点（室内与众不同之处）	专业室内设计师和专业软装设计师设计，很有特色
三	景观设计类	
26	花园面积大小与效果	花园面积1500平方米，效果口碑很好
27	花园的地域性风格（地域特点、长处）	融合周边山村环境及风景，为中国南方乡村风格结合美式乡村风格
28	植物配置状况（一年四季有各种果树开花结果）	一年四季更替有不同效果
29	游泳池区域是否是无边泳池？（有几个游泳池？室内还是室外？大人池和儿童池如何划分？）	有游泳池，非无边
30	餐饮、酒吧区域的景观环境	餐厅、酒吧周边环境很优美
31	周边整体区域的资源：（能看到什么与众不同的风景？是否能看见名山大川、农田、梯田、大湖等不同的风景。如何利用周边环境来借景？有哪些自然与文化方面的影响力？）	整个山村的村舍、村民、山脉及树林都是景观资源
32	地域性小品、艺术品、古董、雕塑的使用	主人亲手画的油画、主人旅行照片、插花与地域性工艺品融合使用
33	草坪区观景、婚礼教堂、鲜花布置典礼	无大草坪
34	室外跳舞、烧烤、各种活动聚会的区域	泳池区域和其他室外公共区域可以开各种户外活动聚会
35	户外电影，给人更多晚上的活动和消费	无户外电影，有屋顶露台可进行晚上活动和消费
36	自然生态的景观设计+景观软装装饰效果	乡土风格的毛石挡墙+木质躺椅、阳伞、沙发等景观软装元素
37	景观所用的材料、细部与空间营造	乡土材料，石头、土墙、木头等
38	特色景观亮点、爆点（景观与建筑、室内的关系）	建筑隐藏于整个山村之中，山村、村民、山脉及树林都成为游客的体验点，大大提升其旅居的体验效果
四	其他类	
39	民宿主人的职业经历、背景、目标、情怀	男主人为中国美术学院毕业，女主人为美籍华人，热爱旅行、书和音乐
40	大致投入的成本及盈利状况	已投入约1200万元，计划5年收回成本
41	经营理念及特色	遥远的山——每个人的心中都有一座遥远的山
42	营销宣传方式及口号	网络营销，如微信朋友圈等
43	普通客房的大致价格	客房每间1300~1800元
44	提供与众不同的美食、活动等特色体验	土鸡、河鲜、山鲜等美食，聚会、烧烤、观星等活动

与民宿主人王喆亿的问与答

1. 你做这个民宿的目标和愿景是什么？你为什么做民宿？你的情怀是什么？

答：希望遥远的山是我们在乡村的家，也是客人在乡野之地的别墅，有书房、有客厅、有餐厅、有泳池、有壁炉、有酒吧，让客人可以自在地享用这一切。

2. 请用一句话来说明，你的民宿主题是什么？再各自用一句话来说明，你的民宿在建筑设计、室内设计及景观设计三个方面各有什么亮点？

答：我的民宿主题：每个人的心中都有一座遥远的山。

建筑设计、室内设计、景观设计的亮点为三者合一，为乡土文化和舒适度假体验的完美结合。

3. 如何在中国（甚至世界范围）推广你的民宿？

答：通过网络推广。

4. 你的民宿如何来盈利？如果现在不盈利，你预计多久会盈利？如果一直都无法盈利，你有新的计划吗？

答：因建设前期做了周密的商业测算，所以目前盈利状况良好。

5. 你如何经营你的民宿？在经营过程中，你遇到哪些问题并如何去克服？比如说有哪些个性化的问题？

答：经营的核心两个字：用心。

如何与政府职能部门打交道？如何与周围村民相处？这是建设和经营过程中两个最典型也是最难的问题。解决之道最主要方法也是两个字：诚恳。

基本信息：

地址：浙江省湖州市德清县莫干山镇劳岭村岭坑里13号

微信公众号：yydeshan

云溪上，白色建筑立面的中国风民宿，现代设计手法，意境简洁高雅

    云溪上坐落于浙江省德清县莫干山北线尽头111乡道末端的木竹坞村。其地理位置远离市区，总占地面积2500平方米，建筑面积2000平方米，预计总投资额1800万元。该乡村民宿共由四栋主体建筑物组成。其中公共部分为大堂、餐厅、阳光咖啡吧、露天近水平台、游泳池、温泉、影音室、书吧等服务设施。客房部分共计22间，其中6间标准房、6间大床房、10间套房。其经营内容是给游客提供客房、餐饮、会议及休闲等四种类型的服务。当然，我们要了解一个民宿，就必须要了解这个民宿的主人。云溪上的主人名叫余味，他为本书所写的下面这篇短文真实地表达了他的人生经历以及建造云溪上的初衷。

致渴望
——我与云溪上
余 味

    2014年秋，我前往莫干山，出发前我预订了一家民宿。这间民宿坐落在一个普通村落里，路挺难找，导航一直出错，半途我有回头的念想。好不容易找到了，停车是个问题，只能停在坡道上，我拉了手刹还遛车……来了个女生，自称管家，带着我们拾阶而上，转了几个弯，突然眼前一亮。刷白外墙顶盖青瓦，落地玻璃大窗户，钢结构顶着挑空阳台。这是很干净且现代风格的建筑，把其质朴的原貌也保留得很好。房子前头有个晒谷场，满铺着青翠的草皮，零零星星地扔了几根木头。由于此处地势较高，所以站在院子向外看特别开阔，远处竹林山脉层层叠叠，好不惬意，一路的不快瞬间抛之脑后。当时感觉：这地儿真好。

晚饭时间，我遇到了这个民宿的老板。由于我和他年龄相仿，因此我们交流起来。老板人很随和，得知是上海来的，花了一年的时间找到了这个民居，怎么租下来，怎么设计施工，怎么解决当地矛盾……说了好多。我和朋友听得津津有味。末了，得知他居然是同济校友，瞬间感觉遇到了亲人。这位民宿老板现在和我是很要好的哥们，他叫吉晓祥，他的民宿就是莫干山上鼎鼎有名的大乐之野。

第二天吃过早饭，我驱车前往木竹坞村。木竹坞村坐落于111乡道的尽头。由于地理位置偏远，该村是整个德清县最贫困的村庄，没有之一。也恰因如此，才保护了这片处女地，这里尚未受到任何商业形式的开发。整个村落民风之淳朴，勾起我儿时去表舅公家过暑假的回忆。

时光流转回二十多年前，我虽然读的是市重点中学，却是每个老师看到都头痛的烂学生。调皮捣蛋一只鼎！我爸被班主任叫去学校训话是家常便饭。到后来看门老大爷跟我爸关系倍儿熟，每次我爸校门口一站，大爷笑眯眯地边开门边说：又来啦！那个时候的我只想学画画，心思压根没在学业上，我觉得艺术才能承载我孤傲的灵魂。父母却认为文理科好才是正道。他们对我的爱好完全不予理会，甚至一度扼杀我对艺术的狂热。十几岁的孩子都是那样，家长越反对越叛逆。就这样，我断断续续自我创作，跟他们抗争了近两年。后来，他们实在拗不过我，给我报了个班，我开始正式走上了我的艺术生涯。值得庆幸的是，我遇到了一位好老师。他不仅仅教我绘画技

法，也教我很多人生哲理。于是，在他的画室里，除了学习绘画，也纠正了我身为学生对待学习应有的态度。我开始有了人生目标，开始收敛锋芒，开始明白考上大学的重要性。这个逆转，是让我父母大跌眼镜的。就像电影里演的那样，我是坏学生经过自身努力考上大学的励志片里的主演。

若干年后，我办了场轰轰烈烈的个展，算给自己在家乡的人生历程画上句号。然后，我来到了上海这个遍地充满矛盾又却和谐的城市，传统与时尚、保守与发展、外地人与本地人……太多的碰撞与交融，组合成了这样一座魔性的都市。我喜欢"魔都"这个词，它对上海的形容深入精髓。

我学的是室内设计，从事的也是室内设计。我又很庆幸的一件事就是拿爱好做职业。比起那些工作仅仅只是为了生存的人，我确实够幸运。起码我的工作能给我带来乐趣。梦想是美好的，现实是残酷的。一个外地人来上海打拼哪里那么容易，第一份工作的薪水少得可怜，付完房租就只剩三百，我每天都是数着硬币过日子的。我也曾经为了省饭费走十几公里路上班，也曾经因为少一块钱放下拿起的商品。我也曾怀疑过我来上海闯荡的选择到底是对还是错。说句土鳖的话来过渡一下：命运总是会眷顾坚持不懈的人。在上海熬过了几年苦逼日子，一不小心就柳暗花明地踏上小康生活了。

我们这代设计师，是深受梁志天影响的一代。梁大师对东方文化的理解并将其与现代元素结合的设计手法堪称一绝。我早年对其作品进行反复研究、模仿及变化，慢慢形成自己的设计风格。不久之后，我遇上我的恩师，成了安藤忠雄的徒孙。安藤的"人工化自然"理念将我引入了另一个东方文化理解层面：几何、光影、风水、植物。换个说法可能大家会更容易理解：禅意。我一直不太明白，为什么提到禅意，大家第一反应就是联想到日本？就像看到榻榻米就会想到日式。禅意是中国推崇的意境，榻榻米也是大唐传入日本的，似乎大家都忘记了根源。或许这并不能责怪谁，任何一种文化和物品谁将其推向极致，大家就认定是谁的代名词。前段时间在朋友圈内转发了一篇关于禅意的理论，其中说"日本的禅意是功能性，中国的禅意是趣味性"。虽然我不完全认可这个观点，但我记住了这句话。因为我立志于要表达的禅意，是兼具功能和趣味两者的。虽然现今个人风格不够鲜明及独到，方向也是明确了的。

一晃眼，我从事室内设计工作已过十五载。拜过师学过艺，开过公司拿过奖。虽然谈不上名声大噪，但是我在圈内做东方风格也算小有名气。有的时候开始思考：我这辈子就这样了吧！我这辈子难道就这样了吗？人性其实是渴望变化的，只是更多时候被现实箍住了手脚。

这些年，由于工作时间相对弹性，我也跑了不少地方。大大小小的城镇不计其数，最夸张的是半年内去了三趟内蒙古，只为感受那种辽阔。而且，我出门从来不做攻略，从来没有前期准备，我十几年如一日地坚守着说走就走的旅行理念。虽然也会和经典名胜失之交臂，虽然也会因为不做准备而遇到种种困难，但我依然乐在其中。什么叫旅行？不断出现惊喜才是我追求的真谛。

我开始越来越厌倦城市生活，突发性逃离城市的方式已经满足不了我对自由生活的渴望。

身居深山，溪取瓢饮，点上一支烟，架起画板，进入空灵……

这种念头，挥之不去，一直缠绕着我……

当我踏上木竹坞村的第一步，我就深深地爱上了这个地方。

身后靠着山竹叠叠，门前流淌着溪流涓涓，近处农田一片，远处高山延绵……

我要在这里造座房子，花费我毕生所学将其实现。

要有明亮的落地大玻璃，要有宽敞的画房起居，还要有个温暖的大泡池。

这里没有谈不完的客户，没有做不完的设计，更没有令人窒息的PM2.5。

这里的清晨，是在鸟叫声中苏醒的。

清阳穿过纱幔洒在被褥上，

懒洋洋地起床，煮上一壶咖啡，

冲个澡，坐在大露台上吃早饭，顺便刷刷新闻，看看外面的世界。
上午我应该都是在画室度过的，
因为这个时间我的脑子最清醒，适合创作。
吃好中饭，
我可以上山挖些笋，烧我爱吃的竹笋烧肉；
我可以去溪里捞点鱼虾，这个炖汤挺鲜美；
如果有兴致，可以跟着隔壁老王进山看看夹子昨晚有没有夹到野猪。
回来后，换好运动装备，
山后头有条步行栈道，应该修好了，去跑个十公里减减肥。
四点以后的时间是用来接待朋友的：
住在我家的朋友们，
在这个时候，
或许在客厅里胡侃扯淡，
或许在阳光餐厅喝咖啡，
或许在书房里磨墨练字，
或许在院子里冥想发呆……
我也许会加入聊天，也许会咖啡免单，也许会递上一杯清茶，也许会……
山里的夜是异常宁静的。
数星星这件在城里完全不敢奢望的事情，在云溪上你抬头就能做到。
如果你不甘寂寞，我请你在餐厅里喝酒，
但是声音要稍微小点，不要影响其他人休息。
遇到要撒欢的，我可以领到山坡上去抓萤火虫。
如果云溪上是个梦想，实现它将不再遥远。
2015年秋，云溪上在木竹坞村口悄然开幕。
如果你也渴望安静、渴望逃离，这里就是你的世外桃源。
如果你也渴望自由、渴望发泄，这里就是你的疯狂天堂。
这一次，不再专属个人打造的作品，

云溪上，敞开大门献给每一位有渴望的人。

这一次，致渴望！

一、建筑设计分析

新中式的建筑形体

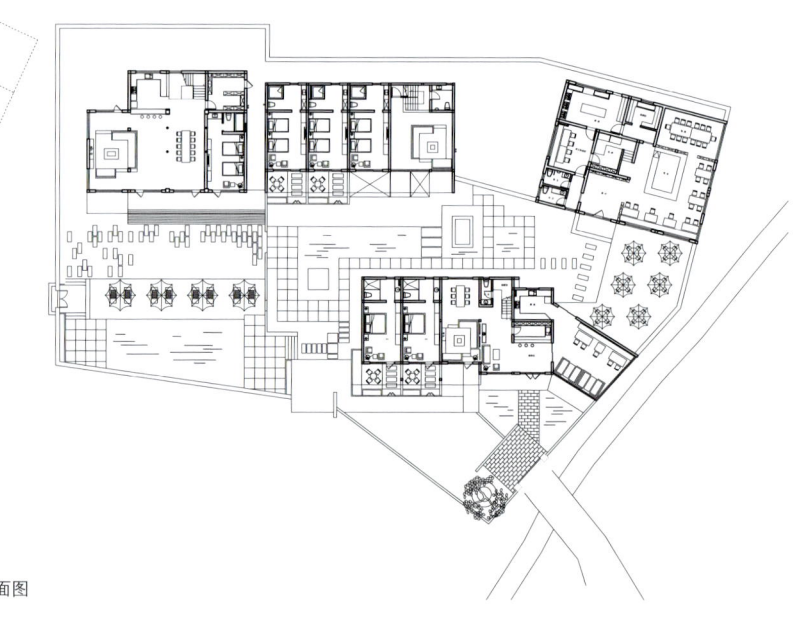

总平面图

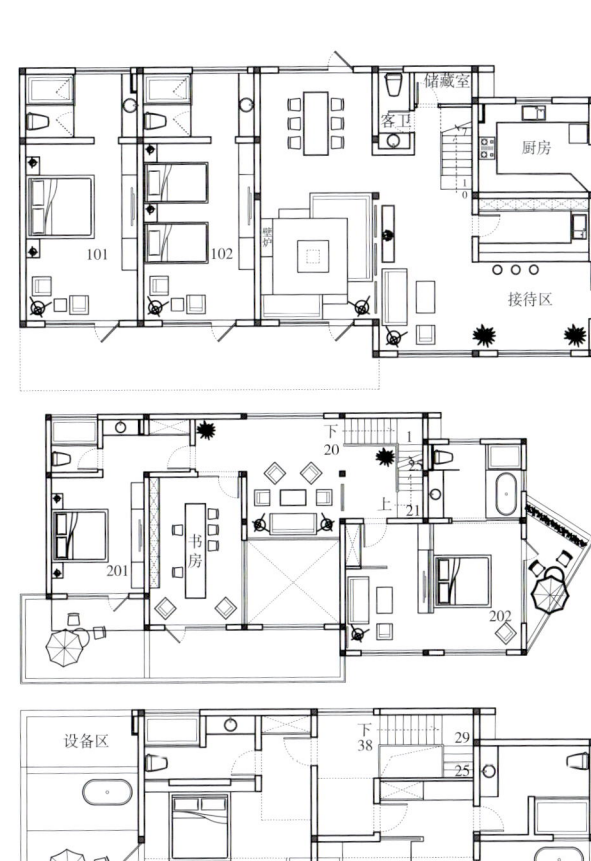

一号楼一层平面图

二层平面图

三层平面图

SU 模型图纸

民宿需要经营者拥有独特的想法、良好的美学观念、健康的生活方式及优秀的设计创意。这些个性化的因素与地方特色及自然环境相互融合，都需要花费大量时间和精力慢慢渗透至民宿骨髓。如果民宿的本质太偏向商业化，那么充其量也就算个乡村宾馆，跟民宿搭不上边。

云溪上是一个重建项目，采用更坚固、更节能降耗的钢混结构替代年久失修的土墙木结构，屋顶为木结构，以此带给游客更舒适的入住体验。考虑到该民宿立足于中国村落，且竹林环绕，具有非常优良的中国风底蕴。于是建筑师团队（余味设计工作室）决定采用新中式的风格来定性本民宿，即将传统元素提炼出来，并采用现代审美来演绎。该民宿的建筑虽说是重新建的，但是修旧如旧，比例与尺度适宜，与周围环境融合得非常得体。同时，建筑师还运用了中式园林设计的借景手法，希望让住客在室内即可坐享室外的完美自然环境。建筑外立面采用了大量落地双层中空玻璃，保证了建筑良

原有老宅的现状照片

施工过程照片

好的保温与隔音效果。该民宿规划为四栋一体,有别于其他民宿项目过于分散或独此一栋,难以形成规模。而且,特别设计了一栋独立的餐饮楼,将住客的休息区与活动区完全分开,动静两相宜。

融于乡村的一栋民宿,细看才发现是专业的酒店设计团队作品,比例尺度都非常舒服,低调而高雅

二、室内设计分析

该建筑师团队在北上广等一线城市拥有近二十年的私人住宅打造经验,深度了解高端客户对住宿方面的精致需求。因此,他们面对现已开张营业的本乡村民宿一号楼,花费了近一半的室内面积打造公共空间,希望给住客带来相似却又不同于五星级酒店的入住体验。正因为上述的考虑,其公共空间设计了挑高6米的下沉式客厅、全玻璃结构的阳光餐厅、面宽近10米的阅览室,以及半木半石的300平方米花园。该公共空间中最有特色的就是右侧有一个玻璃房,作为餐厅使用。可以说,在乡村突然有这样一个很时尚的钢结构

玻璃房，还是让人眼睛一亮的。傍晚的时候，这个餐厅的立面被内部灯光照射，灯光的颜色配着白墙，展现出朦胧优雅的意境。

它的公共空间有一块下沉的沙发区域，其沙发、茶几和工艺品的风格是现代与传统相结合的风格，该区域的木头隔断与细部摆件做得很漂亮。这里要着重谈谈壁炉，它应该是莫干山民宿的标准配置了。没有壁炉的民宿，冬天就比较冷，特别是公共空间大的民宿，冬天冻得根本就没法住。所以，要体现民宿很好的居住体验，冬天用壁炉保暖是必不可少的配套设施。而且现在莫干山的民宿配套设施也越来越高档，有些项目甚至都安装了地暖。

公共空间

该民宿的入口门厅

公共空间中有一块下沉区域设置真火壁炉和沙发，大家可以围坐交流聊天，白色砖墙上的鱼群雕塑非常有情调

二层公共空间的休息区域

餐厅日景

餐厅夜景灯光效果（拍摄者：俞昌斌）

通过精心设计的摆盘以及新鲜的食材，带给游客与众不同的美食体验

  该民宿的客房面积从40~80平方米不等，房型面积与内部规划在其他的民宿项目中遥遥领先，而且各类客房均有户外空间。在家具设施方面，选用全套实木家具、真火壁炉、格力中央空调及采暖系统以及在全区域内覆盖安防系统。在床品方面特选五星级酒店常用的金可儿品牌作为本案的床垫用品，精选进口巴棉80支超五星床品与之搭配，力图达到完美的睡眠体验。在卫浴选择方面也是不惜重金选购德国一线品牌汉斯格雅与杜拉维特作为主打产品，配置佰草集沐浴套装、进口巴棉超五星浴巾用品，为高端住客提供干净卫生且便捷舒适的卫浴体验。总之，游客在充分享受莫干山自然环境的同时，也体验到现代都市生活的高端与便捷，且处处体现中国风的精致与典雅。

这四张图片是客房"醉红"的图片,整体风格灰色系,有点冷灰的感觉

这四张图片是客房"避风"的图片,整体风格是暖灰中带有一点红,线条简洁高雅,强调线性的设计,大平层空间视觉舒展且使用舒适

第四章 莫干山之乡村民宿实践范本

这几张是客房"垂丝"的图片，整体为木色风格，点缀沉稳的黑色，局部一些家具摆件体现现代中式风格

室内家具为简洁的木质桌椅，桌上摆放茶艺和花艺摆件，整体氛围和谐、温馨、舒适，特别是钥匙的红缨和云字 logo 非常醒目　　门锁及钥匙具有独特标识性和设计感

新中式花艺摆件

三角形灯具

三、景观设计分析

该建筑师团队提供了大量半户外环境，希望让住客获得更多与大自然亲密接触的可能。无论是标准间还是大套房，每个客房都拥有各自独立的户外空间。底层客房配备15~30平方米的私人庭院；多层客房配备25~40平方米的私人露台；顶层客房配备35~50平方米的空中阁楼、露天泡池。

该民宿地势独特、环境优美。前有溪流，后靠山峦，用围墙围合出完全独立的区域，使之虽立足于村落，又独立于周边屋舍，可以借景周边独一无二的风景。即将动工的二期，在延续一期优秀的建筑、室内、景观的同时，将植物、奇石与水景等元素与现代风格更有机地结合在一起，打造出清静、怡人、优质的现代中式园林。二期除了推出常规的田园采摘、运动等活动之外，经营者还将与更多高端休闲产品合作。例如与Discovery全球首个探索极限基地合作，与专业泰式SPA合作，与高端闻香馆合作，甚至与私人医师合作办理养生套餐等。总之，二期完成后，云溪上规模更大，配备更健全，可拓展的产品更丰富。

云溪上励志打造莫干山高端消费群体的专业休闲品牌。2015年10月，云溪上代表中国参加意大利米兰世博会，成为第一批登上世界舞台的中国乡村民宿。当前，中央电视台、东方卫视、上海东广台等主流电视、电台、网络平台及自媒体等各种传媒都大量报道云溪上。总之，云溪上的发展前景值得我们期待。

入口的白色景墙上写着"云溪上"几个字,有照壁的效果,夜景与室内灯光交相辉映

入口大门、围墙、照壁、水景、桥等设计元素集中在这个非常局促的空间之内,但是给人很有味道的体验感

该民宿可眺望远山,夜晚观看星星

儿童可以在院子里挖菜或种花

云溪上价值点分析

一		建筑设计类
1	建筑外形(新风格、传统风格、洋楼风格等)	现代东方风格
2	是否是历史保护建筑?是推掉重新修建,还是在原来基础上改建?	推倒重建
3	民宿建筑的风格,地域性特色风格(如云南丽江、大理等纳西族风格等)	现代主义+中式、日式、东南亚等东方风格
4	建筑层数(是1层,还是3层,还是7~8层高楼?)	3层
5	建筑外立面使用的材料(木头、玻璃、铁艺、钢结构等)	白色涂料墙面、玻璃、木条、钢结构等材料
6	特色建筑亮度、爆点(设计的重要性?有设计与没有设计的区别?)	白墙青瓦,用现代审美演绎传统材质

(续)

二		室内设计类	
●		公共空间的室内设计：材质、风格、面积大小、使用功能、分区、配置设施	
7	接待（CHECK-IN）区域的室内设计	一号楼设有前台，所有房间的入住均在此办理
8	餐饮区域——餐厅、厨房、酒吧、备餐区域	二号楼底层为大餐厅，一号楼有玻璃阳光房咖啡馆。另外，在四栋楼里分散布置4个带厨房的餐厅，满足吃货自己动手的需求
9	娱乐活动区域——棋牌室、KTV室、球类运动室等区域	泳池、温泉、影音室、书吧
●		客房的室内设计	
10	客房的面积大小、功能布局、舒适度情况、室内设计风格、地域性特色风格	民宿主人本身就是室内设计出身，所以客房的面积比例、舒适度及功能分配都是其强项。根据客房定位不同，面积在38~88平方米不等。
11	床品（床垫舒适度、被子舒适度）床的大小：大床还是双床标间？	标间和大床房的比例1：2。全部使用进口金可儿床垫，80支巴基斯坦棉床品（远超五星酒店标准）
12	卫浴房间的大小？是否有干湿分离？	卫浴面积超大，基本都能达到10~20平方米。功能配套齐全，设施考究
13	洗浴设施（毛巾、冲淋洗浴品牌，如科勒水龙头、浴缸等）	80支巴基斯坦棉床；杜拉维特、汉斯格雅等德国高端卫浴；国货高端洗浴品牌佰草集
14	按摩浴缸(放在户外观赏景观的浴缸，甚至考虑温泉接入)	三楼的套房露台上都摆放了户外浴缸
15	电器配置（电视机、电吹风等）	小电器全部配套齐全。目前客房没有设置电视机
16	部分提供自助厨房服务的配置，简易冷餐还是火炉可以做饭做菜的厨房设施？	每栋楼有厨房，提供自助烹饪设施
17	入户门及门把手铁艺、房间门等工艺做法	常规做法，略带有莫干山地域风格
18	窗户外是否有对景、借景？是否在窗下有沙发供人往外看？	每间客房都有设计全落地玻璃窗，目的是将户外的自然环境引入室内
19	是否有阳台？从阳台上往外看的视线效果和视野感觉如何？	所有上层客房均带有超大露台（之所以不用"阳台"这个词是面积都超级大），目的是为了吸引住客能更多地感受户外环境
20	屋顶做法？是否层高足够高？有否阁楼？是否是2层复式小楼？	三层的客房都是复式结构，都带有阁楼
21	客房室内是否考虑壁炉？是否满足冬季保暖的体验需要？	每栋楼的客厅都有造型各异的壁炉，客房中安装有暖气片
22	工艺品的使用（如艺术画、藤艺、竹编等，提升品位和气氛）	除了绿化之外，少有装饰画等配饰，目的是希望客人多看看窗外。自然环境是最好的装饰画
23	儿童床（高低床、加床的）	所有的家庭房都配有儿童床
24	消防、安保设施的布置	所有房间及公共空间都有消防喷淋、灭火器、逃生绳、防毒面具
25	特色室内亮点、爆点（室内与众不同之处）	民宿主人就是专业室内设计出身，所以云溪上的室内风格一切以舒适为第一，兼顾美观

(续)

三	景观设计类	
26	花园面积大小与效果	一共1000平方米花园，以天然材质为主。轻枯山水风格
27	花园的地域性风格（地域特点、长处）	云溪上四栋楼连成一体，所以在莫干山属于少有的可围合成整体的项目。花园也可互相接壤，视觉效果出色
28	植物配置状况（一年四季有各种果树开花结果）	竹林、水杉、樱桃、香樟、桂花、红豆杉等
29	游泳池区域是否是无边泳池？（有几个游泳池？室内还是室外？大人池和儿童池如何划分？）	无边泳池一座，室外池，全部为浅水区
30	餐饮、酒吧区域的景观环境	餐饮楼、咖啡吧均为玻璃阳光房结构，窗外全部被竹林和田野环绕
31	周边整体区域的资源：（能看到什么与众不同的风景？是否能看见名山大川、农田、梯田、大湖等不同的风景。如何利用周边环境来借景？有哪些自然与文化方面的影响力？）	莫干山除风景区外少有大景。民宿主人注重室内看出去的每个窗景。还是那句话：自然是最好的装饰
32	地域性小品、艺术品、古董、雕塑的使用	很少量，多以书籍为主
33	草坪区观景、婚礼教堂、鲜花布置典礼	1000平方米的花园和户外泳池是各种自拍的圣地
34	室外跳舞、烧烤、各种活动聚会的区域	每栋楼前都有防腐木平台，供住客做户外趴使用
35	户外电影，给人更多晚上的活动和消费	民宿主人比较注重音质和画质效果，所以云溪上有专门的室内影音室。没有考虑户外电影
36	自然生态的景观设计+景观软装装饰效果	院落以外的空间尽量尊重自然生长环境，不去刻意修饰。院落以内轻枯山水风格
37	景观所用的材料、细部与空间营造	防腐木、青石板、砂砾
38	特色景观亮点、爆点（景观与建筑、室内的关系）	依然秉持不和大自然抢镜的原则，所以院落内少有绿植。因为本来就是被绿色包围的项目，要看绿色看院外即可
四	其他类	
39	民宿主人的职业经历、背景、目标、情怀	同济大学室内设计专业，师从日本大师丹下健三，励志打造莫干山最好的精品设计民宿
40	大致投入的成本及盈利状况	总投资1800万元，计划5年后收回成本
41	经营理念及特色	远离城市喧嚣，亲近自然乡村
42	营销宣传方式及口号	网络营销，如微信朋友圈等
43	普通客房的大致价格	1280~1980元/间/晚，包栋8800~12800元
44	提供与众不同的美食、活动等特色体验	改良农家菜

与民宿主人余味的问与答

1. 你做这个民宿的目标和愿景是什么?你为什么做民宿?你的情怀是什么?

答:给自己一个可以发呆的地方,一个可以思考的地方,一个可以撒野的地方。同时希望来的客人也能享受这些。

2. 请用一句话来说明,你的民宿主题是什么?再各自用一句话来说明,你的民宿在建筑设计、室内设计及景观设计三个方面各有什么亮点?

答:远离城市喧嚣,亲近自然乡村。

建筑应该融于周边环境,而不是和环境抢镜。

3. 如何在中国(甚至世界范围)推广你的民宿?

答:用心做好自己,将中国风发扬光大。

4. 你的民宿如何来盈利?如果现在不盈利,你预计多久会盈利?如果一直都无法盈利,你有新的计划吗?

答:云溪上从开业第三个月就开始盈利。

保持稳定的入住率是盈利的基础。除此之外,思考清楚住客会需要哪些类型的体验,针对性地满足住客的需求提供更多的延伸服务是民宿长远发展的准则。

5. 你如何经营你的民宿?在经营过程中,你遇到哪些问题并如何去克服?比如说有哪些个性化的问题?

答:用对的人,用心服务。

民宿经营有很多难处,每家有每家的问题。我们目前比较大的问题是如何找到更多志同道合的人一起来共同打理。我认为在互联网时代,如何运用网络来寻找合作者是比较靠谱的方式。

基本信息:
地址:浙江省德清县莫干山镇木竹坞村12-16号
微信公众号:yun_rivera
微信服务号:YunRivera

DNA5 在地性,保护及延续传统乡村文化
——西坡[○]

"在地性,保护及延续传统乡村文化"是西坡改造乡村建筑最根本的原则。民宿主人热爱老房子,尽可能多地保留它们身上的历史印迹。用乡土材料并结合现代人对于舒适度的需求,从对自然的尊重和对人的关怀出发,将环保与奢华、原生态与现代感相互融合,创造出一种具有在地性的乡村民宿体验。

而保护及延续传统乡村文化还体现在他们对乡村理想生活的探寻和价值观的认同上。2015年春天,民宿主人开始沿着钱塘江(浙江的母亲河)的源头,实地勘察各个原生态食材产区,搜索当地乡村保留下来的乡土食材,品尝当地传统美食,拜访那些即将消失的传统食材手作坊。当他们越来越深入地去探索传统乡村文化时,他们发现老工艺正在快速失传与消逝,保护与推广刻不容缓。

除了在西坡旅居,他们最有特色的体验是"莫干山在地私人定制旅行",如村庄探访、山林漫步、稻田体验、寻访莫干古道、陶艺体验、美食探索、去山野间喝一杯等活动。让游客尽情享受山野间穿梭,观看沿途的风景,呼吸新鲜的空气,吃干净的食物,在不知不觉中体验乡村生活。

○ 西坡项目根据西坡提供的文字进行适当地删改和调整,全部图片为西坡提供。

西坡
HILLSIDE VILLAGE RESORT

中国的山乡生活传统,是从陶渊明的归园田居传承而来,根植于农耕社会,依托于农桑生活,劳动与生活密切相连。而西式的田园生活,则是基于自给自足的农场或庄园的生产模式。西坡,吸收了中西方对田园生活的不同解读,在此基础上融汇重构,打造出新派山风。中国人对西式现代生活的认同与向往,外国人对中国山水风韵的迷恋与新奇,所有人对都市生活的疲惫与厌倦,都在这里找到寄托与释放。山间别墅配备管家,注重品质与舒适,融合现代与怀旧,推崇优雅与精致。

一、建筑设计分析

穿过莫干山镇,向山上进发的路大多为蜿蜒的山路,手工凿刻而穿的劳岭隧道,只有微弱的灯光设置,依靠着车灯的光亮穿过之后,西坡就在路尽头的右手处静静地等待着。虽然没有陶渊明《桃花源记》那样的巨大惊喜,但是当看到西坡那些白墙青瓦的房子时,却有着一种回到老家的喜悦和安心。

西坡的每一幢山乡民宿,都是在莫干山当地的原生建筑基础上改造而成的。西坡玉芳家、海根家、康敏家……这些名字就是改造前房子主人的名字。而经过修旧如旧的改造之后,老房子的美好细节更清晰地展示了出来,

山里的民宿建筑,被绿色所包围

这使西坡的基因从一开始便注入了由漫长岁月所留下的暖意及人心的温度,充满了真切的人情味。乡村民宿的体验是追求差异化的,这七栋老房子零星地分布在接待中心周边,位于高低不同的山坡地段。这些老宅原来都是当地村民的自宅,被该团队全部承租下来,租期30年,然后改造成民宿。所以,其建筑设计基本是保留原有老宅的外形不变,适当做一些保暖、保温的屋顶与立面处理。

建筑要跟自然融合,从一开始西坡的管理团队便认定了凡是建筑设计的东西都必须和自然有关。"保护、延续传统自然村落文化"则是他们改造乡村建筑最根本的原则。他们热爱老房子,比如说老房子上斑驳的墙面和老旧的屋瓦如同大树的年轮一样记载和诉说着关于自己的故事。每一所房子都有自己独特的面貌和个性,该管理团队喜欢将设计融入这些个性之中,尽可能多地保留它们身上的历史印迹,而不是凌驾其上。在材料的运用上,他们常常使用旧瓦、旧木材、夯土、竹子及老砖这些简单的乡土材料。当然,现代人对于舒适度的需求也会被照顾到,比如增加更好的保温隔热设施、更加宽敞的露台、独立的卫生间、充足的热水,以及室内明亮活泼的格调、温暖的壁炉、宽大柔软的沙发……西坡的设计从对自然的尊重,对人的关怀出发,将环保与奢华、原生态与现代感相互融合,创造出一种全新的居住体验。

西坡接待中心

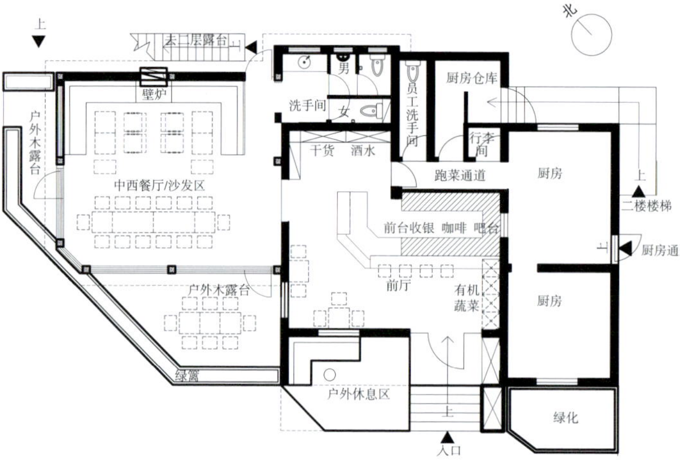

西坡接待中心
一层平面图

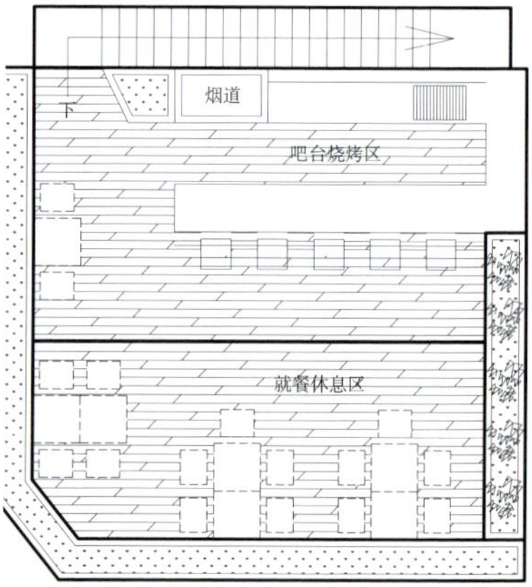

西坡接待中心露台平面图

西坡接待中心建筑，掩映于山林之中

西坡海根家

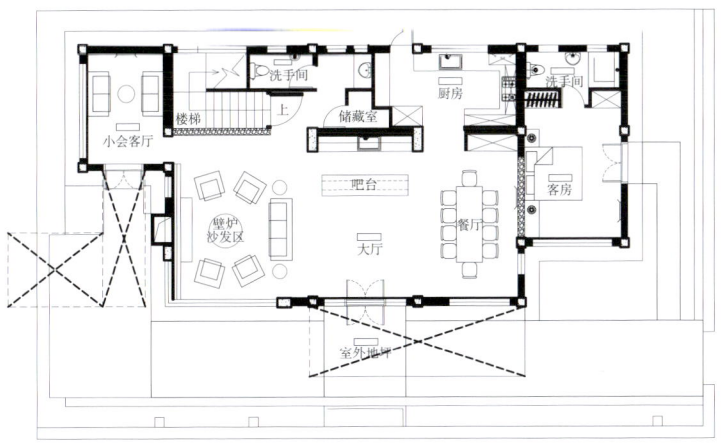

一层平面图

二层平面图

这两张照片,表达了不同角度的建筑室内的灯光通过玻璃透射到庭院之中所形成的光影变化及意境

西坡康敏家

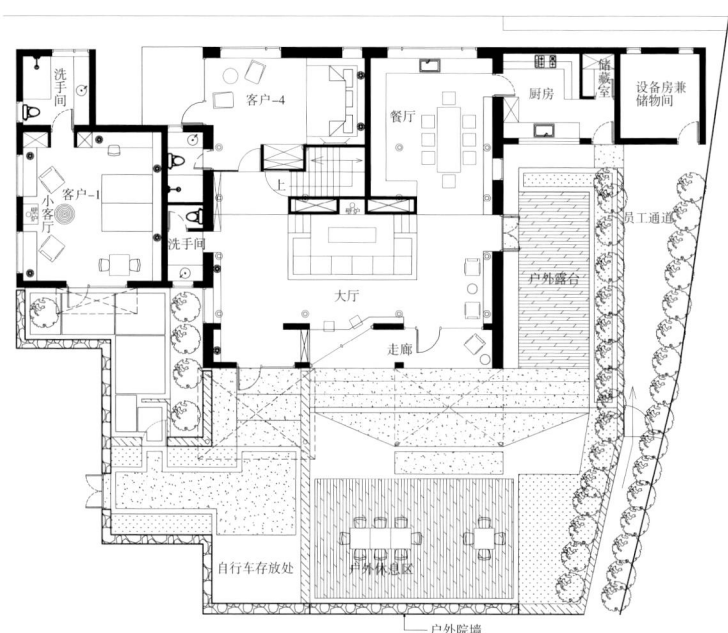

一层平面图

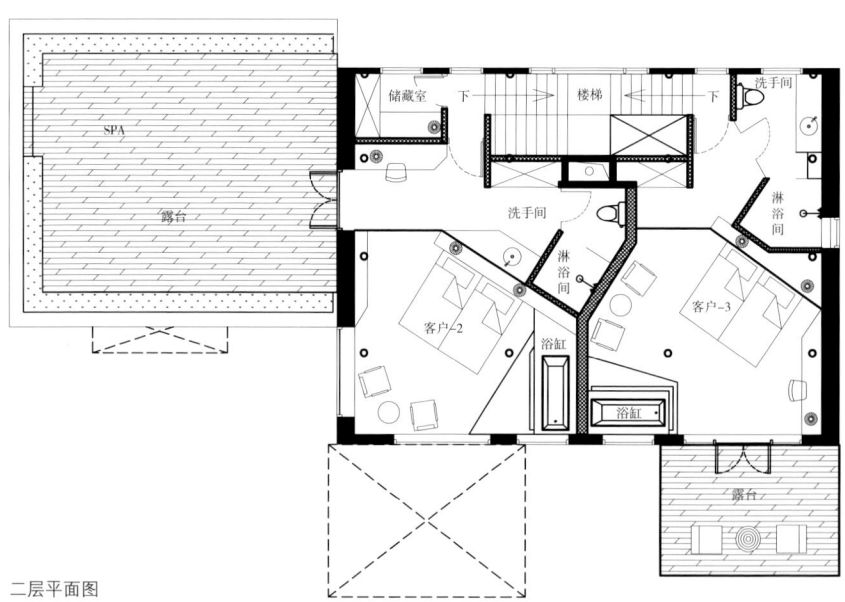

二层平面图

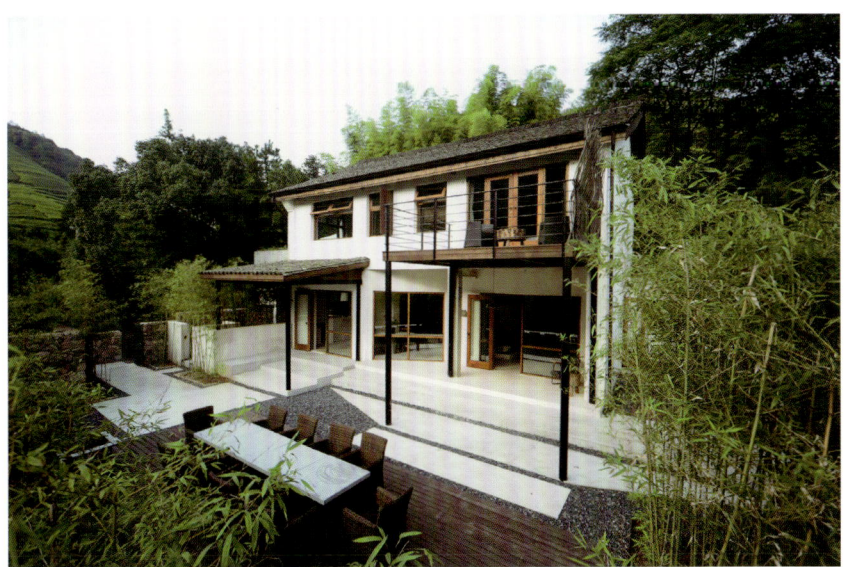

掩映在山林中的建筑形态

西坡老康家

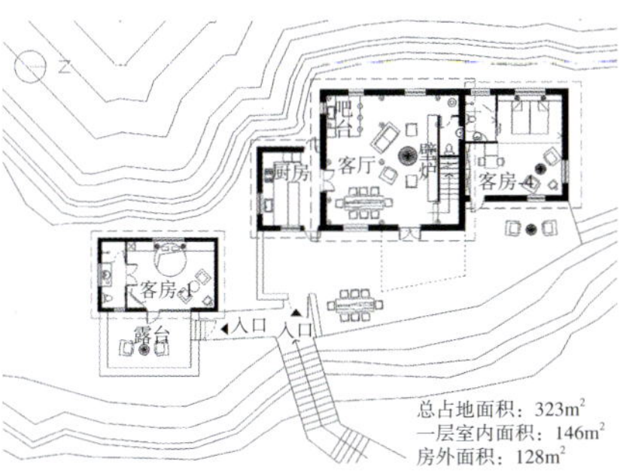
吧台
客厅
壁炉
厨房
客房-4
客房-1
露台
入口
入口
总占地面积：323m²
一层室内面积：146m²
房外面积：128m²

一层平面图

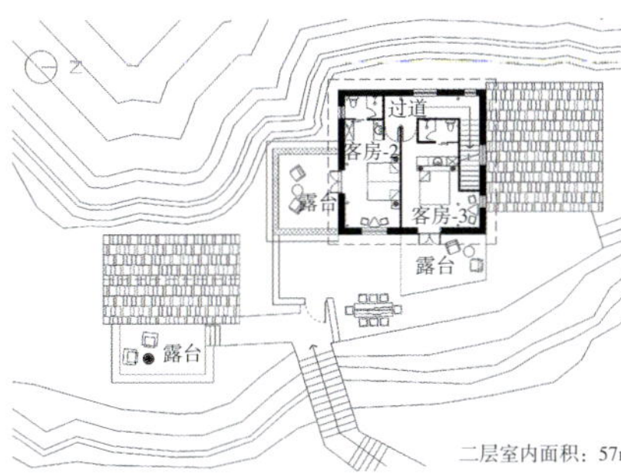
过道
客房-2
露台
客房-3
露台
露台
二层室内面积：57m²

二层平面图

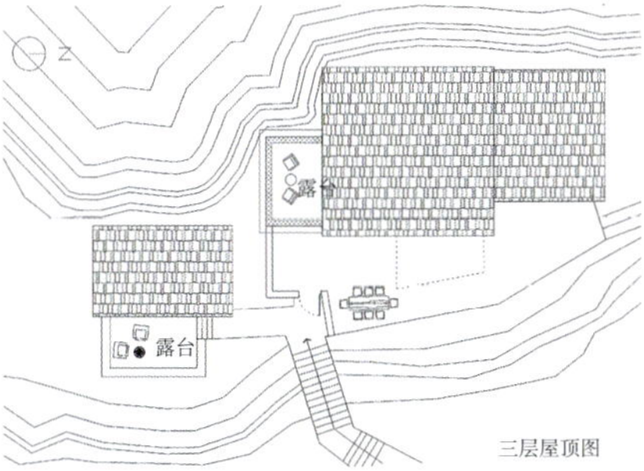
露台
露台
三层屋顶图

屋顶平面图

民宿客房柴门虚掩的效果

灯光照亮局部的建筑立面，有一种朦胧的美

夜晚昏黄的灯光下，游客可以在庭院中休息喝茶

西坡学民家

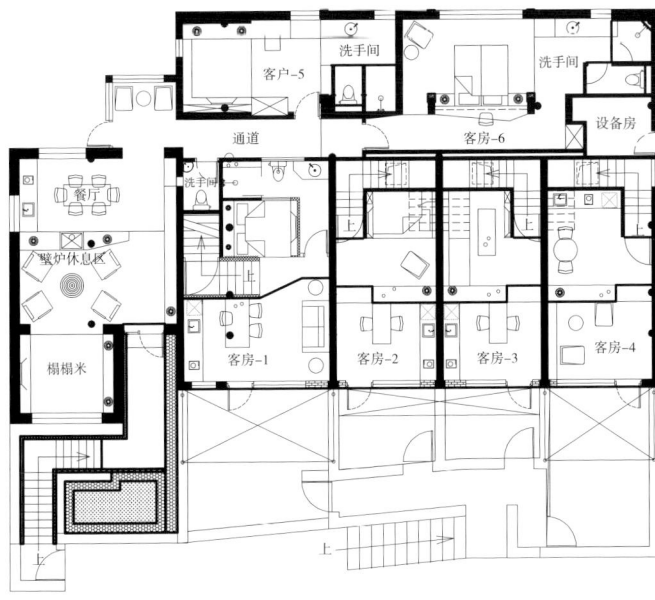

一层平面图

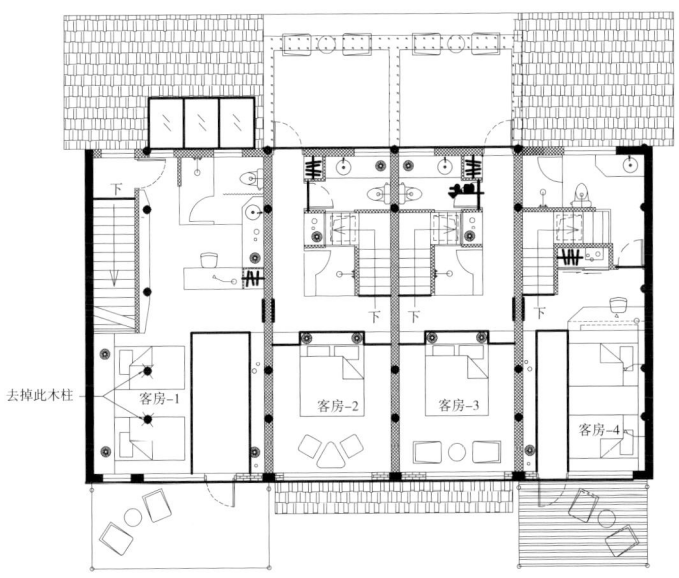

二层平面图

建筑与山脉绿化融于一体

西坡玉芳家

乡村建筑立面

二、室内设计分析

西坡的每一幢山乡别墅,都依照原有的乡村老建筑改造而成,因为每一幢老建筑都有着自己的建筑年代,所以建筑方式和风格都会不同,在改造这些老建筑时他们的管理团队会依据建筑的特点与结构进行改造设计。因此,每一个"西坡的客厅"都是独特的体验。"西坡的客厅"是屋子的中心,自然光透过观景大窗照进主厅,旁边便是现代化的厨房、舒适的休息区、温暖的壁炉区,以及充满乡村田园风情的家具、织纹布艺、旧木或者水磨石地板和牛皮地毯。客厅的装饰与布置给人一种宁静温馨的感受,对美好事物的热情促使他们跑了许许多多的地方,给游客带来木头、金属、棉麻和皮革等不同材料融于一体的体验感觉。

客厅对空间进行自然通风和保暖设计,并让每一个窗户都变成了最好的取景框。材料的选择上他们一直坚持"环保永远不会过时"的理念，旧木、竹子、山石等回归本源的材料不仅明确划分了功能区，也在视觉上呈现出对不同氛围的感受。客厅的陈设看似随意却样样讲究，所有的设施都以更舒适以及更方便宾客的使用来进行设计。作为花器的废弃酒瓶里插上山野中新采集的野花，带着野趣。若有若无的音乐，舒缓而随意。厨房里各色厨具一应俱全，保温杯里泡着柠檬水，果盘里盛满水果。游客在这里，很快就能找回属于自己的生活节奏。没有刻意做作，一切自然而然。作为游客，你不会感觉拘束或放肆，只觉得轻松自如，就像在家里：随意地穿着拖鞋在院子里散步、穿着睡衣在客厅里聊天、推开窗看到竹林山谷、扭亮灯写几笔日记、爬上床进入沉沉梦境。然后，等待清晨的鸟鸣把你叫醒。最后，客厅变成一个有温度的聚会空间，你可以在这里聚餐、会议、下午茶、派对，不自觉间便进入一种放松的状态。当你仔细聆听，它就会变成你心目中"回家"的样子。水果、杂志、啤酒都放在触手可及的地方，壁炉里噼啪噼啪地响起木材爆裂的声音。为了保障宾客的私密性，"西坡的客厅"及附属的庭院都仅仅对入住客人开放，不管你在喝着白粥欣赏外面竹林摇曳的风景，还是躺在沙发上安静地阅读，感受着阳光移动的轨迹，西坡的管家都不会允许有人试图打扰到你的度假生活。

西坡的这几栋乡村民宿有一个统一的接待中心，内设接待服务台、厨房和餐厅。餐厅内共有七张桌，两个六人桌，五个四人桌。由于某些客房楼没有配置餐厅，所以这里还可以提供客人自己到厨房来做菜的需求。在其统一的接待中心中，有约60名服务人员，其中餐厅约有10个服务人员。

西坡不同客房的客厅如下：

西坡康敏家客厅

以上几张图片为西坡康敏家客厅,墙面为暖色调作为背景,家具现代简洁,并有一定的乡土质感,体现其提倡的新山乡风格

西坡玉宝家客厅

西坡玉宝家室内改造的客厅,更多木质材料的运用,体现质朴的材质肌理

西坡老康家客厅

西坡老康家客厅,用石头垒起来的真火壁炉体现西式的乡村情调

下面以西坡·学民家的客房为例来详述。该栋乡村民宿共有5间客房，布局如联排别墅那样一字排开。每间客房40~50平方米，为上下两层复式布局。

入户小院面积4~5平方米，院门的做法为钢框内嵌木枝条，小院中铺一块草坪，十分清爽干净。外围为毛石砌筑挡墙，有树枝、树叶从墙中生长而出，还精心在墙上布置路灯及入户铭牌，可见设计师的用心。入户即是一块面积约6平方米的餐饮区。该区主要摆放一张四人长桌（可作为吃饭、阅读、聊天的桌子）。桌旁靠墙一侧为洗漱水池及备餐台。台面上摆放水果餐盘、咖啡茶具及烧水壶等。台面下为储物柜，内藏小冰箱，冰箱中的物品都是免费的。特别是餐桌上放置一大份丰富的当地当季水果拼盘，可见他们对客人满满的诚意。台面上摆放一个大毡板，彰显出莫干山的乡村韵味。从餐桌处往内部上两级台阶，即进入休息区（或称为娱乐区）。该区域与餐饮区之间为一道矮墙分隔，矮墙约为30厘米厚，上部摆一个老式台灯和陶土罐。罐中插一束荷叶，颇有日本花艺的韵味。矮墙后靠侧面布置一排木质坐椅加沙发靠垫。沙发对面不到2米处是挂在墙面的电视。沙发边是一个小型的BOSS蓝牙音响，这样一个不到3平方米的空间即为娱乐区。

然后走三折楼梯到达二层楼面。二层整体就是一个大卧室，其中摆一张大床。床头部的外侧设计为一个矮柜，挡住从楼梯走上来的视线干扰，躺下即面对一大片落地玻璃窗，远处风景全部落入眼帘。在落地玻璃窗下，摆放两张小椅子和一个小茶几，可茗茶饮酒，观赏窗外美景。床的另一侧布局为洗浴空间。一个全明淋浴间、一个小型的置物台面、一个厕所间、一个小储物柜（放置部分差旅洗护用品、伞、衣架及消防用具等）。二层客房有一些细部设计颇为用心，举例如下：

1）二层床体下部是凸起15厘米的木平台，给客人尊贵的感觉，这也是设计师用心之处。

2）挂毛巾的是一个看似随意摆放在墙边的竹质小楼梯，颇有乡村的格调。

3）无线上网全部免密码，网速也比较快，这是互联网+时代的必备服务。其实，房间中根本不太需要放电视，现代人只要有网络就可以进行各种娱乐活动了。

4）床头两侧都有插座，便于晚上睡觉时为手机设备充电。

5）毛巾质量上等。某些民宿不注意毛巾这种细节，会让客人的体验非常不好。因为卫浴设施是每一个客人都要经常使用的，比如说毛巾的洁白、干净、手感、烘干程度等细节都会给客人留下不同的第一印象，所以这方面绝对不能马虎大意。

关于室内材料品种、色彩选择需简洁，还有保暖问题也是民宿经营者要充分考虑的。

该客房整个一、二层空间的墙面十分简洁，黄色水泥材质，模数大概1米×1.5米，每一块黄色墙面用细钢条分隔，给人感觉温暖干净，便于维护。另一种材料就是原始的木质材料，如木架、木梁、木窗格、木门框等，适当在淋浴间点缀一些白玻璃。

二层屋顶层高最高有近4米，有些空间特别开阔，顶部木梁的结构全部外露，适当结合一两个小灯具，体现乡土情怀。一层的层高就略显低矮，估计2.2米不到，有些压抑，迫使人要上二楼，或许是设计师故意为之。其保暖措施是比较到位的，冬天去莫干山住民宿最大的问题就是保暖。其一层安装一个格力中央空调，二层一个壁挂式分体空调。由于中央空调风力强劲，而且热气往顶部打，所以二层地面如同有地暖一般舒适，再加上分体空调也使二层空间比较暖和。假若二层没有底部的中央空调，则效果一定大打折扣。而一层则明显偏冷。

下面是不同客房的室内设计：

西坡学民家客房

西坡学民家，毛主席语录的保留是设计师故意留下的历史感，让游客留下深刻体验感和记忆点

西坡海根家客房

西坡海根家客房，整体风格干净大气，大玻璃窗借景效果极佳

西坡康敏家客房

西坡康敏家客房（续）

西坡老康家客房

西坡老康家客房，天然弯曲的实木质感给人真实的乡村体验

西坡玉宝家

西坡玉宝家，现代舒适的家居氛围和格调

三、景观设计分析

这里有如画的风景和乡间野趣,可以漫步在茶园和竹林间,参观当地的寺庙和老建筑,也可以骑行穿越一个村庄或一片田野去了解当地人的生活状态。四月的油菜花与紫云英,六月的插秧季,十一月的稻米丰收季,四季的田野风景让游客了解粮食生产的故事。西坡的管理团队不仅希望能给游客带来乡村旅居的完美体验,更多的是对某种理想生活的探寻和对某种价值观的认同。

上面两张照片反映了其中一栋客房楼未造与已造的对比,它们与山林非常有机地结合在一起

景墙与竹林,旁边是休息亭　　　木平台上的木桌椅,可以远眺群山

在客房外的平台上休息，背景是整个山林

西坡的室外家具摆设，体现浓浓的乡村在地性

西坡民宿周边的自然山脉与田野，游客可以在其中随意漫步

雪景中的建筑

特别值得一提的是冬季雪中游莫干山给人的惊喜体验。几栋民宿银装素裹屹立在白色的树林之中,周边乡村建筑群落与层峦叠嶂的高山相互呼应,十分有中国乡村山居的意境。大雪会把民宿外围的竹林压弯,把景观小院占去一大部分,成为一处不常见的风景。

四、管理团队及体验活动

西坡的管理团队注重中国传统人情味的山乡邻里文化。管家带着客人去村子里的"年猪饭"宴席串门,走进莫干山山脚下的竹器坊,与匠人一起制作完成一件朴素的竹制品。他们用老房子主人的名字来给西坡的每一幢乡村民宿命名,玉芳、老康、学民……这些名字唤醒了游客内心深处的回忆。而西坡阿姨的手做料理则充满了在家中享受食物本身的安全感。这种温馨的家庭气息,增加了客人的归属感。经常有客人说西坡是一家满载人情味的酒店,是一个可以被称为"家"的所在。

西坡的管家团队虽然不全是莫干山本地人,但他们都热爱着这里。他们是最好的向导,可以为客人带来细微精致的服务,也可以将当地的旅游资讯集合在一起,让住客可以更加完整地享受在地的文化和体验。在西坡,每个管家都相信服务是一种创造力,因为他们相信为他人思考没有固定的思维和模式。管家们会带着客人去山林间漫步或骑行,了解竹子和山茶长成的故事,也常常在院子里对着客房喊一声:"开饭啦!"就像是一家人般自在。

很多住客离开后便开始想念西坡，于是西坡的办公室里便常常堆满了住客寄来的各地的伴手礼或者亲手做的点心。有的客人还会在礼物里面夹一张卡片，写道："不许私吞哟，要和大家一起分享！"这样温馨的联络，使得西坡变成一家充满了人情味和归属感的民宿。有住客曾说："从我第一次来西坡，到我越来越频繁地回西坡，心理上也变得越来越不想离开这里。所以西坡开业五年，我来了12次，每次来都觉得亲切且放松。这儿更像是我的一个在别处的家，我熟悉这里的一切，常常在一望无垠的竹林与蓝天间去远足野餐，也可以就在院子里煮一壶茶和身边的朋友聊聊天。最重要的是我知道在西坡总有人和那片乡村在等我回来。"

西坡的管理团队一直在不断地探索关于乡村民宿生活的更多可能性，也在实践中反复磨炼一家好的民宿应该有的独特体验。关于"莫干山在地私人定制旅行"包括：村庄探访、山林漫步、稻田体验、寻访莫干古道、陶艺体验、美食探索、去山野间喝一杯等。游客在此享受山野间穿梭，观看沿途的风景，呼吸新鲜的空气，吃干净的食物，在不知不觉中与乡村生活相遇。

寻访莫干古道：从西坡途经炮台山，抵达庾村集镇。这是当年西坡所在的村落未通公路前，当地村民去往集镇的方式之一，也是曾经上下莫干山的主干道。两个多小时的徒步，会经过村庄、竹林、茶园、小溪、老别墅、旧工厂以及当地人的日常生活圈，一边走一边享受和煦的阳光。

稻田体验：根据季节，西坡民宿将提供不同的稻田体验活动。11月的秋收，将提供镰刀、手套、遮阳斗笠及讲解，收割结束后还可以一起制作竹筒饭，体会新米带来的香气。在田间路旁放飞风筝也是一个不错的选择，夏季的夜晚会看到成群结队的萤火虫出没。

山林慢宴（稻田慢宴、茶园慢宴等）：

地点：每次选择的慢宴地点都不太相同，这保证了每次的体验都是独特新鲜并难忘的。在这里，山野是生活的一部分：农舍冒出炊烟，小狗好奇打量陌生人，牛羊吃饱喝足，闲散踱步回家。时间在这里被拉长，让游客感觉慢下来。

食材：慢宴的食材都会选用本地当季自然农场的有机食材。他们不提供菜单，但每次都会提供新鲜且多样的选择，以保证每次都是美妙的体验。

游客可参与的山林慢宴及稻田体验等多种活动

烹饪：他们喜欢尝试和分享各种新式食物。通常没有固定的大厨，每个人都可以参与进来，用食物和人情营造聚会的归属感。

意义：希望当人们被快节奏的都市生活追着跑的时候，可以暂时停一停，慢下步调，在山野中，在自然里，去找一找那份简单的宁静，找一找自己想要的生活，找一找和家人或者朋友的那份亲密无间。在真正享受美食的同时，度过一段难忘且美好的时光。

西坡价值点分析

一		建筑设计类
1	建筑外形（新风格、传统风格、洋楼风格等）	60~90年代莫干山传统民居
2	是否是历史保护建筑？是推掉重新修建，还是在原来基础上改建？	在原有建筑基础上改建
3	民宿建筑的风格，地域性特色风格（如云南丽江、大理等纳西族风格等）	传统乡村建筑（部分为夯土建筑）西坡的每一幢乡村民宿，都依照原有的乡村老建筑改造而成，因为每一幢老建筑都有着自己的建筑年代，所以建筑方式和风格都会不同，在改造这些老建筑时会依据建筑的特点与结构进行设计与改造
4	建筑层数（是1层，还是3层，还是7~8层高楼？）	2层
5	建筑外立面使用的材料（木头、玻璃、铁艺、钢结构等）	玻璃、石块、夯土、旧木、老砖、石膏花窗、铁艺等材料
6	特色建筑亮度、爆点（设计的重要性？有设计与没有设计的区别？）	大部分保留60~90年代的莫干山传统乡村建筑原有外立面，尽可能多的保留它们身上的历史印迹
二		室内设计类
●	公共空间的室内设计：材质、风格、面积大小、使用功能、分区、配置设施	
7	接待（CHECK-IN）区域的室内设计	独立的接待中心，同时满足宾客休息、用餐、下午茶等多种需求
8	餐饮区域——餐厅、厨房、酒吧、备餐区域	每幢乡村民宿配备独立的餐厅、厨房，提供莫干山在地的好味道。接待中心餐厅可提供中、西式餐饮，酒吧提供各式酒水饮料
9	娱乐活动区域——棋牌室、KTV室、球类运动室等区域	不同的乡村民宿有不同配置，可定制多种体验活动
●	客房的室内设计	
10	客房的面积大小、功能布局、舒适度情况、室内设计风格、地域性特色风格	每一间客房都有不同的体验，但都同样精致、舒适、亲近自然，并且私密性良好。风格多样，关键词为：无国界、复古、摩登、自然、简约、乡村、丰富的色彩搭配
11	床品（床垫舒适度、被子舒适度），床的大小：大床还是双床标间？	床品选用pima棉纱精制而成，纱支密度高，床垫品牌为kingkoil
12	卫浴房间的大小？是否有干湿分离？	卫浴房间独立适中，全部做到干湿分离
13	洗浴设施（毛巾、冲淋洗浴品牌，如科勒水龙头、浴缸等）	洗浴设施品牌为：科勒、TOTO
14	按摩浴缸（放在户外观赏景观的浴缸，甚至考虑温泉接入）	部分房型配备室内观景浴缸，暂无室外按摩浴缸
15	电器配置（电视机、电吹风等）	别墅房型配备冰箱、微波炉、yamaha音箱等常用电器

(续)

		室内设计类	
二			
16	部分提供自助厨房服务的配置，简易冷餐还是火炉可以做饭做菜的厨房设施？		每幢乡村民宿均配备自助厨房，可满足中西式餐饮的烹饪需求
17	入户门及门把手铁艺、房间门等工艺做法		全铜门把手为旧物回收，充满历史及使用痕迹。房间门聘请当地老木工定制
18	窗户外是否有对景、借景？是否在窗下有沙发供人往外看？		每一个窗户都是最好的取景框，窗户下提供沙发
19	是否有阳台？从阳台上往外看的视线效果和视野感觉如何？		大部分二楼客房均配备露台，视野能及处为山景及当地村民的日常生活
20	屋顶做法？是否层高足够高？有否阁楼？是否是2层复式小楼？		屋顶为莫干山传统乡村建筑的做法，增加保温隔热层，层高比较高。西坡学民家的客房为2层复式，一楼为客厅及休息区，二楼为卧室及露台
21	客房室内是否考虑壁炉？是否满足冬季保暖的体验需要？		每幢乡村民宿的客厅有真火的壁炉，大部分客房中安装有水暖
22	工艺品的使用（如艺术画、藤艺、竹编等，提升品位和气氛）		无艺术画，客房墙面留白。软装设计中有较为丰富的色彩搭配，老物件来自海外与附近村落
23	儿童床（高低床、加床的）		提供免费的婴儿床。加床为收费的折叠床
24	消防、安保设施的布置		所有区域严格按照消防要求配备消防设施设备
25	特色室内亮点、爆点（室内与众不同之处）		我们的设计从对自然的尊重，对人的关怀出发，将环保与奢华，原生态与现代感相互融合，创造出一种全新的居住、度假体验。关键词：无国界、乡村、复古、自然，度假感强
三		景观设计类	
26	花园面积大小与效果		每幢乡村民宿都配备独立的庭院，拥有烧烤区、篝火区、户外用餐区等多种功能。提供"开轩面场圃，把酒话桑麻"的生活
27	花园的地域性风格(地域特点、长处)		融合周边山村环境与风景，注重度假氛围
28	植物配置状况（一年四季有各种果树开花结果）		多为当地村落居民喜爱并种植的植物，部分从周围山野及拆迁院落中移植而来，如野枇杞、凌霄、金银花、南天竹、木槿、紫阳花、蜡梅、凤仙花、茶树、紫竹、无花果等
29	游泳池区域是否是无边泳池？（有几个游泳池？室内还是室外？大人池和儿童池如何划分？）		无游泳池
30	餐饮、酒吧区域的景观环境		竹林环绕
31	周边整体区域的资源：（能看到什么与众不同的风景？是否能看见名山大川、农田、梯田、大湖等不同的风景。如何利用周边环境来借景？有哪些自然与文化方面的影响力？）		西坡所在的山谷被竹林、茶园包围，可沿古道徒步至莫干山风景区，山下有可参与农事体验的有机农场

(续)

三	景观设计类	
32	地域性小品、艺术品、古董、雕塑的使用	尽量避免使用艺术品、古董、雕塑等使人感到不自在或拘束的装饰物品
33	草坪区观景、婚礼教堂、鲜花布置典礼	特定的户外场地进行慢宴、下午茶等各种聚会的定制
34	室外跳舞、烧烤、各种活动聚会的区域	每幢山乡别墅的庭院适合篝火、烧烤、观星或家庭聚会
35	户外电影,给人更多晚上的活动和消费	接待中心餐厅配置鸡尾酒吧,夏季的夜晚有寻找萤火虫的活动
36	景观所用的材料、细部与空间营造	石块、杂木等本土材料,空间注重度假氛围
37	特色景观亮点、爆点(景观与建筑、室内的关系)	景观与建筑相融合于村落及山谷中,注重私密性及度假氛围
四	其他类	
38	民宿主人的职业经历、背景、目标、情怀	早期从事金融事业,2009年投身山乡度假,同时开始积极寻求保护当地乡村文化与建筑的方法,并通过吸收中西方对山乡生活的不同解读,融汇重构,打造出了新派山风。以西坡为载体的山乡度假事业,致力于传承推动乡村文化的发扬,将新派山风文化与西坡的生活方式传递给社会,让更多人重新发现乡村与土地的价值与美。愿景:希望今天的中国乡村,可以不落后时代,又记得住乡愁
39	大致投入的成本及盈利状况	年平均入住率超过80%,年营收近1500万元
40	经营理念及特色	西坡,吸收了中西方对田园生活的不同解读,在此基础上融汇重构,打造了新派山风。经常有客人说西坡是一家满载人情味的酒店,是一个可以被称为"家"的所在!这算是对西坡山乡最好的赞美
41	营销宣传方式及口号	营销宣传:口碑、传媒报道、优质品牌合作等。Slogan:西坡这个家,对你道早安和晚安的方式,都是想要养胖你
42	普通客房的大致价格	客房价格为:1180~1680元
43	提供与众不同的美食、活动等特色体验	美食:接待中心餐厅提供轻松、分享为主题的食单,有中式,有西式,也有中西混搭,比城里的西餐厅自在,又比私房菜更酷。乡村民宿主打"阿姨的味道",选用本地、当季的有机食材烹饪出真正莫干山在地的好味道。我们一直在不断地探索山乡生活的更多可能性,也在实践中反复磨炼一家好的民宿应该有的独特体验。在地的私人定制旅行包括:村庄探访、山林漫步、稻田体验、寻访莫干道、陶艺体验、美食探索、去山间喝一杯等。尽情享受山野间穿梭,沿途的风景,呼吸新鲜的空气,吃干净的食物,在不察觉的时间里与山乡生活相遇

与民宿主人钱继良的问与答

1. 你做这个民宿的目标和愿景是什么？你为什么做民宿？你的情怀是什么？

答：我的爷爷曾是老家村里的泥水匠，村里的房子大部分都经过他的手，这是我早期的建筑启蒙。但我看到了现代化的步伐让越来越多的乡村建筑开始消失，老房子能帮助人们理解历史和生活，我希望可以将它们延续更长时间，也让我们心中的那份乡愁有所依托。

2008~2009年，在从事金融事业最顺利的那几年，我开始不断下乡，并在山里前后待了大半年。长期的亲近乡土让我想起小时候简单朴素的生活，这期间常常有朋友拎着一壶酒来山里找我，我们就着好天气在院子里开始喝，聊天的话题也变成了一些生活当中或平淡或有趣的事。后来想，为什么不把这些美好的山乡生活分享给更多人呢？于是便有了最早的西坡。

如今，西坡到了第7个年头，在这一路的成长蜕变中，我们也开始重新定义了西坡的价值：坚持在乡建的道路上继续前行，深度参与进中国乡村的蜕变与复兴中。很久以前，我们离开了村子和土地，如今我们希望从这里再出发，让中国的乡村不落后于时代，也记得住乡愁。

2. 请用一句话来说明，你的民宿主题是什么？再各自用一句话来说明，你的民宿在建筑设计、室内设计及景观设计三个方面各有什么亮点？

答：民宿主题——是酒店也是家。

建筑设计：建筑要像从地里长出来一样，和当地的村庄及自然环境融合在一起。

室内设计：室内设计要从对自然的尊重，对人的关怀出发，将环保与奢华、原生态与现代感相互融合，从而创造出一种全新的居住体验。

景观设计：景观设计注重私密性及度假氛围，将山林风景、乡间野趣与庭院、建筑相融合。

3. 如何在中国（甚至世界范围）推广你的民宿？

答：1）市场与品牌离不开媒体与西坡的好朋友们的帮助。

2）做好产品、服务和体验。我们希望当客人回来西坡时，就像是一场回家的旅途。

4. 你的民宿如何来盈利？如果现在不盈利，你预计多久会盈利？如果一直都无法盈利，你有新的计划吗？

答：西坡项目一直保持良好的盈利状况。

西坡千岛湖等新的项目将在近期开业。

西坡也在进行酒店品牌输出与营运管理。

5. 你如何经营你的民宿？在经营过程中，你遇到哪些问题并如何去克服？比如说有哪些个性化的问题？

答：经营过程中西坡最看重的是服务和在地旅行体验。对于住客而言，西坡不是景点，而是莫干山的另一个家。

基本信息：
地址：浙江省湖州市德清县莫干山镇劳岭村岭坑里
网站：www.cipo29.com

DNA6 融入自然 + 借景山水
——无界[一]

把一个老房子推倒重新建一个新建筑，这是比在旧房子上修旧如旧更容易的事。但是在另一方向，这种尝试也很容易受到业界的质疑，为什么要拆掉老房子？拆了重建比原来更好吗？新建筑与周边环境融合吗？下面这个案例就用他们的设计回答了上述的质疑。

无界最重要的设计理念就是：融于自然，又巧妙地借景周边的环境。他们在建造过程中尽力不破坏原生态的湖水和竹林，打造与自然相融合且适于旅居的美好环境。同时，巧妙地借用周边的地域景观特色，打造丰富的景观层次感，并在此基础上融合自然、人与建筑三者的空间关系，提升人在乡村民宿所营造的情境之间的参与度与体验感。

所以，这种类型的乡村民宿关键在于选址。大多数游客来到无界，是被它独一无二的环境所吸引而来的。再加上建筑及室内设计提供舒适的旅居氛围，那么游客就会更加喜欢这种乡村民宿的体验了。

[一] 无界的部分照片由俞昌斌拍摄，其余未署名照片为无界及何曙明先生提供。

无界融于一片山林竹海之间

当繁忙的都市一再加快它的脚步，当冷漠的建筑一再拉远人与人之间的距离，当匆匆的生活将灵魂一再消磨，世间如此喧嚣，何不隐于无界，与天地相拥，与山水相融？无界主人张鹤凡女士对于该民宿的初衷起源于对拥抱自然、释放心灵的渴望。无界不仅仅是建筑的设计，更是生活的设计，是人与人、人与自然之间关系的重塑。

无界坚持"有生于无，一归于零。有无相生，终以无界"的思想，希望传达给更多人最纯粹的生活理念与生活方式，构建归零与重生的心境与情境，即隐于世外，融于天地，让心灵归于纯粹，归于无界；又在无界之中，寻找到最本真的自我。

其最重要的体验设计理念就是：融于自然，又巧妙地借景周边的环境。无界珍视自然环境，在建造过程中尽力不破坏原生态的湖水和竹林，打造与自然相融合且适于旅居的美好环境。同时，无界巧妙地借用周边的地域景观特色，打造丰富的景观层次感，并在此基础上融合自然、人与建筑三者的空间关系，提升人在民宿所营造的情境之间的参与度与体验感。

无界以主人模式运营，有别于传统的酒店式运营模式，更强调的是人与人之间的沟通与交流，打造具有莫干山地域特色的无界。物我之间，尽然不同，却又本源相同，这是无界之物我观的追求与体现。

无界以主人模式运营，强调人与人的沟通与交流

一、建筑设计分析

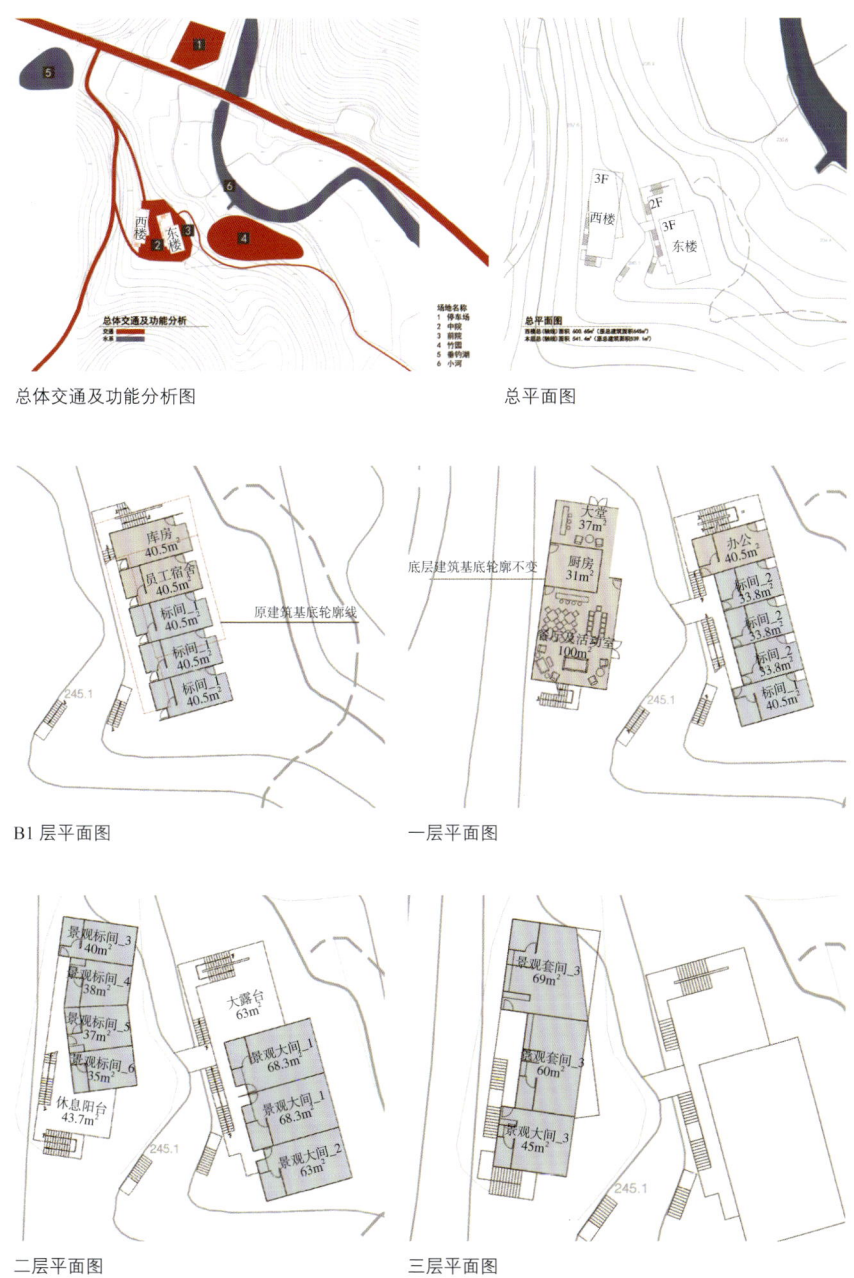

体验设计唤醒乡土中国

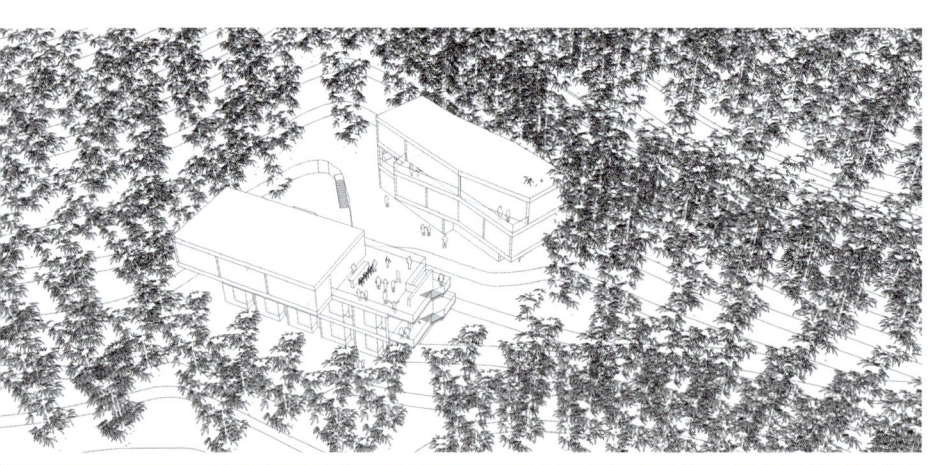

上面三张图片，描述了建筑与周边自然的整体鸟瞰关系

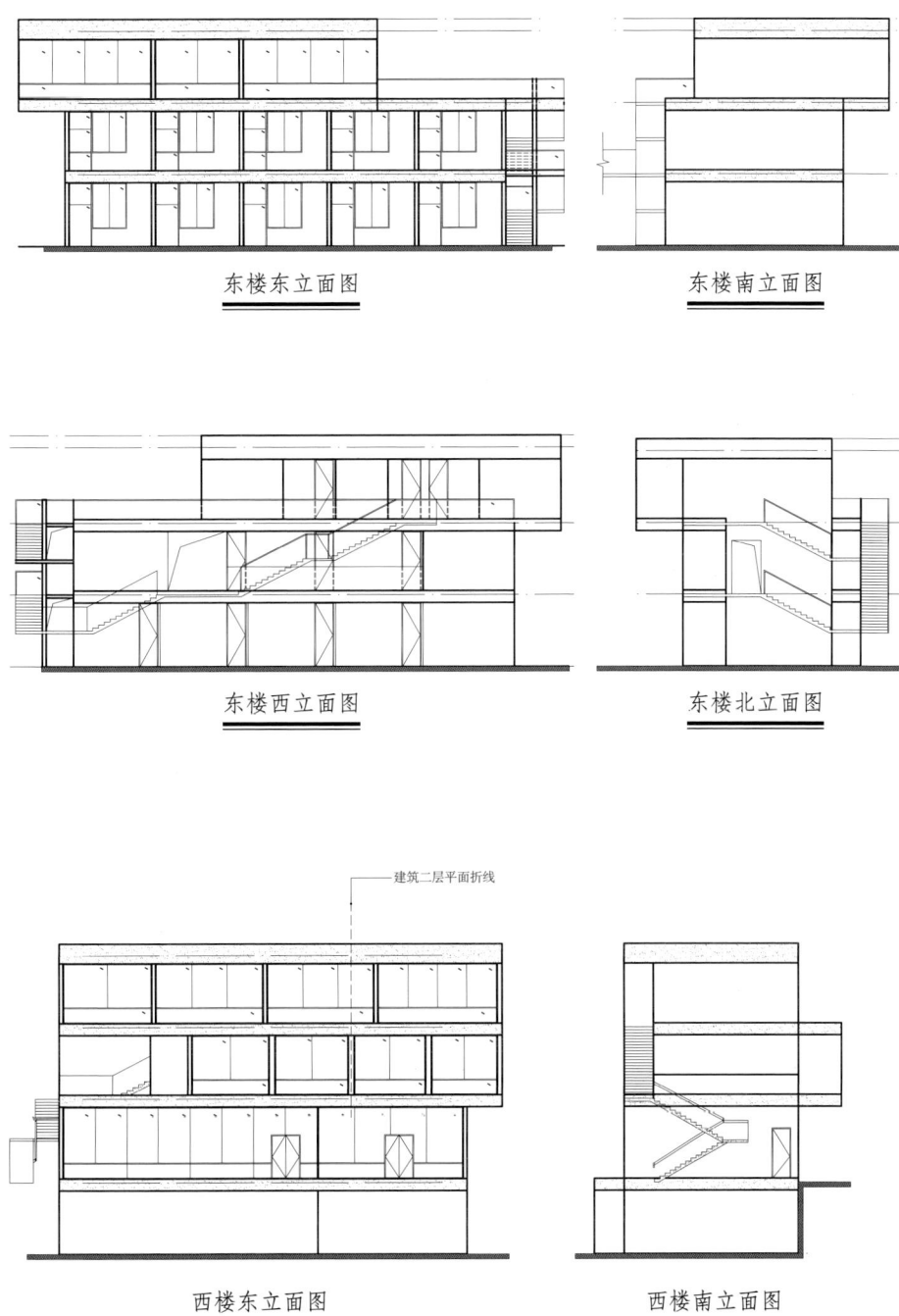

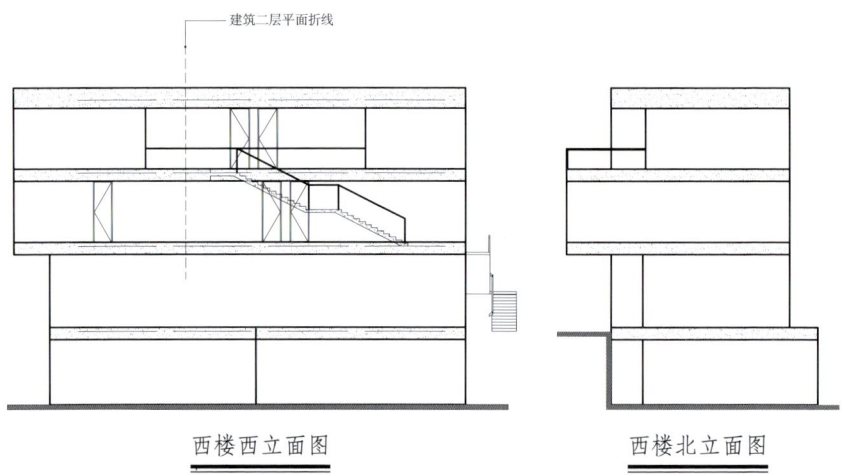

西楼西立面图　　　　　　　西楼北立面图

作为专注于设计实践的当代建筑师，上海恒成建筑规划设计有限公司何曙明先生及其设计团队陈栋、李范鹤等建筑师在无界的规划和建筑设计方面有着自己的坚持，希望回归到设计的本源。他们认为每一个地方都应该有它自己土生土长的建筑，并坚持植根于中国乡村的传统文化。因此，他们尊重莫干山的地域特色，对当地的材料予以充分的研究，并在运用过程之中予以尊重，在现代风格的定义之下实现传统文化的传承与延续。

建筑师对该建筑的思考

该设计团队从当地传统的老木地板的反复挑选与修整,到利用巨幅玻璃来借景山间竹海这样的自然景观,形成室内室外的视觉互动;从坡地改为台地的精心营造,提升人在其中的融入感与参与感,到尽最大能力保留周围地块的一草一木,用实际行动表达对于土地的尊重以及坚持无界理念的纯粹。建筑师团队与民宿主人齐心合力,在一砖一瓦之间,构建着理想中的无界。无界的实现,对于民宿主和建筑师而言,不仅是理想变为现实的过程,更接近于对自我圆满的一种追求。满山的竹林是无界,湛蓝的天空是无界,清冽的长风是无界,蜿蜒的山脉是无界,大自然所打造的无界就在那里。而他们所做的只是将这一切传达给人们,不仅仅是设计一个房子,更是设计一种生活方式,给予人们接近大自然的空间,从喧嚣之中悄然抽离,隐于山间,融于天地,让心灵归于纯粹,让灵魂归于无界;又在无界之中,找寻到最本真的自我。

在这个基地上的建筑原来是一栋陈旧的老房子,民宿主人和建筑师一起把它拆掉之后,重新设计并建造了一所钢筋混凝土结构的新建筑。它最核心的亮点就是,虽然是新建的建筑物,但是依然很优雅、很宁静地隐匿于周边一片竹海山林之中。

民宿主人和建筑师把基地老房子拆掉之后,重新设计并建造了一所钢筋混凝土结构的新建筑

民宿立面透视效果图

建筑的立面以涂料、塑钢窗及玻璃为主,色彩以黄、灰、白三种色调为主

无界的基地位于山体坡地上,西高东低,分成两个台地,两台地高差约4米。基地四周被竹林环绕,外部人流主要从北部进入。其建筑面积接近1400平方米,一共有19间客房,在莫干山的建造成本差不多是上海的两倍。该建筑前后有两排,第一排在西侧,地上共有三层皆为客房,地下一层为设备用房;第二排在东侧,地上共三层(没有地下层),一层为厨房及餐厅、二三层为客房。建筑立面为上下体块相互拼接、错落,整体建筑的体块线条比较挺拔干净。建筑的立面元素及材料都极为简洁,基本以涂料、塑钢窗及玻璃为主。色彩也很简洁,以黄、灰、白三种色调为主,建筑立面为大面积黄色涂料,结合局部横梁外侧为灰色收边,二层的铁艺栏杆形成强烈的序列感和光影效果。建筑侧面及两排建筑中庭处为较长的一跑楼梯,在立面效果上形成比较强烈的斜向线条。客房观赏风景的一侧为巨幅的玻璃窗,为了给游客最大范围观赏周边山林竹海的视线。景观客房的落地玻璃窗的大小做到了观景的最大极限,精致的窗框与粗犷的墙面形成鲜明的对比。总之,这是一个现代主义风格的建筑设计作品。

建筑物与竹林融合在一起

两个建筑体块之间围合出景观空间,铁艺栏杆和一跑楼梯形成强烈的序列感(拍摄者:俞昌斌)

二、室内设计分析

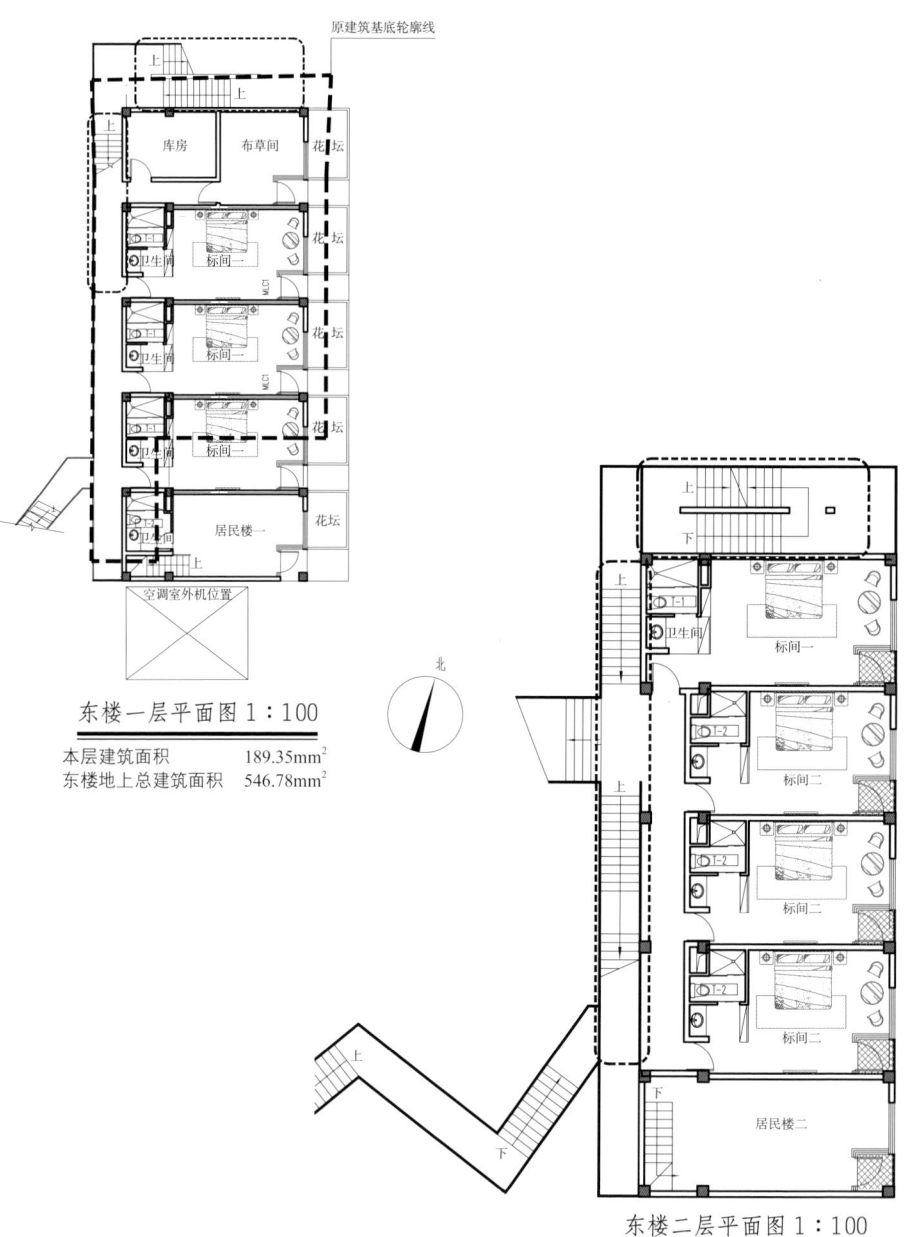

东楼一层平面图 1:100

本层建筑面积　　　189.35mm²
东楼地上总建筑面积　546.78mm²

东楼二层平面图 1:100

本层建筑面积　182.88mm²

第四章　莫干山之乡村民宿实践范本

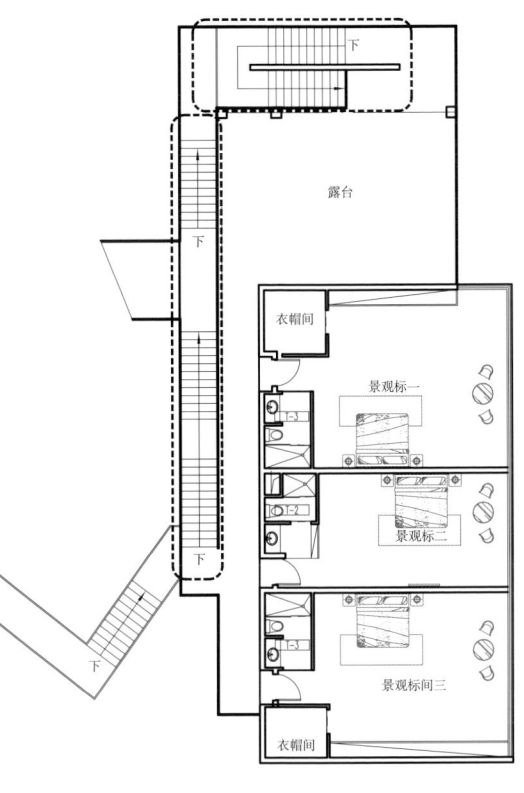

东楼三层平面图 1∶100

本层建筑面积　174.55mm²

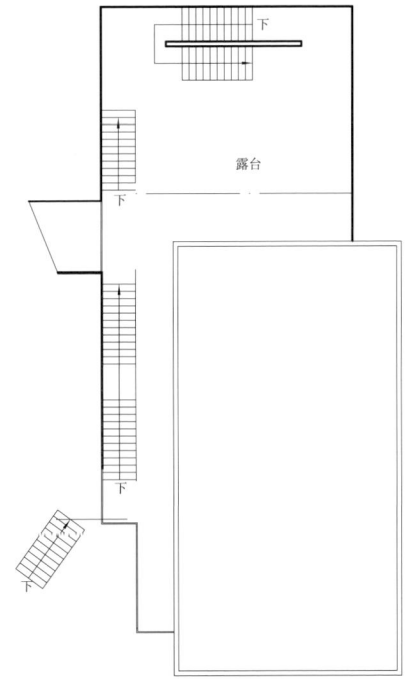

东楼屋顶层平面图 1∶100

299

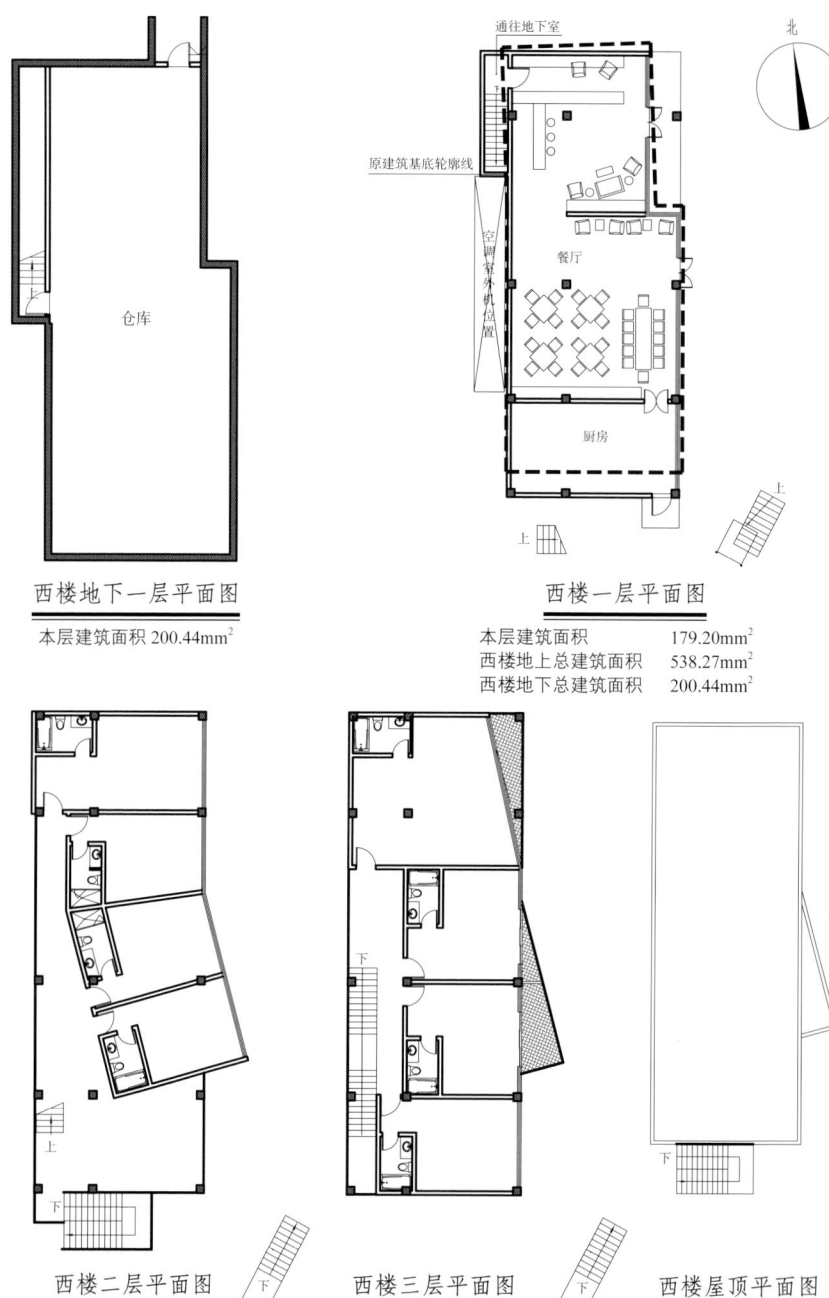

该客房的室内空间都比较大，因此民宿主人就把许多功能、风格汇聚在一起，布置不同的家具软装及装饰物，形成有趣而统一的整体空间效果。比如说，乡村中留下来许多老旧的家具，民宿主人都把它们收购下来作为室内的装饰品；主人很热爱植物，因此客房里到处都可以看到她布置的鲜花。最有意思的是客房东侧一整片巨幅玻璃窗，游客可以坐在窗边的沙发上看着窗外一片青山竹林景观，发呆、沉思，每一位游客都深深喜欢这种无敌山景的旅居氛围，这也是融于自然巧妙借景的设计手法。

整体客房空间非常舒适大气，乡村民宿的体验感非常好

客房内部的布置格局，大床居中，观景沙发床对着巨大的玻璃窗，小玻璃窗处摆着茶几供游客品茶聊天

客房的中心是一张大床，非常舒适温馨

坐在沙发床上，对着超大的玻璃窗看外面的竹海山林，沉思或发呆

坐在沙发上喝茶聊天，窗外的竹林风景仿佛一幅画

在客房楼的端头有一个很有特色的小型公共空间，中式的大木桌及木座椅，很有乡村度假感

开放式厨房布置得井井有条

在客房楼的端头有一个很有特色的小型公共空间，两面都是玻璃窗，大家可以聚在一起聊天，也可以把它变成一个很有特色的会议室，配上投影仪及幕布，结合中式的大木桌及木座椅，成为非常舒适的交流环境。

三、景观设计分析

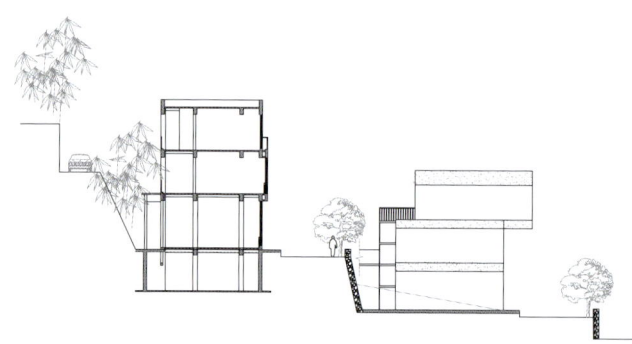

总立面示意图

第四章 莫干山之乡村民宿实践范本

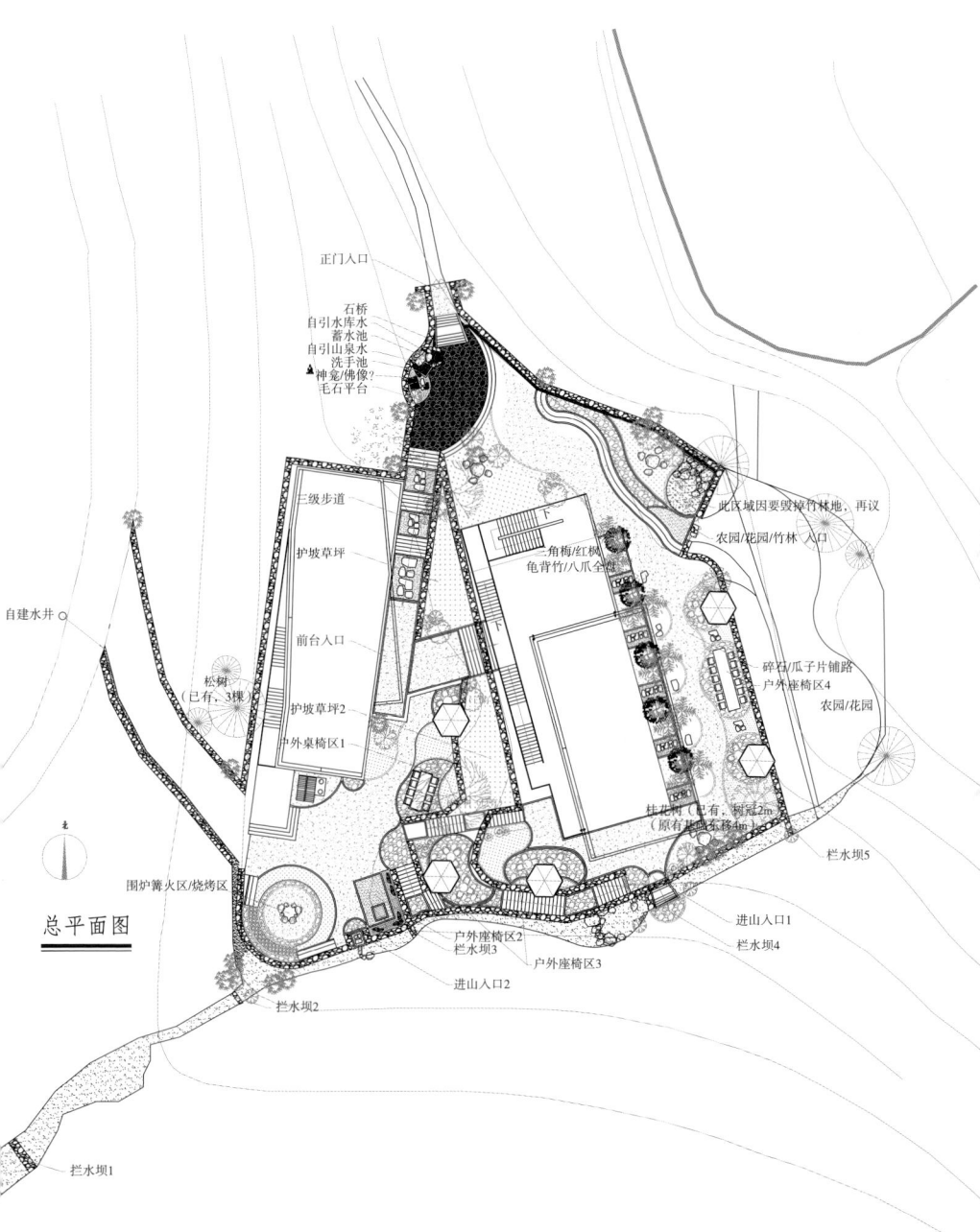

景观总平面图，从景观设计图纸中可以看出设计师在空间组织、游客动线、视线分析等方面所营造的氛围

本项目最成功的地方就是选址非常巧妙。游客在停车场停好车，然后循着小小的标识牌一路摸索，先看到一潭湖水和一片竹林，然后在竹林中沿着一条蜿蜒的宽度不超过60厘米的碎石小道前行，最后随着星星点点的灯光看到了无界的门头。无界就这样隐匿在竹林之中，这种景观的序列体验给了都市游客们一种震撼感和新奇感。而前面所说的那一潭湖水，据说还有游客在里面游泳潜水，由此可见这里的自然环境是非常干净的，是没有被污染和破坏的一片净土。应该这样看，游客之所以来到莫干山，就是要体验这里的自然环境与风景，这里是唤醒灵魂、放松身心、锻炼身体的好去处。

山中竹林有一条蜿蜒的、宽度不超过60厘米的碎石小道，通往无界（拍摄者：俞昌斌）

写着"无界莫干"的入口标识牌

入口处的红枫,色彩鲜艳

站在屋顶的平台处远眺群山和树林

而关于无界内部的人造景观,则更多是对其周边自然环境的增补,满足一些游客旅居的功能需求。走进无界的大门,沿着一条小路往里走,里面的景观空间主要是设计了一块木平台休息活动区域,比较干净舒服。在木平台的外侧做了一个狭长的无边泳池。游人可以趴在水边看竹林。高大的水杉非常优美,泳池周边有休息座椅。特别在夜晚,木平台休息空间的灯具及竹格栅挡墙与竹林相互围合,游客坐在竹林之中喝茶聊天,非常放松闲适,格调非常唯美。竹格栅内部加上圆形灯具,感觉很朦胧。另外,在两排建筑的侧面有一个砂砾石铺设的区域为烧烤区,可以播放电影,也可以临时搬来桌椅,供游客团队搞活动。当冬天下雪的时候,大雪覆盖了整个民宿的景观区域,白色的雪使得整体景观显得格外高雅、幽静,这也巧妙地体现出"ZERO无界"的意境和精神内涵。

竹格栅围挡内部挖出圆洞,摆放灯具,外围是一条条竹竿编织而成的,整体上是非常乡土的做法

民宿中的木平台及无边泳池,游客可以趴在泳池边看竹林

竹格栅围挡内部挖出圆洞,摆放灯具,形成夜景如月亮一般的效果,游人坐在这里喝茶,别有一番情趣

夜景灯光照亮了该民宿建筑物丰富的空间层次　　无界周边的自然环境就是一整片稻田,金秋十月非常漂亮

总之,无界起名非常有诗意,选址也非常完美,营造出一种"ZERO无"的境界,让建筑消失在竹林之中,让游人隐居在山乡森林之中。由于隐,人的内心反而打开了,才能更好地敞开心扉,接受大自然。无界的追求被其主人和建筑师团队演绎得如此精彩,也号召了一大批时尚圈、文艺圈、设计圈的拥趸前来参观游览,如著名女演员孙俪就带着家人来此度假,这说明了该民宿的格调和品位还是得到了大众的认可的。

无界的价值点分析

一	建筑设计类	
1	建筑外形(新风格、传统风格、洋楼风格等)	纯现代主义建筑风格
2	是否是历史保护建筑?是推掉重新修建,还是在原来基础上改建?	拆除并新建(原建筑保留价值不大且不满足新功能的面积要求)
3	民宿建筑的风格,地域性特色风格(如云南丽江、大理等纳西族风格等)	现代主义+乡土地域性风格
4	建筑层数(是1层,还是3层,还是7~8层高楼?)	3层楼
5	建筑外立面使用的材料(木头、玻璃、铁艺、钢结构等)	当地夯土色系涂料墙面、玻璃、钢结构等材料
6	特色建筑亮度、爆点(设计的重要性?有设计与没有设计的区别?)	专业建筑师设计及施工,非常舒适、时尚、有品位

(续)

二		室内设计类	
●		公共空间的室内设计：材质、风格、面积大小、使用功能、分区、配置设施	
	7	接待（CHECK-IN）区域的室内设计	基本依靠网上预订系统，接待区域
	8	餐饮区域——餐厅、厨房、酒吧、备餐区域	超级挑高餐厅建筑大气、舒适，能同时容纳近50人；餐前休闲区域较有情调
	9	娱乐活动区域——棋牌室、KTV室、球类运动室等区域	全景竹林会议室
●		客房的室内设计	
	10	客房的面积大小、功能布局、舒适度情况、室内设计风格、地域性特色风格	客房面积较大，类型丰富，布局合理，舒适度高，风格有地域特色
	11	床品（床垫舒适度、被子舒适度），床的大小：大床还是双床标间？	葡萄牙制造埃及棉床品，金可儿床垫，百分九十五鹅绒枕被，15间大床、4间标间
	12	卫浴房间的大小？是否有干湿分离？	卫浴房间适中，基本做到干湿分离
	13	洗浴设施（毛巾、冲淋洗浴品牌，如科勒水龙头、浴缸等）	葡萄牙制造埃及棉浴巾，德国冲淋，TOTO洁具，部分房间有观景浴缸
	14	按摩浴缸（放在户外观赏景观的浴缸，甚至考虑温泉接入）	基本以淋浴器为主，景观房配置观景浴缸
	15	电器配置（电视机、电吹风等）	中级、高级房配备高清电视，豪华、观景房配备投影电视，每间房配备Boss音响、冰箱、吹风机
	16	部分提供自助厨房服务的配置，简易冷餐还是火炉可以做饭做菜的厨房设施？	大厅设有开放式厨房并配烤箱，可供客人自助中餐西餐
	17	入户门及门把手铁艺，房间门等工艺做法	常规做法，材质采用当地木材，注重隔音保温隔热，略带有莫干山地域风格
	18	窗户外是否有对景、借景？是否在窗下有沙发供人往外看？	莫干山唯一一家四面竹林无遮挡的民宿，景观面设置观景休闲沙发等
	19	是否有阳台？从阳台上往外看的视线效果和视野感觉如何？	不同楼有不同特色，均配置阳台和露台，充分利用自然景观资源
	20	屋顶做法？是否层高足够高？有否阁楼？是否是2层复式小楼？	建筑层高较高，舒适度好，屋顶采用平屋顶
	21	客房室内是否考虑壁炉？是否满足冬季保暖的体验需要？	无壁炉，采用整体地暖的采暖方式
	22	工艺品的使用（如艺术画、藤艺、竹编等，提升品位和气氛）	大多数房间内有艺术画展示，还配合竹工艺部分点缀家具
	23	儿童床（高低床、加床的）	部分房间设置长度1.8米的四柱沙发可作为儿童床或选择加床
	24	消防、安保设施的布置	房间设有烟雾感应器消防逃生器材，通道有指示标志灭火器应急灯。24小时有线监控与公安系统监控
	25	特色室内亮点、爆点（室内与众不同之处）	客房由专业室内设计师设计，各具特色，注重朴素的艺术性和持续优化空间

（续）

三	景观设计类	
26	花园面积大小与效果	景观花园面积较大，类型丰富，层次分明
27	花园的地域性风格（地域特点、长处）	结合客房楼建筑因地制宜设计景观，并融合周边山村环境及风景
28	植物配置状况（一年四季有各种果树开花结果）	竹林、水杉、樱桃、香樟、桂花、红豆杉等
29	游泳池区域是否是无边泳池？（有几个游泳池？室内还是室外？大人池和儿童池如何划分？）	配置深度为 0.8~1.2 米的 50 平方米泳池，并有深度 0.5 米的迷你儿童池
30	餐饮、酒吧区域的景观环境	餐饮在一楼，周边环境很优美，内饰多采用当地竹艺品
31	周边整体区域的资源：（能看到什么与众不同的风景？是否能看见名山大川、农田、梯田、大湖等不同的风景。如何利用周边环境来借景？有哪些自然与文化方面的影响力？）	整个山村的村舍、村民、山脉及树林都是景观资源
32	地域性小品、艺术品、古董、雕塑的使用	现代主义的景观小品与地域性工艺品融合使用
33	草坪区观景、婚礼教堂、鲜花布置典礼	高低层次的草坪、花园、露台泳池边等均可做婚礼场地，鲜花布置典礼
34	室外跳舞、烧烤、各种活动聚会的区域	不同层次的草坪、花园、露台等均适合开展各种户外活动聚会
35	户外电影，给人更多晚上的活动和消费	配置观星平台与 100 平方米烧烤区域可看户外电影或篝火晚会
36	自然生态的景观设计＋景观软装装饰效果	乡土风格的毛石挡墙＋木质躺椅、阳伞、沙发等景观软装元素
37	景观所用的材料、细部与空间营造	乡土材料，细部简洁现代，空间偏酒店体验为主，以人为本
38	特色景观亮点、爆点（景观与建筑、室内的关系）	大隐于山，山村、村民、山脉及树林都成为游客的体验点，大大提升其旅居的体验效果
四	其他类	
39	民宿主人的职业经历、背景、目标、情怀	建筑设计师及世界顶尖户外玩家
40	大致投入的成本及盈利状况	—
41	经营理念及特色	有生于无，一归于零。有无相生，终以无界
42	营销宣传方式及口号	网络营销，如微信朋友圈等
43	普通客房的大致价格	客房每间均价约 1300 元
44	提供与众不同的美食、活动等特色体验	本地专业大厨制作的精品农家土鸡、河鲜、山鲜等美食，有聚会、烧烤、观星等活动

与民宿主人张鹤凡的问与答

1. 你做这个民宿的目标和愿景是什么？你为什么做民宿？你的情怀是什么？

答：无界的目标是在全国多拥有几个让来无界的朋友们心灵归零的地方。做民宿的目的是发现自己玩遍世界各个角落，喜欢找个让自己心灵归零，与大自然最贴近的地方。

2. 请用一句话来说明，你的民宿主题是什么？再各自用一句话来说明，你的民宿在建筑设计、室内设计及景观设计三个方面各有什么亮点？

答：无界，与大自然没有界限，让心灵归零。让所有的设计融入自然，让眼睛可以看到大自然给我们最美好的东西。

3. 如何在中国（甚至世界范围）推广你的民宿？

答：民宿能够做到的是让每个来的客人都享受到大自然给予的美好与家的温暖，然后口口相传。

4. 你的民宿如何来盈利？如果现在不盈利，你预计多久会盈利？如果一直都无法盈利，你有新的计划吗？

答：如果考虑太多，那么就忘记了做民宿的初心。

5. 你如何经营你的民宿？在经营过程中，你遇到哪些问题并如何去克服？比如说有哪些个性化的问题？

答：邻居关系，客人的细项要求。

基本信息：

地址：德清县莫干山镇大造坞村观音堂92号

微信公众号：dazaowujie

DNA7 舌尖上的乡村美食民宿
——清研[一]

这里原来是一家乡村的土鸡馆，农家乐做得远近闻名，但是主人希望能从农家乐变身为精品民宿，该如何华丽转身？下面这个案例就是这一类乡村民宿的实践范本。从该案例中，读者可以看出如何保证农家乐与住宿客房很好地融于一体，互相补充。当然，该项目是请了非常专业的设计团队来精心设计的。从LOGO设计开始，到建筑设计、室内设计及景观设计，每个环节都做得很到位。如LOGO通过近十稿的对比，越发含蓄高雅；建筑的立面设计追求素混凝土与白墙的划分与融合，墙体与玻璃门窗之间的虚实体量对比；室内设计的风格简洁大气，大量采用了竹的元素作为装饰手法；花园视野宽阔，从草坪上就可以观赏远处的田野及山脉。总之，这是很有意境的乡村美食民宿范本。

[一] 清研的部分照片由俞昌斌拍摄，其余未署名照片为清研提供。

清研 ZEN YUNG

清研建筑借远山与泳池之景打造独特的民宿氛围

"清研"的缘起

2014年的九月,本民宿的主人之一小张和其他几个文艺青年到莫干山进行了一次很普通的旅行,他们感慨于"竹、泉、云"和"清、静、绿、凉"这般的莫干山气质,再加上特有的"洋家乐"住店条件,让他们觉得这是少有的山乡旅游的好地方。

其间在小张的表妹夫家吃晚饭,这是一家做了14年的农家乐——碧坞山庄。它的土鸡做得远近驰名,附近的洋家乐住店客人都经常过来吃饭,周边几个县城的当地人也会驱车几十公里专程过来,只为那鲜美的土鸡。其实,土鸡已经泛化成为一种中国美食的标志性符号了,而这里的土鸡成了莫干山的美食一绝。小张对碧坞山庄的第一印象是"有点陈旧,但是干净整洁。"之前为了一顿美食根本不会去计较这类农家乐的卫生状况,但是这次改变了他对农家乐的看法。

几天之后,小张的表妹夫打来电话:"哥,莫干山玩得还开心吗?"

"嗯,不错,山好,水好,人淳朴,土鸡也特别好吃。"

"有没有兴趣我们把碧坞山庄改造升级一下,做一家精品民宿呢?"

……

于是,现在小张成了前台小张,他表妹夫成了沈二掌柜。

"清研"名字的由来

"山水吾乡好,清妍二字题",很多文人墨客赞美德清山水的时候用到了"清妍"二字,如:"端的是,江南清妍地,人间处士家,德山清水处处嘉。""妍",是指美好的意思。虽然很好,但是总觉得少点什么,"女"字旁又感觉有点柔。

后经某大师点拨,何不把"妍"改为"研"?"清"为水,"研"为山,有山有水。单字"研"的含义:深入探求,就是让你用心做好这家民宿,拆字又寓意"金石为开"。于是,"清研"就这样诞生了。由此"清研"遵循他们的经营理念：致力打造山水之间最精致的乡村民宿之一，让客人在欣赏山乡美景的同时得到最舒适的居住感受。

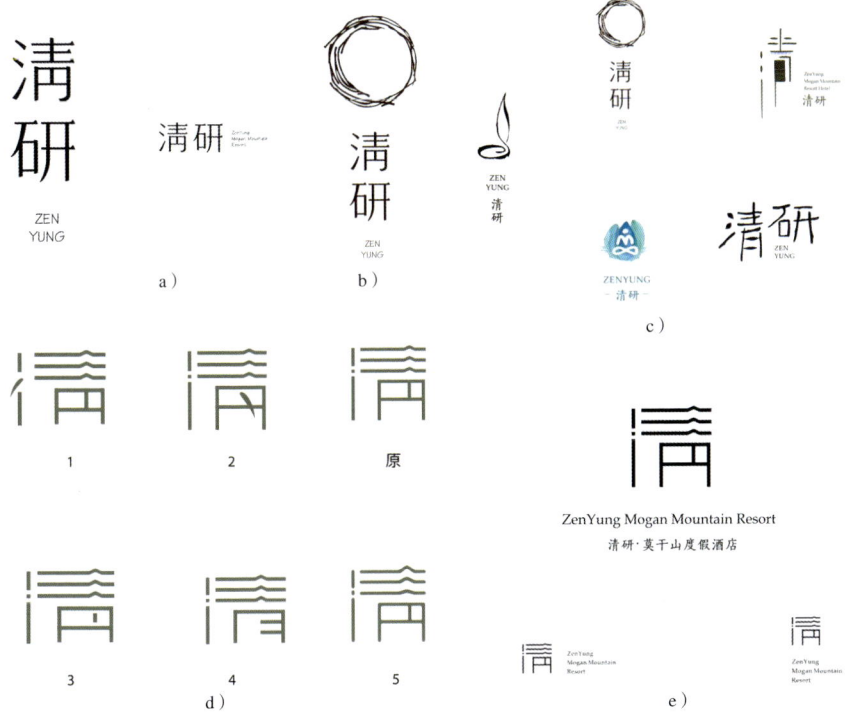

上面 5 张图，表达了清研标识的设计推导过程

一、建筑设计分析

这个民宿的建筑设计舍弃一切多余的部分，将自己融入山水风光之中。这个建筑的立面设计追求素混凝土与白墙的划分与融合，墙体与玻璃门窗之间虚实体量的对比。关于素混凝土材料，经常有游客感慨这是否是一个未完成的建筑？就因为这种材料给人一种还未完工的感觉。而毫无疑问的是，这是清研建筑设计上的亮点，当然也需要国人的审美眼界提升到一定程度才能够欣赏。总之，素混凝土的建筑立面比铺贴庸俗的墙砖或花岗岩石材做出欧式风情，已经强百倍了。

在建筑立面上，厚重的素混凝土、白墙与轻巧的深灰色钢结构、黑色铁艺栏杆、玻璃这几种不同的材料形成鲜明的反差对比。而建筑立面上的活跃元素有如下三个：第一是隐藏于一层建筑廊道内侧的竹质立面；第二是展示出江南地域风格的顶层瓦片屋顶；第三是建筑物入口处（即三层的楼梯空间）鲜明的茅草（以竹材为原料制作而成的）雨篷。

而建筑物入口处鲜明的竹材茅草雨篷则颇具戏剧性的设计效果，感觉该设计突破了常规，但在莫干山这种山乡民宿聚集地又有其逻辑的必然性与在地性。该三层楼梯空间可以拥有无敌的视野，又为何用茅草封闭遮挡呢？原因可能有二：①茅草是该地域性的设计元素，必须在立面上有所体现；②夏天为防止太阳暴晒，在莫干山地区所使用的一种人性化措施。总之，这是在现代建筑立面中比较前卫的设计，但还是取得了吸引眼球的视觉效果。

建筑立面的虚实对比，墙体与玻璃在建筑形体中的比例适当，效果极佳

素混凝土立面体现了现代主义的建筑风格，并融入莫干山乡村的地域性

建筑一层端头的圆洞花窗

竹材茅草雨篷覆盖的楼梯间,与建筑实墙立面的对比(拍摄者:俞昌斌)

从楼梯间往外看竹质雨篷的效果

楼梯间内部的夜景灯光效果

二、室内设计分析

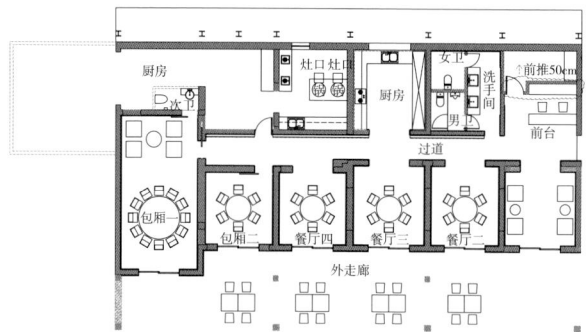

一楼平面布置图 1:100

二楼平面布置图 1:100

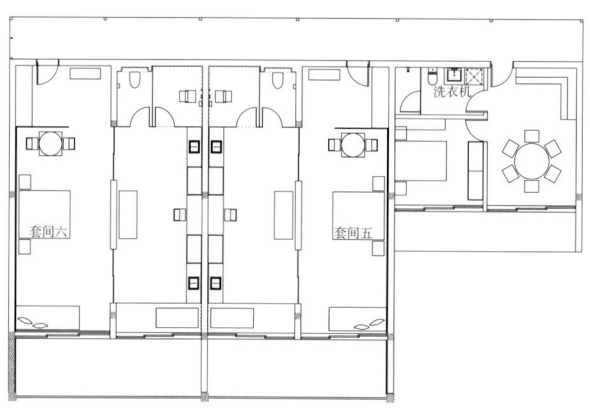

三楼平面布置图 1:100

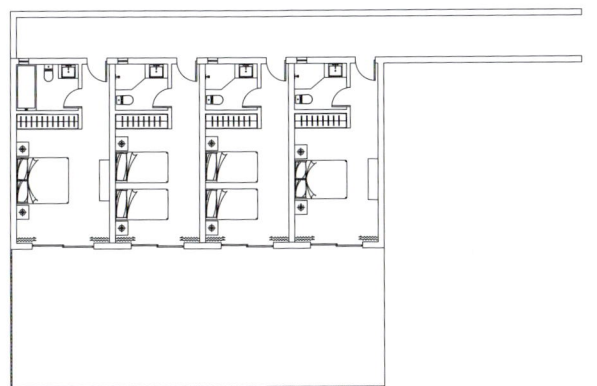

四楼平面布置图1:100

本项目是由林卫平室内建筑设计机构进行设计的,室内建筑面积约为2400平方米。原来的房子是一栋90年代的农村老式楼房,3个开间,几年前又加建了另外3个开间,这样一共就有6个开间。在安排功能区的时候,整个一楼毫无疑问地全部让给餐厅。虽然他们知道如果一楼分两间出来做客房得到的盈利会远远高于餐饮带来的,但是土鸡不能不吃,做了14年的餐厅也不能没有传承。餐厅是清研重要的组成部分,也是其多年积累的口碑与品牌。所以,餐厅的室内用竹子铺满墙面,衬托作为莫干山一绝的土鸡,让美景配合美食一起打动来体验乡村民宿的游客。应该说,竹子是清研使用最多的一个元素,所以他们对竹子的选择和要求做到近似苛求的地步,从一层空间的立面上完全看不到空调的出风口就说明竹子的密度和效果。而餐饮最重要的厨房部分,他们也是将乡村古老的土灶台与新的厨房设施布

餐厅走廊空间通过竹立面、竹吊顶结合墙脚部的蜡烛突出透视感

餐厅会客区的室内设计，统一的竹立面，背景为黑色石材嵌入电视机，家具风格舒适简洁

置于一体。"鸡汤"抓住了中国人的嘴,就等于抓住了中国人的心。舌尖上的中国人,一想到以"鸡汤"为代表的美食,一定是垂涎三尺,迫不及待地要到这里来了。

关于客房的布局,二层、三层做客房,6个开间意味着他们至少可以做12个客房。但是他们仅仅做了6个。因为他们认为游客们既然是来度假的,房间大点,客房舒适度会更好,而且让客人待在房间里的时候不觉得局促。如果是一家人来,更要有相对独立的空间。然后考虑的是安静,度假都是来图清净的,所以客流量就这样人为地减少了一半。最后考虑的是服务,他们希望减少客人的数量,然后拿出更多的精力来服务住店的客人。

二层、三层客房,依旧是竹子的墙饰、木纹的家具,墙上缀以一道道晕开的水墨画,淳朴而又自然,犹如与烟雨迷蒙的竹林云海相枕而眠。隔着落地窗便是阳台,站在窗外的阳台上远眺山野丛林,让人心旷神怡。在细节的设计上他们也追求精致,青石的墙面,竹子和木板制成原生态的柜子及梳妆台,组成了一个被精心装点过的盥洗室。另外,地暖是考虑最久的一个配置,最终他们联想到冬天客人在房间里穿着单薄舒适的短T恤,端着一杯热咖啡,望着窗外一片雪景的场景感觉,才下了决心安装了地暖。这也是莫干山为数不多的几个有地暖的民宿。而在室内设计中最关键的环节就是由于老房子结构的复杂性而导致的承重和安全的问题。客人住得安全,他们也就安心,所以他们做了大量结构加固的工作,处理安全隐患。

客房标准间(双人床)室内

床头的背景墙体全部是竹子排列在一起所形成的立面

室内空间较大，坐在桌旁看整面大玻璃窗后面的群山山脉

客房的会客厅，颇有禅意

在超大的卫浴空间内，竹质立面的橱柜中间是一个梳妆台，颇有设计感

格栅的光影效果烘托其冷色调的卫浴设施以及暖色调的竹质立面

超大的卫浴空间，关键是游人可以躺在浴缸之中，透过一大片落地玻璃窗远眺群山

第四章 莫干山之乡村民宿实践范本

超大卫生间,墙面为深灰与浅灰对比的石材立面,黄色的竹质橱柜形成视觉的冲击点

建筑立面的光影之美,实墙与铁艺栏杆的虚实对比

从室内远眺群山连绵起伏,这是乡村民宿的意境,也是游客要来体验的价值点

三、景观设计分析

清研的室外装饰浑厚质朴,地上摆放着一个个具有历史沉淀的石凳、水瓮,没有经过刻意雕琢,却表现出农家特有的原生态。

更令人惊喜的是室外还有一个无边泳池。这些过去只在电影中见过的镜头,却被真真切切地变为了现实。该无边泳池的视野极佳,站在泳池处极目远眺,远处群山山峦起伏,山脚下良田阡陌纵横,这种乡村民宿的体验感棒极了。所以说,选址与借景这两点做好了,就是一个民宿非常好的亮点。当然,在泳池内的浅水区还特地做了防滑的踏步通向池底,以保证游泳者的安全。另外,泳池周边一圈的木平台给游客的感觉也非常好,加上闲适的藤编躺椅和布艺靠垫,让游客很从容地隐身山林,眺望远处起伏的山脉,笑看风轻云淡。泳池一角的两棵老树,成为泳池空间很好的对景。这两棵老树与泳池的定位关系很有讲究,设计师故意将老树置于泳池的一角,就是为了从泳池长边一侧可以完整地观赏远处山峦起伏的美景,这种自然之美说明了景观设计在民宿中的重要性。因为你看出去的东西是不属于你的,你也无法去改变它。但是如果你能巧妙地把它变为为你所用的元素,无疑是一种意境上的提升和体验上的爆点。

无边泳池的意境之美

泳池的位置根据两棵大树的定位而适当微调，把大树摆在泳池的角落，更好地观赏远山（拍摄者：俞昌斌）

　　餐厅区域的外侧为半室内半室外的廊道就餐空间，深浅灰色石材铺地极为简洁。这种风格与素混凝土墙面、木质餐桌、黑色藤编椅子等景观元素非常搭配。建筑的外侧为景观区域，这部分为白砂铺地，干净整洁，周边植物的树影落于白砂之上，有着光影变幻之美。白砂靠近建筑一侧有长条形的石块汀步，旁边有圆形石柱墩作为装饰物，颇为雅致。黑、白、浅黄、青色等几种色调的组织与融合，很有中国水墨山水画的神韵。毛石砌筑的植物花坛兼挡墙（约40厘米高）用传统而优雅的砌筑做法，配上赭石色的水缸，中国风情的意境越来越浓。在花坛兼挡墙区域，一棵落叶大乔木配上周边的竹林，角落里种植几株桂花，整个空间疏密有致，不拥挤也不平淡，这是恰到好处的绿化配置。所以，在这个围墙与建筑相交接的三角形空间中，陶罐、柱础、汀步既是一种乡土地域符号，又可以形成具有序列感的透视收缩效果，让游人的视线汇聚到建筑的远端，而远处背景山脉与院中那棵大树成为优美的对景。

在围墙与建筑相交接的三角形空间中,陶罐、柱础、汀步形成具有序列感的透视收缩效果,远处背景山脉与院中那棵大树成为优美的对景(拍摄者:俞昌斌)

从餐厅内侧往游泳池方向眺望，陶罐、汀步、植物与建筑外廊及桌椅家具共同融合成乡村舒适的生活场景（拍摄者：俞昌斌）

傍晚在半室内半室外的廊道就餐区看着庭院，别有一番情趣

在景观材料的运用方面，在建筑物的边界处用了很多的毛石挡墙。在泳池的周边及木平台躺椅阳伞的背景区域，则多用青砖砖墙作为装饰。设计师有意区分这两种墙体材料，说明希望表达出现代中国风情与乡土地域风情的细微差异，同时不同材料也带来空间语言的丰富性。

青砖墙体、毛石挡墙与木平台三种材质的对比，带来空间语言的丰富性

一处休憩交流的小平台场地

总之，清研的主人为客人考虑了很多户外休闲活动的场所，如无边泳池、喝茶聊天的人露台、给孩子嬉闹的大草坪、让孩子们玩沙的沙坑、举办烧烤及篝火晚会的烧烤区等，都体现了他们以人为本的态度和以体验设计来赢得认可的模式。

清研价值点分析

	一	建筑设计类	
	1	建筑外形（新风格、传统风格、洋楼风格等）	现代简约，偏硬朗
	2	是否是历史保护建筑？是推掉重新修建，还是在原来基础上改建？	在原有两层房子基础上，改建
	3	民宿建筑的风格，地域性特色风格（如云南丽江、大理等纳西族风格等）	现代结合当地特色竹子搭配
	4	建筑层数（是1层，还是3层，还是7~8层高楼？）	4层
	5	建筑外立面使用的材料（木头、玻璃、铁艺、钢结构等）	水泥＋涂料＋钢结构
	6	特色建筑亮度、爆点（设计的重要性？有设计与没有设计的区别？）	明亮，简洁
	二	室内设计类	
	●	公共空间的室内设计：材质、风格、面积大小、使用功能、分区、配置设施	
	7	接待（CHECK-IN）区域的室内设计	简单小区域
	8	餐饮区域——餐厅、厨房、酒吧、备餐区域	包厢和隔断区分为主，增加用餐私密性
	9	娱乐活动区域——棋牌室、KTV室、球类运动室等区域	亲近自然，以室外和半室外为主
	●	客房的室内设计	
	10	客房的面积大小、功能布局、舒适度情况、室内设计风格、地域性特色风格	面积较大，室内也以简约风格，搭配竹子装饰，家具也以竹皮面定做
	11	床品（床垫舒适度、被子舒适度），床的大小：大床还是双床标间？	五星级床垫床品标准，大床为2米×2米，双床为1.35米×2米
	12	卫浴房间的大小？是否有干湿分离？	超大卫浴空间，干湿分离，多数房间配有化妆台区域
	13	洗浴设施（毛巾、冲淋洗浴品牌，如科勒水龙头、浴缸等）	TOTO，除了标准间都配有浴缸
	14	按摩浴缸（放在户外观赏景观的浴缸，甚至考虑温泉接入）	两个房间浴缸设置在观景区域
	15	电器配置（电视机、电吹风等）	都配有大屏幕液晶电视、冰箱、电水壶、音响、吹风机
	16	部分提供自助厨房服务的配置，简易冷餐还是火炉可以做饭做菜的厨房设施？	无，一楼有公共厨房可供使用
	17	入户门及门把手铁艺，房间门等工艺做法	进口德国门锁，3米超高大气房门设计
	18	窗户外是否有对景、借景？是否在窗下有沙发供人往外看？	全部为落地移门，正对莫干山主峰
	19	是否有阳台？从阳台上往外看的视线效果和视野感觉如何？	全部有阳台，远眺山景，俯视园景
	20	屋顶做法？是否层高足够高？有否阁楼？是否是2层复式小楼？	无阁楼

(续)

		室内设计类	
二			
	21	客房室内是否考虑壁炉？是否满足冬季保暖的体验需要？	全屋地暖
	22	工艺品的使用（如艺术画、藤艺、竹编等，提升品位和气氛）	请青年画家量身配置的山水画
	23	儿童床（高低床、加床的）	4个房间可加床，有婴儿床可提供
	24	消防、安保设施的布置	按消防要求配置
	25	特色室内亮点、爆点（室内与众不同之处）	与众不同的设计，让人印象深刻
三		景观设计类	
	26	花园面积大小与效果	面积为2亩左右，前后院，观景平台
	27	花园的地域性风格（地域特点、长处）	各区域分布不同风格，总体宽敞大气
	28	植物配置状况（一年四季有各种果树开花结果）	各类名贵竹子、红豆杉、枫叶、杨梅、桂花
	29	游泳池区域是否是无边泳池？（有几个游泳池？室内还是室外？大人池和儿童池如何划分？）	室外无边泳池
	30	餐饮、酒吧区域的景观环境	全部落地玻璃移门，借景入室
	31	周边整体区域的资源：（能看到什么与众不同的风景？是否能看见名山大川、农田、梯田、大湖等不同的风景。如何利用周边环境来借景？有哪些自然与文化方面的影响力？）	远眺莫干山全景，近观田野风光
	32	地域性小品、艺术品、古董、雕塑的使用	用当地特色小品搭配
	33	草坪区观景、婚礼教堂、鲜花布置典礼	后院大区域草坪设置
	34	室外跳舞、烧烤、各种活动聚会的区域	前院综合区域，适合各类活动
	35	户外电影，给人更多晚上的活动和消费	户外电影、烧烤、篝火晚会
	36	自然生态的景观设计+景观软装装饰效果	户外家具、遮阳伞、搭配竹子元素
	37	景观所用的材料、细部与空间营造	老石板、青砖、白石子、竹木地板
	38	特色景观亮点、爆点（景观与建筑、室内的关系）	简约、现代的建筑搭配偏庭院使用的老石板，互相呼应，搭配绿植营造出素雅大方的庭院特色
四		其他类	
	39	民宿主人的职业经历、背景、目标、情怀	私企业主，只为做一件自己喜欢的事情
	40	大致投入的成本及盈利状况	500万元，预计4年回收
	41	经营理念及特色	只为用心做好一家店
	42	营销宣传方式及口号	清研-提供山野之间最好的入住体验
	43	普通客房的大致价格	1600元左右
	44	提供与众不同的美食、活动等特色体验	做了15年的红烧土鸡，远近驰名。各类蔬菜均为店家亲自种植采摘

与民宿主人张沛、沈晓承的问与答

1. 你做这个民宿的目标和愿景是什么？你为什么做民宿？你的情怀是什么？

答：很简单，就是做一个自己喜欢的事情。

2. 请用一句话来说明，你的民宿主题是什么？再各自用一句话来说明，你的民宿在建筑设计、室内设计及景观设计三个方面各有什么亮点？

答：让你在欣赏山野美景的同时，体验到最舒适的居住场所。后面几个设计的亮点，我暂时概括不出来，以后会想出来。

3. 如何在中国（甚至世界范围）推广你的民宿？

答：前期依靠媒体推广，最终希望口碑相传就可以了。

4. 你的民宿如何来盈利？如果现在不盈利，你预计多久会盈利？如果一直都无法盈利，你有新的计划吗？

答：我不知道怎么回答，如何盈利？住满了不就盈利了吗？目前预计3~4年，不盈利就自己住咯。因为这个房子是我们自己家里的，没别的计划。

5. 你如何经营你的民宿？在经营过程中，你遇到哪些问题并如何去克服？比如说有哪些个性化的问题？

答：问题肯定有，多数都是大家遇到一样的。个性化的问题，没有。

基本信息：
地址：浙江省湖州市德清县莫干山镇仙潭村碧坞
微信公众号：qingyan-2015

DNA8 文化的力量
——莫干山居图[一]

文化的力量不仅能改变一个人的精神面貌,还能带着这个人去改变一个民宿,甚至一个乡村。下面这个案例就不仅仅是一个民宿,更是一个让人惊叹的图书馆,一个充满书的文化殿堂,这是该民宿主人的人生追求和境界体现。我们从他小时候的故事开始,就可以慢慢体会为什么他要这样建造一个民宿,一个乡村的图书馆。当然,从这个民宿的建筑设计、室内设计及景观设计的角度,我们都能看出他的用心程度。建筑设计上低调沉稳,基本沿用乡村建筑风格;室内设计上给游客非常惊艳和震撼的感觉,让人印象非常深刻的是那个巨大的图书馆和客房交通空间处的白色螺旋楼梯,一系列方形的洞口让阳光照射进来,感觉很梦幻,颇有些爱琴海度假风;景观是以游泳池为主的,但是周边乡村建筑较为破败,使之无法靠周边的自然环境来借景。总之,这是一个极佳的乡村民宿,非常值得游客旅居体验。所以,很多乡村民宿在建设之初就可以从文化着手,看看有没有与众不同的文化元素可以使用,这样就能做出特色,与众不同。

[一] 莫干山居图的图片全部由俞昌斌拍摄,部分文字选取于莫干山居图的微信公众号的相关内容。

令人震撼的图书馆民宿

    2011年,朱锦东先生来到莫干山庙前村一幢破败的生产队大会堂。夕阳的余晖照着田野,会堂前有条小溪不紧不慢地流过。"就是这里了。"他平静地想,就此在莫干山下建一个窑坊,盖一间民宿,交一群朋友。朱先生曾经谈起,他小时候跟妈妈寄住在乡下亲戚家。有一次,亲戚家的小孩对他说:"这里不是你待的地方。"他的妈妈听见了,后来她就用仅有的300元钱自己盖房子。钱不够,她妈妈就在村里给人做衣服,用这来换盖房子的工。房子建成的那一刻,是朱先生童年最快乐的时光。当他长大之后,每次在夜色中看到那幢亮着灯的小屋,他想:"那就是我的家。"虽然这个小屋简陋、寒冷,但却温暖了他的整个童年。从那时候开始,他对大山、乡村有一种特别的眷恋。他觉得他就来自那里,他也将回到那里。

    他曾经是文学青年,迷恋高尔基、海明威。他的精神中保留着彪悍的人生态度和独属于那个年代的激情,年轻时他背着双管猎枪上山打猎,在山里露宿几宿,冷了就喝口二锅头。他也是中国最早下海的那批人,开过公司,做过出版,在社会上摸爬滚打练就了一身生存技能。他赚了点小钱,有点小爱好，也有了一帮气味相投的朋友。在城里打拼了大半辈子，年过半百的时候，他越来越迫切地怀念起童年时山里那栋闪着温暖的灯光的小屋。因此，他来到了莫干山，看着眼前这座废弃的大会堂，他开始建造他梦中的"乡村民宿"。这个大会堂空空荡荡的，除了一些过去的标语和一堆垃圾，啥都没有。在此之前，这只是座没有生命的水泥房子，但它很快就有了质的改变。

谁也不知道老朱在这个破会堂里忙些什么，整整四年的时间里他在一个"毫无价值"的大会堂里忙碌。他不是建筑师，他有的是人生经历。岁月磨砺了一个人，岁月也给他积攒了许多他最珍视的东西——文学、书法、制瓷，以及鉴赏世界上那些美好事物的品位。等民宿落成了，所有的人一进来，都被震撼得倒吸一口气，纷纷掏出手机狂拍。这是一个顶天立地的图书馆民宿。这里陈列了上万册的图书。他这辈子都跟书打交道，喜欢看书，后来做书。他说没有什么比阅读更美好的事了，在这里应该给喜欢书的客人留有一个安静阅读的空间。这家图书馆不仅仅对客人开放，平时村里的孩子们想看书，他们都可以来这里。这也是一个艺术馆民宿，他毕生喜欢书法，这里展出大量书法绘画作品，许多都是他朋友的作品，如书法家协会副主席邵秉仁、王丹这些大师的墨宝。这里又是一个烧窑工坊，安放他平生最大的爱好——制瓷。青瓷的色彩，就是山的色彩。烧窑讲的是心法。好的青瓷，如玉。没有一种心境，做出来的瓷就是匠气。只有在这里，每天静对一片山，才能做得出好瓷。如今制窑工坊还在施工中，今后客人来了还可以尝试烧窑制瓷。游客来他的民宿，其实已经不是住一两天那么简单了，这家民宿呈现的是他的精神世界。游客不仅仅看莫干山，还能有一次非凡的文化艺术之旅。

一、建筑设计分析

莫干山居图的前后两部分建筑风格是迥然不同的。它前面的客房楼是一个白房子，与后面的乡村图书馆是两种格调感觉。这个白房子有点像希腊小岛上的建筑风格，三层的小楼，在村头非常醒目。后面的图书馆从外立面上看不出来有什么与众不同,就是一个很简单的尺度很平和的长条形房子,甚至都看不出来它原来是生产队的大会堂。但是走到室内以后让人大为震撼,笔者认为该图书馆是所有莫干山民宿之中最精彩的公共空间作品。应该说,该图书馆的改造在中国乡村的复兴计划之中是非常具有典范价值的。

乡村民宿的外墙景观处理

二、室内设计分析

在公共空间之中,大家可以看到这个图书馆里满墙都是书架,并且屋里的木结构全部都是外露展示的。它有几个墙体做成一整面特色的书法墙,整个空间气势磅礴。它的图书馆后侧分为上下两层空间:下面一层是餐厅,上面一层是开会的小型会议室,可以开约50人左右的小会。游客可以坐在外面的图书馆大空间里,搞一些比较轻松开放的交流、咖啡、餐饮等活动。关于这个"乡村图书馆"的建造,朱先生像做雕塑一样亲自打造,他做着挑砖、铺砌、勾缝、油漆等工作。原先的生产队大会堂屋顶覆盖瓦片没有采光,他把屋顶部分打开改成玻璃,把光引进来。然后他挑选各种建筑材料,是采用素混凝土,还是老木头?他想到了红砖,那是他儿时的记忆。"那时家后面就有个红砖的窑,我那时最大的爱好就是看他们做红砖。让牛踩着砖泥,直到砖泥稀烂,然后人们把泥就砸进模子里,夯实。"那老旧的暗红砖色,让他感觉沧桑,却有温度。空间搭建好后,他开始往里面填"东西","与其像别人那样把一堆漂亮的家具和饰品放进去,还不如把我喜欢的书放进去。

去讨巧迎合，不如坚持自己想要的。"因此，他填入了大量的书。该图书馆的中部为阅览区和会议区，两侧墙体为巨幅书法作品，约有3米多高，从屋顶悬挂下来。两侧的山墙面为书架区。然后，他保留了屋顶构架，并从安全性的角度加固了建筑结构，并布置灯具和消防设施。其室内的桌椅家具造型古朴，使用实木材料，很有乡土气息。大书架从屋顶一直延伸到一层地面，气势磅礴，成为一面巨大的室内景观墙。

一面书法墙成为照壁，遮挡主入口游人的视线

站在二层空间俯瞰屋顶木构架及书法墙、桌椅沙发

在图书馆的公共空间的下面一层是一个餐厅，这里提供中餐和西餐，都是最新鲜的食材。在旁边的酒吧区域，游客晚上可以在这里喝杯小酒，打两局桌球，也算是放松身心的场所。

在该乡村民宿的前部为白房子客房区，其客房交通区域有一个白色的螺旋楼梯，楼梯侧面的墙体上挖了许多长方形的小孔洞，这样有光可以射下来，打进室内。这种空间的设计手法多了一些异域风情，优美的造型和精细的施工令人惊叹。该民宿最重要的就是客房的舒适性，要让客人在住的时候也能感受到独特的文化。该民宿总共24间客房，每个房间都用了中式的元素去穿插，老木头、老窗格衬上中国字画。还有一些客房是上下两层的，一家四五口都能住，而民宿主人很贴心地在二楼也配有卫浴设备。这样晚上起夜就不用再爬楼梯了。它的客房室内设计风格以简洁大方为主基调，摆放了一些书法与绘画的装饰作品，给人感觉典雅舒服。客房中有两间（房号202和302）是很有特色的。客人推开该房间的落地窗走入一个小阳台，站在这个小阳台上就会发现自己已经置身于整个图书馆宏大的靠近屋顶的空间中。你可以俯瞰局部的图书馆，有点穿越时空的体验感。

一整面墙体为书架及艺术品展示墙

书桌背后对景一面书法墙

图书馆后侧的上面一层为小型会议厅，内部可以开交流会

图书馆后侧的下面一层为餐厅，提供新鲜的食材

第四章 莫干山之乡村民宿实践范本

上面三张照片,表达了客房的交通区域有白色的螺旋楼梯,楼梯侧面的墙体上挖了许多长方形的小孔洞,这样有光可以射下来,打进室内

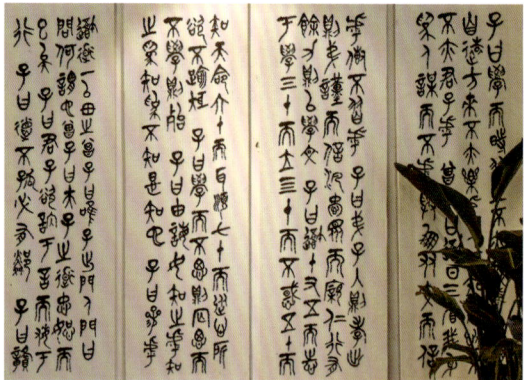

上面两张照片,表达了落地玻璃门窗的光影效果及楼道休息区的书法展示

楼梯间休息区的沙发、陶瓷花瓶及油画作品　　　　客房区走廊中的灯具

客房室内的书法作品和灯具　　　　客房床头背侧为木板墙,上面放置书法作品作为室内的装饰

客房202室的阳台门打开,可以俯瞰图书馆室内

客房内部的床铺区与卫浴空间之间的屏风与书法长卷

从客房202室的阳台上俯瞰该图书馆,屋顶的木构架近在咫尺,宏伟壮观

三、景观设计分析

该民宿主人建了一个室外游泳池,这个游泳池的造型很别致。但是在莫干山地区游泳池的利用率是很低的。由此,该民宿管理团队组织游客夏天在四面青山的环境下游泳,冬天搞泳池烧烤派对,这都是民宿经营者提高泳池使用率的好方法,也是游客愉快的回忆。而这个民宿最大的问题是占地偏小,不能像裸心谷和法国山居那样围在一个山谷里面,游客可以在里面悠闲地待一两天,真正有度假的感觉。总结起来,像莫干山居图这种民宿其实就是在农村原来的村委会或是集会的地方,也就是盖在村头交通最方便、视觉最明显的一个乡村民宿。从景观设计的角度来看,其周边的景观资源较差,都是原有的农村住宅,看出去不太好看。好在这个民宿的院子比较大,花花草草种了一些,在房前屋后适当遮挡周边环境。

院子中的绿化种植与景观小品

院子中修建游泳池,提供给住客活动空间

花坛中种菜,也是很有特色的绿化效果

所以,文化是本民宿的主要特色,也是其标志性符号。该民宿的成本巨大,朱锦东先生投入该民宿的改造费用大概一千万元左右。总之,图书馆这类公益性的服务于大众的设施体现了民宿主人的情怀。

莫干山居图价值点分析

一		建筑设计类
1	建筑外形(新风格、传统风格、洋楼风格等)	现代简约的地中海白色风格住宅楼 + 乡土老房子外形的图书馆
2	是否是历史保护建筑?是推掉重新修建,还是在原来基础上改建?	住宅楼新建 + 图书馆改建
3	民宿建筑的风格,地域性特色风格(如云南丽江、大理等纳西族风格等)	现代简约风格结合当地乡土风格
4	建筑层数(是1层,还是3层,还是7~8层高楼?)	3层住宅楼+1层图书馆(局部2层)
5	建筑外立面使用的材料(木头、玻璃、铁艺、钢结构等)	白色涂料墙体、玻璃门窗、图书馆瓦顶
6	特色建筑亮度、爆点(设计的重要性?有设计与没有设计的区别?)	乡村图书馆是一大爆点

(续)

二	室内设计类	
●	公共空间的室内设计：材质、风格、面积大小、使用功能、分区、配置设施	
7	接待（CHECK-IN）区域的室内设计	住宅楼入口处
8	餐饮区域——餐厅、厨房、酒吧、备餐区域	图书馆后侧分为上下两层，下一层为餐厅与厨房
9	娱乐活动区域——棋牌室、KTV室、球类运动室等区域	布置有棋牌室等，但是提倡亲近自然，以室外和半室外活动为主
●	客房的室内设计	
10	客房的面积大小、功能布局、舒适度情况、室内设计风格、地域性特色风格	面积适中，室内以简约、中式风格为主，搭配书法绘画等作品
11	床品（床垫舒适度、被子舒适度），床的大小：大床还是双床标间？	床垫、床品标准较高
12	卫浴房间的大小？是否有干湿分离？	卫浴空间舒适度较好，热水供应等设施不太完善
13	洗浴设施（毛巾、冲淋洗浴品牌，如科勒水龙头、浴缸等）	卫浴设施标准较高
14	按摩浴缸（放在户外观赏景观的浴缸，甚至考虑温泉接入）	基本没有考虑
15	电器配置（电视机、电吹风等）	都配有电视、冰箱、电水壶、音响、吹风机
16	部分提供自助厨房服务的配置，简易冷餐还是火炉可以做饭做菜的厨房设施？	无，要到餐厅点餐
17	入户门及门把手铁艺、房间门等工艺做法	普通做法，有些中式元素
18	窗户外是否有对景、借景？是否在窗下有沙发供人往外看？	周边环境较差，窗外景色无法借景
19	是否有阳台？从阳台上往外看的视线效果和视野感觉如何？	大多数房间没有阳台，202、302房间的小平台可以看到图书馆的大空间，非常震撼
20	屋顶做法？是否层高足够高？有否阁楼？是否是2层复式小楼？	局部有二层阁楼
21	客房室内是否考虑壁炉？是否满足冬季保暖的体验需求？	配置冷热空调，但是冬天感受较差，太冷
22	工艺品的使用（如艺术画、藤艺、竹编等，提升品位和气氛	整个民宿内部包括客房、楼梯间、图书馆，到处都是书画艺术品，可见主人投入了大量的心血
23	儿童床（高低床、加床的）	房间可加床，也有儿童床可提供
24	消防、安保设施的布置	按消防要求配置
25	特色室内亮点、爆点（室内与众不同之处）	民宿内部摆设着大量的书画作品，还有特别能看到图书馆的客房平台

341

(续)

三	景观设计类	
26	花园面积大小与效果	花园不大,有一个游泳池,并结合一些绿化、蔬菜
27	花园的地域性风格(地域特点、长处)	功能明确,以绿化为主,游泳池使用率较低
28	植物配置状况(一年四季有各种果树开花结果)	香樟、杨梅、桂花、广玉兰等植物,灌木多为修剪绿篱,还适当种植蔬菜
29	游泳池区域是否是无边泳池?(有几个游泳池?室内还是室外?大人池和儿童池如何划分?)	室外弧形泳池,旁边为儿童池
30	餐饮、酒吧区域的景观环境	无
31	周边整体区域的资源:(能看到什么与众不同的风景?是否能看见名山大川、农田、梯田、大湖等不同的风景。如何利用周边环境来借景?有哪些自然与文化方面的影响力?)	周边为村庄民宅,效果不佳
32	地域性小品、艺术品、古董、雕塑的使用	无
33	草坪区观景,婚礼教堂,鲜花布置典礼	无
34	室外跳舞、烧烤、各种活动聚会的区域	游泳池附近
35	户外电影,给人更多晚上的活动和消费	游泳池附近烧烤,篝火晚会
36	自然生态的景观设计+景观软装饰效果	户外家具、遮阳伞,搭配绿化
37	景观所用的材料、细部与空间营造	老石板、青砖、绿化围合出活动空间
38	特色景观亮点、爆点(景观与建筑、室内的关系)	景观环境比较普通
四	其他类	
39	民宿主人的职业经历、背景、目标、情怀	有丰富的人生经历,渴望在乡村生活,并做出一个顶天立地的图书馆
40	大致投入的成本及盈利状况	1000万元
41	经营理念及特色	乡村图书馆及文化交流
42	营销宣传方式及口号	没有
43	普通客房的大致价格	1080~1580元
44	提供与众不同的美食、活动等特色体验	有地域特色的美食活动

基本信息:

地址:浙江省湖州市德清县筏头乡庙前村老村委会

微信公众号:MGSJT1199

DNA9 乡村文创集市——庾村1932[一]

在整个莫干山，很多民宿都是一个个孤立的点，所以非常需要有乡村综合体这样的服务设施及活动区域，这就是乡村旅游的人流汇聚的地方。这些基础设施让游客到了莫干山以后除了住民宿，还有其他一些体验，如庾村1932把乡村和文创结合得就非常成功。一般的乡村都会有一个村的中心，比如说村里的集市区域，把这些区域完善起来，改造、修复、创新，注入新的服务类型，如咖啡馆、餐厅、酒吧、图书馆、儿童活动室、演讲馆等。这样的乡村文创集市，第一是吸引了大量的人流过来（他们来参观，来举办活动和参与活动，来旅游旅居）；第二是吸引资金过来，吸引其他人一起来共建项目等。所以，这不仅是唤醒乡村，更进入了重塑乡村的阶段，是乡村复兴的标志性项目，该类型的项目对其他的乡村有着很大的借鉴作用。对乡村发展来说，这是一个重大而独特的窗口，体现出乡村的魅力，融入多元化产业和功能之后，一定会带来乡村的变革和重塑。

总之，乡村的文创集市可以看作乡村的会客厅，让沉寂已久的乡村又热闹了起来。

[一] 庾村1932的图片及文字由庾村1932提供。

这里带给游客耳目一新的现代乡村文创集市的感觉

庚村1932作为中国首个乡村文创综合体,是由一群建筑、规划、景观及室内的专业设计师所发起的城乡互动项目。他们在城市建设中积累了大量的经验,可用于"让乡村生活更美好",同时使乡村去拯救城市的一些顽疾。庚村1932第一次提出将生产、生活、生意融为一体,形成良性循环,创造新的乡村价值。其原址为民国时期上海市市长黄郛先生兴办的蚕种场,2013年由上述专业团队共同开展"莫干山乡改计划",在保留该蚕种场原有建筑的基础上,展示其文化价值。如今庚村1932有全国最大的自行车主题餐厅Share·饗、宁静的茧咖啡厅、设计师客栈茧舍、属于乡村的萱草书屋、发芽的茶屋及亦素服饰店等,昔日的蚕种场正在一步步演变成颇具特色的文创集市,也渐渐成为莫干山乡建活动的汇聚地,对接江浙沪城市群的乡村支点之一。当前,庚村1932正在建设一个会议报告厅和剧院,作为将来"宿盟"(莫干山民宿联盟)召开大型会议的场地。总之,所有这些服务设施与基础设施的建设都会为整个莫干山的民宿行业带来人气、资金与管理水平的提升。

庚村1932的整体环境:

简洁、干净,并有设计感的现代乡村文创集市

庾村1932所组织的一系列活动:

质朴的乡村环境,结合景观与艺术设计,给游客带来全新的乡村文创体验

2014年6~9月,《乡学·礼》提篮展在庾村1932展开展览。这是过去民间常见的造型器具,也是我国独特的非物质文化遗产

2014年7月,在德清莫干山的庚村文化市集举办了一场"特别"的由浙江财经大学的学子献给乡村的艺术晚会

2014年5月底,百联汇通凯迪拉克自驾车友会亲子游活动

2014年8月,全球顶尖自行车品牌Specialized(闪电)在庚村成功举办新品发布及试骑大会

Share·饗 ——自行车主题餐厅

这是在庚村1932文创综合体中的一个餐厅,它也是全国最大的自行车主题餐厅,工业时代的复古气息融合进乡村元素,充满质感的原生态材料与敏锐超前的设计手法,造就出独树一帜的视觉效果和用餐氛围。

为什么会选择以自行车为餐厅主题呢?因为在20世纪初,莫干山的外来者们带来了象征城市与工业的自行车。在当年的遗迹逐一消亡的今天,沿用至今的自行车作为符号衔接了百年庚村的历史记忆。这个餐厅的特色是通过工业复古风格,来解读生活和梦想的哲学。追溯20世纪60年代后现代主义的建筑风格既具有人文内涵又深入空间思维,是设计师对过去、现在与未来的思考。在该餐厅中,室内大空间进行适当整改,老的屋顶保留下来,并结合屋顶的梁柱构架布置现代的灯光系统,增加具有统一序列感的长桌椅、咖啡桌与高脚椅,并结合书架摆放自行车模型,甚至自行车实物1:1悬挂于空中,强烈地彰显自行车的主题。屋内摆放一些现代的咖啡座椅,在里面喝咖啡、聊天交流都有一种特殊的情趣,整体氛围是传统与现代风情的融合。而且他们在餐厅中搞各种艺术展览，如当前正在进行的古董自行车展等，给到这里来旅游的人眼睛一亮的感觉。另外，工业感和乡土感的结合通过代表两者的材料对比来显现，效果很大气。建筑的室外长廊也有餐饮的外摆，许多游客喜欢坐在这里休息、聊天，长廊的外侧是绿化空间及儿童活动区，包括沙坑、木质儿童活动器械等，造型乡土，质感淳朴，儿童们会在这里玩得很开心，并把整个餐厅的场所气氛推向高潮。

该餐厅在室内空间的体验感，特别突出自行车主题

发芽的茶屋

这是一家很小的茶叶店。大门的门头上方有一个用耐候钢板阴刻的"发芽的茶屋"的门牌，门头的侧面高高低低地堆放了各种可爱的花盆，里面生长着郁郁葱葱的小植物。这就是许多人看到这个茶屋的第一印象。可以这么说，看到它的第一眼，心就被它可爱温馨的小模样融化了。

走进室内，该茶屋大概不到10平方米，但是布置得井井有条。侧墙上方和一侧桌子上摆着各种精美包装的茶叶，柜台后面站着清纯可爱的茶店女主人，屋内是木质装饰，柜台由多种颜色的旧木板平铺而成，代表着主人的品位和情调。在这样一间可爱的小店里，你会不由自主地买几包茶叶，并深深地记住它。

发芽的茶屋带给游客温馨的感觉,门口的绿植花盆也特别可爱

茧咖啡

在茧咖啡里,你会发现不曾遇见的乡村生活。在剥落的墙壁中看见时代的风华,在老旧的灯光里感受岁月的痕迹,在醇正的咖啡里品尝时间的流浪。自然派的设计是茧咖啡独有的生活态度,也许你想喝的只是一杯白水,想看的只是廊下的阳光,在这里都有你平时不会注意的风景。

茧咖啡的建筑是保留原有的老屋子,适当加以维护和检修。室内风格很朴素,木质材料为主体,原木桌椅及家具,搭配花艺作品作为室内色彩的点缀。通过屏风与桌子的长短大小区分出室内开放区与私密区,但整体是一个大空间。该设计手法简洁明快,使用乡土材料,大空间使用的灵活度高。

在景观设计上,室外用天然竹竿做成外廊。天然的竹竿是弯弯曲曲的,不是一条直挺挺的直线形。但是,正是由于这种扭曲所形成的序列感,使之在阳光的照射下,在地面留下一道道歪歪扭扭的很自然的光影线条。外廊的地面是砂砾石,结合几块碎拼的石头铺地。游客可在室外花草的掩映之下闲坐,别有一番情趣。乡村自然生长的爬藤植物顺着竹竿随意地往上爬,爬上建筑的外墙面与廊架等构筑物,形成立面上的一片绿荫。

茧咖啡保留老建筑的形式,室内用乡土材料与乡村老物件装饰,景观用竹竿形成廊架效果

茧舍——设计师客栈

"茧舍"设计师客栈原为1936年建造的蚕种场旧址,这是当年乡村文化事业的一个缩影,承载着创办者黄郛先生朴实的乡村改造梦想。70多年后,这座满是历史痕迹的老房子迎来了它的改造者。这里也从遥远时光的蚕种场,演变成文艺波普风格的设计师客栈。灵魂、阳光与自由,是来自狭窄空间的错觉与呐喊,解构主义的多元形态构成了茧舍独一无二的价值观。建筑空间中朱红与翠绿的视觉碰撞,高高低低的瘦长窗户,由8个设计师自由发挥的12间客房风格各异,每一间都是一个穿越时空的梦境。

蚕蛹破"茧",成蛾产卵,蚕主收贮,则是"蚕种"的意思。大家期待来年蚕种化蛹作"茧",如此轮回。因此,该设计师客栈取名"茧舍",就是寓意让游客回到茧舍之内,以回忆为睡榻,以静怡为覆被,体验乡村文化,传播乡建理念。

怀着同样的梦想,知名建筑师庄慎先生为"茧舍"所在蚕种场12号楼进行了公益设计。为了留存这片土地的记忆,他保留了诸如高大沿廊这样质朴而弥足珍贵的建筑风格样式。而且建筑师们在不改变原有结构的基础上,对这些年久失修的老房子进行了加固和改造。

8位设计师(徐燕妮、仇银豪、章亦飞、TINA、蓝晋、范敏姬、陈江、陈知贤)对茧舍有着不同的诠释,全部12间客房进行了风格迥异的设计,每一间房间融入了不同的主题,"茧舍"内的家居摆设同样展示出设计师的精心推敲,如使用了一些来自"十竹九造""FAZ"等设计品牌的家具等。总之,如同蚕蛹的个体轮回一样,"茧舍"这个设计师客栈是"蚕种场"在时间和空间上的涅槃,传递着乡村生生不息的生命轮回,也传递着当代中国设计师的创新精神。

茧舍设计师客栈由 8 个设计师布置了 12 个各具特色的房间（图中是其中 9 间）

破风骑行馆

随着生活水平的提高,人们越发注重生活质量和身体健康,参与户外健身活动的人群不断扩大。破风骑行馆提供了这种健康、时尚的新型运动体验,开车太快,走路太慢,唯有骑自行车才能观赏沿途美景。破风骑行馆主要是为游客提供运动自行车出租、骑行路线规划以及自行车比赛等服务项目。其以专业和贴心的自行车服务,为游客带来愉悦的骑行体验。

破风骑行馆也是改建了庾村内的一个老建筑,室内设计用斑驳的不同颜色的老砖来铺贴墙面和地面,整体的色彩是热烈的运动主题,没有太多的装饰物。从屋顶悬挂自行车下来,并布置若干装饰物。

破风骑行馆的室内空间

萱草书屋

萱草书屋是一间属于乡村的书屋,建筑与室内设计都非常朴素。建筑外立面保留了原有的墙体颜色和材质,顶部的标题"萱草书屋"为耐候钢板阴刻而成。在这一点上突出乡土传统材料与现代材料的对比。在室内设计上,主要是沿着墙体布置多排书架,书架上的书都是由各地的朋友所捐赠的二手书。书屋的大部分空间为大书桌加上两侧座椅,这是大家在一起阅读的区域。书屋的室内有一个专供儿童使用的小型阅览空间,书框都漆成绿色,上部为老窗板拼接而成,该造型特别可爱。儿童可以在里面现场画画,而且这里还有一个手工艺的工作坊。这些活动都是由许多年轻志愿者来组织的公益事业，他们愿意在莫干山扎根搞民宿和文创，并以他们点点滴滴的工作带动更多的人关注乡村，并投入乡村建设。

在一年多的筹备期里，萱草书屋募集到了来自社会各界的3000本图书和5万元基金。知名建筑师周凌先生为萱草书屋进行了公益设计。越来越多的设计师和艺术家把自己的手工作品、DIY产品设计带到这里。在这个书屋里，游客可以免费阅读每一本书，也可以捐赠自己不看的旧书，还可以购买顶尖设计师的手作制品及设计产品。每一位游客在萱草书屋的消费，其利润的30%都将存入宣传萱草书屋的公益基金，用于在全国的乡村开启更多的萱草书屋，成为乡村公益的筑梦者。

萱草书屋的室内空间与捐书、读书的活动

亦素服饰店

亦素服饰店是一家售卖原创设计服饰的店铺，设计师Stella负责所有的服装设计，李蓁怡女士主管店铺的运营。谈及开办服装店的初衷，李蓁怡觉得这与她学习美术的初衷是一致的,是为了设计更多美的东西分享给周围的人。

而亦素的开端也的确做到了这一点,从风格的定位到面料的选择,再到服装的设计与打样,在保证质量与风格的要求之下服装成品是少量的,最初仅供周围的朋友分享。而这个在庾村1932的店铺,也是为了能与更多人分享她们精心打造的服饰与穿衣理念。亦素坚持着自己的中国民族风格,将中国元素与现代设计恰如其分地融合,既不夸张也不做作,麻料的巧妙运用让衣服自身呈现出舒适、自然与轻松的设计态度。

亦素是由庾村中的一间老建筑改造而成的,屋顶的梁柱结构也完整地保留下来。与老建筑搭配的是灰色调的店铺,没有太多装饰,衣服以最简单的模样呈现,这样干净简洁的店铺环境是李蓁怡心中最满意的亦素的模样。"衣服才是重点。"这是她对于店铺设计的唯一要求。

亦素非常有特色的室内空间与装饰物

基本信息:
地址:浙江省湖州市德清县莫干山镇黄郭西路48号庾村文化市集园区

后记 崇明乡聚建设村[一]
——莫干山模式的再实践与反思

陈　远

崇明乡聚建设村的建筑与景观设计

[一] 本文为陈远写作而成，部分照片由俞昌斌、陈远拍摄，其余未署名照片由金笑辉拍摄。

后记 崇明乡聚建设村——莫干山模式的再实践与反思

缘起

"乡聚公社"的发起,无疑是受到莫干山模式的启发和感染。从2012年起,我们这个由景观师与建筑师主导的小团队,因为朋友的举荐,先后参与了几个乡建的项目,从云南到江浙,从田园到山林,那些远离尘嚣的美景和指引情怀的山水让我们这个设计师团队兴奋无比,我们暗自以为在做着一件先知先觉的事情。可惜由于种种原因,这些项目有些无法落地,有些还在缓慢的孵化中。一眨眼到了2016年,我们自己出资,在上海的崇明岛租下一栋农民房将其改造成所谓的"民宿",算是了却了自己一个小小的心愿。此时举目四望,全国民宿开发与乡建的热潮早已如火如荼,真是"忽如一夜春风来,千树万树梨花开"。

这些年来我们探访过许多民宿,发现它们的选址大都是地理位置偏远而受到城镇化影响较小的地方,它们保留着优良的自然风貌,有些还保留着较为传统的生活方式,在那里盖一间小房子就能独占一片绝美的风景。赞叹与向往之余,有些问题也一直困扰着我们:让这些宝贵的自然资源和存量不多的乡土风情迅速地被资本化、被包装、被消费,到底应不应该?城市人的到来究竟能让当地人的生活受益多少?这一坛无意间被封存下来的美酒,什么时候可以打开?

我们并没有找到解答。但是我们尝试着把目光转向更为广阔与普通的乡村,那里景色平庸甚至有些凋零,人口正在减少但依然充满世俗生活的景象。如果说莫干山模式曾经带动起一片乡土的活力,聚焦起人们投向乡村的目光,那么这种模式是否可以再实践在中国其他广袤的乡村土地上?

关于上述问题,我们还是回到前文所述的我们在上海崇明岛租下的那栋闲置且质量尚好的老农宅来说,我们希望能通过

乡聚公社的设计师团队和他们的朋友们

保护性改造，将其以公共社区的形态呈现，为安静的村庄带来一些活力，为乡村的建设探寻一条可持续发展的道路。而我们的小团队也由此真正成为加入乡建大军的一个小群体，起名"乡聚公社"。

乡聚建设村的位置及周边环境

老屋

我们改造的那栋老屋坐落在崇明岛中部的建设村，所以我们叫它"乡聚建设村"。老屋不算太老，但具有代表性，它建于20世纪80年代，在当时是非常普通的双坡瓦屋顶农宅，一面临村，三面靠田，暗示着日出而作、日落而息的传统生活方式。30年间，屋主曾对房屋进行了多次修缮，房屋主体结构稳定，外观质量较好。然而与同时期建造的绝大多数农宅一样，老屋已不能适应今天人们对生活品质的要求，面临被遗弃和被拆除的命运。伴随着每年大量消亡的自然村，它们也即将成为"历史建筑"。

回望改革开放这三四十年，建造于国家经济发展初期的这批农村建筑无疑是粗糙的、廉价的，甚至有些苟且的。但另一方面，它们依然继承了传统建筑的血脉，依然建立在中国传统文化认同的基准之上。比起今天遍布全国各个乡镇的"小洋楼"，它们无疑更加贴近土地，更加融于自然环境。这不禁引发了我们的思考，我们将本次改造更多地视作建筑全寿命周期中的一次修复和新陈代谢，在尊重环境、尊重文脉的前提下，让这个老屋焕发出新的光芒。

后记　崇明乡聚建设村——莫干山模式的再实践与反思

昔日老屋南立面

昔日老屋北立面

建筑、室内及景观三位一体的体验设计

改造之后的乡聚建设村依伴着田地，朴素低调，和它以前的样子没有太大的不同。安静、谦卑、偏安一隅、顺应天命——这或许就是乡土的特质，也是我们的设计团队所力图去呈现的。

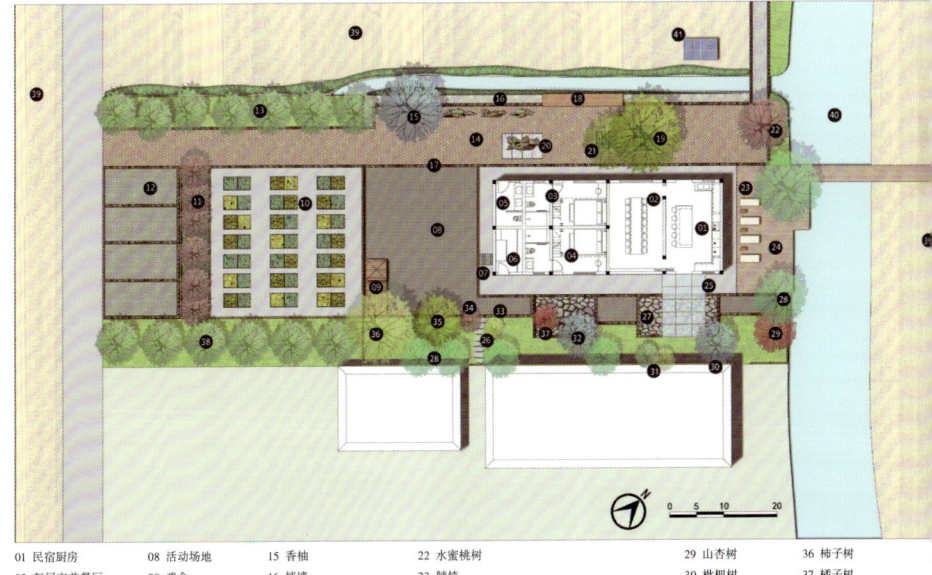

01 民宿厨房	08 活动场地	15 香柚	22 水蜜桃树	29 山杏树	36 柿子树
02 起居室兼餐厅	09 鸡舍	16 挡墙	23 躺椅	30 枇杷树	37 橘子树
03 主人房	10 一米菜园	17 瓦片铺地	24 木平台	31 梨树及山楂树	38 桂花树
04 客房	11 植物隔离带及樱花	18 吧台（原门板制作而成）	25 雨棚	32 杨梅树	39 稻田
05 公共卫生间	12 停车场	19 香樟2棵（现状保留）	26 汀步	33 石榴	40 河流
06 储藏室	13 桂花丛	20 化粪池及老木头	27 嵌草铺地（用基地原有的混凝土碎块铺砌而成）	34 无花果	41 太阳能发电板
07 民宿二层露台及楼梯	14 红砖铺地	21 旧窗户改造成花池	28 木杉树（现状保留）	35 香樟（现状保留）	

建筑、室内及景观三位一体的总平面图

乡聚建设村的日与夜

在改造过程中,老屋的主体结构、屋面、地面的绝大部分得以保留。为了保持原屋的横墙承重体系,设计团队没有对空间布局做太大改动,仅对内部使用功能予以重建;地面在原水泥地坪基础上找平、人工压光,并施水泥固化剂防止起砂。修缮所用的砖瓦、木料、门窗,70%以上由原屋材料回收再利用,剩余材料也是从其他农房拆除的工地上收购而来。

老屋门窗拆换玻璃后上漆再利用(改造前后对比,改造前照片拍摄:陈远)　　老屋的房东在结婚的时候留下的"囍"字

在建筑立面上，我们只是增加了一些落地窗，使每个房间光线充沛，外面肥沃的农田能在民宿的室内就一览无余。老式的房子层高比较高，因此客房被做成loft的形式，孩子们喜欢爬上爬下的感觉，人多的时候阁楼上也就成了"大通铺"。房东留下的香樟老树根，本来准备当柴烧的，现在稍一加工，成了独一无二的床头桌。樟树的芳香沁人心脾，还能驱虫防蚊。厨房和餐厅往往是家庭活动中最重要的公共空间，这里设施一应俱全，鼓励人们自己动手参与制作美食。

乡聚建设村的厨房室内设计（拍摄者：俞昌斌）　　乡聚建设村的客厅兼餐厅室内设计

用香柚枝叶和果子做的花艺作品，作为室内装饰（拍摄者：俞昌斌）

乡聚建设村做了特色的灯光设计,使之夜晚在乡村之中非常明亮,成为乡村的会客厅,吸引周边很多农民过来观看交流

乡聚建设村的客房,重新设计了大面积落地玻璃门窗,强调室内的观赏视线

从客房的床上就能看到远处的一大片稻田

房东留下的香樟老树根,本来准备当柴烧的,现在稍一加工,成了独一无二的床头桌(拍摄者:俞昌斌)

后记　崇明乡聚建设村——莫干山模式的再实践与反思

与莫干山得天独厚的自然景观不同，乡聚建设村利用的是周边的农业景观。设计就地取材，充分利用了原生材料和废弃材料——天然碎石块垒砌的挡墙、混凝土碎拼地面、老砖瓦铺装等。老窗框、老门扇作为"记忆的碎片"嵌入两棵香樟树的树池之中。场地中的原有树木都得以保留，蔬菜、水稻等农作物作为景观元素被引入设计，使整个乡聚建设村融入广阔的田园风光。

毛石挡墙分隔乡聚建设村和北面的稻田，构成场地边界

一米菜园（蔬菜从菜园里采摘出来，略加清洗，就可食用）（拍摄者：俞昌斌）

（夏天的效果：绿色的枝叶中点缀几朵五颜六色的小花）

红砖铺就和鲜花点缀的"乡间小路"

（冬天的效果：两侧田中的庄稼都收割了，小径被开满花的菊科类植物所覆盖）（拍摄者：俞昌斌）

361

基地中原有的混凝土碎块　　混凝土碎块被整理好，铺砌成小场地　　撒上草籽，该场地成为嵌草小广场

场地中原来废弃的混凝土碎块，作为记忆的碎片集中起来，铺砌成一片嵌草小广场，可以喝茶聊天（拍摄者：俞昌斌）

老窗框、老门扇作为"记忆的碎片"嵌入两棵香樟树的树池之中（拍摄者：俞昌斌）

混凝土板盖着的是化粪池，放在混凝土板上面的是原来丢弃在现场的老树干，现在成为一个自然艺术品（拍摄者：俞昌斌）

当地特色的水生食用作物"慈菇"装在缸中，成了盆景

老门板做成了吧台，可以坐在这里看一大片稻田

由于大型吊车不能进入该农田基地，十多个人一起把重达2吨、高10米的香柚（主景树）由卡车上卸下来，推入种植穴之中，成功地把树种好（拍摄者：俞昌斌）

原本施工单位想把民宿北面这大小两棵香樟树砍掉，我们认为这两棵树是在地性的体现，坚决保留下来，建成之后与民宿相得益彰（拍摄者：俞昌斌）

乡土建设是在人类参与改造自然的乡村生活中逐步形成的，而"田园风光"一定是与人类活动交织在一起的。我们希望乡聚建设村成为人们可以停留、欢聚的地方，体现乡村公共社区（Country Community）的概念。

我们的小院被称作"稻田客厅"，经常用于举办各类活动，乡聚公社也定期在这里组织公益和农耕体验。有些朋友带着工作小团队来这里开研讨会、搞团建，更多的人约上亲朋好友来此小住，过几天悠闲、恬适的乡村生活。一米菜园、鸡笼和羊棚成了小朋友们的最爱，给他们不同于都市的亲近自然的体验。

有了人的参与，房子热闹起来，土地欢腾起来，周边的村民也在悄悄地起着变化。以前隔壁家大哥家门口一片荒地，无人打理，不知哪天起就改头换面，种满了郁郁葱葱的新鲜蔬菜，客人来了都饶有兴趣地到他们地里采摘购买，隔壁大姐搭了个鸡棚散养一群小鸡，到访的客人走时几乎每人都要带上一只，西面房的阿姨在乡聚建设村的屋边也种满了花生……晚上我们放露天电影时，大哥大姐也兴致盎然地参与其中。

乡聚公社在这里定期组织公益活动

小朋友们喜欢在乡聚观察昆虫，接受自然教育（拍摄者：俞昌斌）

小朋友们在乡聚学习收割水稻、碾米等农业生产（拍摄者：陈远）

崇明的白山羊肉质鲜美，是有名的食材和特产，也是小朋友们田园活动的好伙伴（拍摄者：俞昌斌）

后记　崇明乡聚建设村——莫干山模式的再实践与反思

乡聚公社成为稻田客厅，许多朋友相约在此聚会或搞团队活动（拍摄者：陈远）

在乡聚公社的广场上举行长桌宴

我们还在改造中引入了绿色新能源——分布式光伏发电系统。光伏发电板根据崇明地区最佳日照角度被安装于田地间，并接入公共电网，多余电量可被附近居民利用。在这里，建筑的传承与现代科技文明的分享相得益彰。

传统建造工艺的运用

我们在墙面修复中沿用了"空斗墙"这种传统工艺。空斗墙是用砖侧砌或平侧交替砌筑而成的空心墙体，是大量运用于长江流域地区的传统砌筑方法。它利用两层砖之间的空气层起到保温、隔热、隔音的效果，是一种绿色节能的建造工艺。

建筑墙体饰面采用"纸筋灰"，这是在石灰中加入碾碎的稻草加工成浆状，涂抹于墙面之上的一种工艺做法。除了起到增加灰浆连接强度和稠度的作用，还为建筑表面增加了古朴的质感，使乡土建筑更加历久弥新。

墙面局部"揭开"以展示空斗墙砌筑工艺

在乡聚建设村的室内与室外的墙面上，统一使用纸筋灰墙面

过去，崇明家家户户都有一片小竹园，大家用竹子编篱笆，可这些年大家觉得铁丝网更加便宜耐久，竹篱笆的手工活也渐渐没有人干了。我们好不容易找来村里的老艺人，他说自己已经十几年都没干这活了，重拾起来竟然感觉生疏又亲切。

会编织竹篱笆的手工艺人已经寥寥无几

乡村采用人工夯土，需要一边喊着口号一边夯

后记 崇明乡聚建设村——莫干山模式的再实践与反思

田园实验
RICE GARDEN EXPERIMENT

乡聚公社与同济大学建筑城规学院2013级复合型创新人才实验班的17位同学在指导老师董楠楠副教授和杨晨助理教授的带领之下，经历23天的课程设计，于2016年12月3日在崇明建设村乡聚农田中以现场营造的方式提交了设计成果，并当场由专家评委打分及点评。

民宿是乡村发电机

民宿变为重要的创意文化发生地。崇明稻田四季变化的景观为乡聚建设村打造源源不断的创新动力。乡聚建设村与周边稻田的共同存在，不仅解决了城市创意团队在住宿、水电等基础设施及建造方面的困难，真正共创分享，这是民宿成为乡村与城市的创意相互连接的网络关键单元，这才是民宿链接城市与乡村所存在的真正意义与动力。

乡聚+

乡村创意实验田的研发，将提供更多内容，包括乡聚建设村+儿童活动+音乐+绘画+表演+艺术展览等各种创意活动。

后记之后

今日的乡村,曾经的阡陌纵横已被并入了巨大尺度的农业肌理,以便于现代机械化的耕作。农民住宅也被统一安排在集中的宅基地上,大部分自然村从原址上撤出,并入新的行政村。工业文明以大规模、标准化为特征。"乡聚建设村"学习、借鉴和实践着莫干山模式,与各地蓬勃兴起的乡土建设一道,以小规模、适应环境、适应需求、自下而上的开发模式预示着某种"后农耕文明"的回归。

另一方面,这新一轮的热潮又快又猛,撬动了资本板块,引发前所未有的关注,参与其中的我们不禁开始思考:这一波由城市人主导的乡建热潮,到底会把乡村带向何方?而当热潮退却之后,还有多少土地和房子会被继续地善待?

崇明乡村航拍,远处是长江入海口

乡聚建设村的投资兼设计者与原主人(从右到左):俞昌斌、俞兆鹏、陈远、房东陈美娟、宋汉忠